河北省青年拔尖人才项目资助
河北省社会科学院资助

禀赋、有限理性与农村劳动力迁移行为研究

王春蕊 著

中国社会科学出版社

图书在版编目（CIP）数据

禀赋、有限理性与农村劳动力迁移行为研究/王春蕊著. —北京：中国社会科学出版社，2017.9
ISBN 978－7－5161－9776－9

Ⅰ.①禀… Ⅱ.①王… Ⅲ.①农村劳动力—劳动力转移—研究—中国 Ⅳ.①F323.6

中国版本图书馆 CIP 数据核字（2017）第 018801 号

出 版 人	赵剑英
责任编辑	戴玉龙
责任校对	孙洪波
责任印制	王　超
出　　版	中国社会科学出版社
社　　址	北京鼓楼西大街甲 158 号
邮　　编	100720
网　　址	http://www.csspw.cn
发 行 部	010－84083685
门 市 部	010－84029450
经　　销	新华书店及其他书店
印　　刷	北京明恒达印务有限公司
装　　订	廊坊市广阳区广增装订厂
版　　次	2017 年 9 月第 1 版
印　　次	2017 年 9 月第 1 次印刷
开　　本	710×1000　1/16
印　　张	18
插　　页	2
字　　数	255 千字
定　　价	75.00 元

凡购买中国社会科学出版社图书，如有质量问题请与本社营销中心联系调换
电话：010－84083683
版权所有　侵权必究

摘 要

随着改革开放的深入以及户籍制度的逐步松动，我国农村劳动力迁移的力度也随之增大。然而，在农村劳动力迁移过程中，有一种现象值得我们去关注：农村劳动力在迁移就业过程中呈现出本地县城、县外市内、市外省内和省外迁移等多元选择并存的局面。农村劳动力为何会做出如此选择？不同的迁移选择又将会产生怎样的效用？对于这些问题的解答，还需从一个最根本的问题着手——农村劳动力迁移行为。本书以禀赋为视角，以有限理性为基础，以农村劳动力迁移行为为研究对象，运用人口学、行为经济学、行为决策学、认知心理学等多学科的理论和方法，着重分析了禀赋、有限理性与农村劳动力迁移行为的作用机理，构建了多目标农村劳动力迁移选择决策模型，从宏观、中观和微观层面系统分析了农村劳动力迁移行为及其影响因素，并从制度层面构建了实现农村劳动力顺利迁移的制度环境。全书共分七章，各章都围绕研究的主要问题展开：

第一，如何认识农村劳动力迁移行为的多样性？农村劳动力做出迁移选择不仅受个体因素的影响，同时还受外部社会经济环境的约束。在内外部因素制约下，农村劳动力在迁移选择过程中表现出一种有限理性，体现在迁移方式上则表现为迁移行为的多样性。如何实现农村劳动力迁移的有限理性向理性转变是合理引导农村劳动力有序迁移、降低迁移成本、实现稳定就业的关键。本书从全新的角度对农村劳动力迁移行为进行了深入研究，以期拓展人口经济学的研究视野，为政府部门制定相关政策提供借鉴。

第二，农村劳动力迁移行为多样性的原因何在？原因一：劳动力禀赋因素的制约；原因二，禀赋制约下农村劳动力迁移选择的有限理性。在界定劳动力禀赋、有限理性等相关概念的基础上，本书第二章从理论上阐述了禀赋、有限理性与农村劳动力迁移行为的作用机理。指出，由于受劳动力禀赋水平的制约以及外部环境的不确定性，农村劳动力在行为选择决策过程中只具有完全理性的意识，而不能实现完全理性的决策，最后所做的迁移选择决策只能是一种有限理性的决策。由于禀赋的异质性，体现在具体的决策过程中则表现为不同的迁移动机，在不同动机支配下所做出的迁移选择也是多样的。

在此基础上，本书第三章按照农村劳动力对备选方案信息的掌握程度，利用多属性决策理论的相关分析工具，分别构建了信息有偏和信息无偏情况下模糊多目标农村劳动力迁移选择决策模型。同时，利用问卷调查数据选取相关指标，对农村劳动力迁移选择进行了分析。得出，在有限理性约束下，无论是在信息无偏还是有偏条件下，农村劳动力的最优迁移选择都是县外市内。

第三，如何从实证角度解释禀赋、有限理性对农村劳动力迁移行为的影响？在有限理性理论基础上，本书分别从宏观、中观和微观层面对农村劳动力迁移行为及其影响因素进行了实证研究。第四章利用2006年全国第二次农业普查数据和2009年农民工监测调查报告中相关数据，从宏观角度对全国及各地区农村劳动力迁移选择行为进行分析，并与全国各地区农村劳动力禀赋竞争力进行了比较分析，发现我国农村劳动力迁移主要是由中、西部地区迁往东部地区，而农村劳动力禀赋竞争力则由东部向中、西部逐级递减。可见，地区经济发展水平等外在条件对农村劳动力迁移选择有着重要影响。

第五章以河北为例，利用2000年河北第五次人口普查1‰抽样调查原始数据对农村劳动力迁移动机、迁移选择和迁移效应及其影响因素进行分析，得出地区经济发展差距是影响农村劳动力跨省迁移的主要因素。立足中观层面，本书界定了单区域人口迁移模式的分析工具——人口迁移圈。

第六章利用问卷调查数据对现阶段农村劳动力的迁移动机、迁移选择、迁移效益进行了实证研究。从迁移选择的影响因素看，除了能力禀赋（有无技能）外，资本禀赋和资源禀赋这些外在条件对农村劳动力迁移选择有着显著影响。在众多影响因素中，迁移距离和迁移成本是影响农村劳动力迁移选择最显著的因素，距离的远近是一种间接的迁移成本。务工收入对农村劳动力迁移选择的影响程度较低，只对省外迁移影响显著。人均耕地资源占有量及其土地耕作方式对迁移选择有一定的影响。此外，居住地类型（环境）、交通条件以及经济发展水平对农村劳动力迁移选择影响显著。可见，农村劳动力迁移选择决策的做出是在自身能力和外部社会经济条件的共同约束下实现的，且外在条件在一定程度上对农村劳动力迁移选择的影响程度更大。

禀赋作为劳动力谋生的本领和条件，势必对农村劳动力的迁移行为产生重要影响。由于每个农村劳动力个体的自身条件及其所在家庭、社区环境不同，综合体现为劳动力禀赋的异质性，这种异质性不仅体现为农村劳动力在迁移就业过程中的能力大小，还表现为对外部环境的适应性。受外部环境不确定性的影响以及劳动力自身禀赋水平的制约，当面对多种迁移选择时，农村劳动力就会做出理性意识下的有限理性选择，其结果体现为不同的迁移分布。

第四，如何以稳定就业推动农村劳动力迁移？作为有限理性下追求收入最大化的农村迁移劳动力，自身能力水平以及外部条件共同制约了迁移选择过程中理性的实现，从制度层面构建以稳定就业推进农村劳动力理性迁移的制度环境非常重要，路径的选择关键是改善影响农村劳动力迁移行为的内外部环境。

在对宏观、中观、微观分析结果进行总结、归纳的基础上，找出影响农村劳动力迁移行为的制约因素，围绕破解有限理性形成的内外部条件，实现农村劳动力稳定就业为目标，本书构建了教育培训制度、产业制度、劳动力市场建设、户籍制度以及区域劳动力迁移调控机制5个方面的制度框架，进而为我国农村劳动力在迁移过程中尽最大可能实现理性，降低迁移成本，实现稳定就业创造良好的制度环境。

对上述四个问题的回答，既构成了本书的基本逻辑和研究思路，也构成了本书的核心内容和主要创新。本书力图在劳动力禀赋概念、人口迁移圈概念以及农村劳动力迁移选择决策模型的构建方面进行创新。由于笔者的能力有限以及获取大型调查数据的局限，对这些问题的研究还不成熟，在未来的科研道路上，继续弥补本研究的不足将是笔者努力的方向。

关键词：劳动力禀赋；有限理性；迁移行为；人口迁移圈

ABSTERACT

With the further deepening of reform and opening up, and the gradual loosening of the household registration system, the migration of rural labor force also increased. However, in the process of labor migration in rural areas, there is a phenomenon worthy of our attention: the migration of rural labor force employed showing the coexistence of multiple choice among the local county, the local city, intra – province and inter – province. Why the rural labor force make such choices? What kind of effect the different choices of migration would have? In order to answer these questions, a fundamental issue should be the starting point – the rural labor migration behavior. The author considering migration of rural labor force as the research object, based on bounded rationality, with the use of demographic, behavioral economics, behavioral decision – making, cognitive psychology and other disciplines of theoryand method, analyzed the mechanism of endowment, limited rationality, and rural labor migration behavior and constructed multi – objective selection model of rural labor migration. In addition, from the macro, meso and micro level system analyzed the rural labor migration behavior and its influencing factors, and brought forward the employment environment of the transfer of rural labor force from the institutional level. This article is divided into seven chapters, each chapter revolves around the main research questions:

First, how to understand the diversity of the rural labor migration behavior? Rural labor migration option not only influenced by individual factors, but also by external socio – economic environment constraints. Within constraints from internal and external factors, in the migration option process, rural labor show a kind of bounded rationality and a diversity of migration behavior in the way of migration. How to change the bounded rationality of rural labor migration into complete rationality is the key to reasonably guide rural labor to migrate orderly, decrease migration costs, and to achieve stable employment. This articte conducted an in – depth research on rural labor migration behavior from a brand – new perspective, aiming to expand the ken of population economics, and provide references for government departments to set up relevant policies.

Second, what's the reason of the diversity of rural labor migration behavior? Firstly, the labor endowments factors. Secondly, the bounded rationality under the constraints of rural labor migration endowment. In defining the labor endowment, the concept of bounded rationality and other related, Chapter II from the theory level, expounded endowment, bounded rationality and option behavior of rural labor migration mechanism. Furthermore pointed out, due to the labor endowment constraints and external environmental uncertainty, the behavior of the rural labor force selection decision process only has the complete rational sense, but can not be realized fully rational decisions, the final selection decision is a kind of bounded rationality of decision – making. As the endowment heterogeneity, reflected in the specific performance of decision – making process is the migration of different motivations, under which migration choices made are also varied.

Chapter III, this article used multi – attribute decision making related analytical tools to build a fuzzy multi – objective decision model of rural labor migration options. In accordance with the mastery degree of information on the rural labor force options, unbiased and biased information are divided into. Meanwhile, with the use of survey data, selecting the relevant indicators, analyze selection destination areas of the rural labor force. Result is whether in the information unbiased or biased conditions, the optimal option of rural labor migration is from the county to the city.

Third, how to explain the influences on the behavior of the rural labor migration from endowments and the bounded rationality of the empirical interpretation? Based on the bounded rationality theory, this article did the empirical researches on the rural labor migration and the influencing factors respectively from the macro, meso and micro levels. Chapter IV used the second national agricultural census data (2006) and the relevant data of monitoring survey of migrant workers, analyze rural labor migration in rural areas from a macro perspective. Additionally, compared with the rural labor endowment competitiveness, it is found that there is a closely connection between the direction of rural labor migration and the strength of rural labor endowment competitiveness. China's rural labor migration is mainly from the middle and western to the eastern region, while the competitiveness of the rural labor endowment is decreasing from the eastern to the western region progressively. It showed that regional external circumstances such as economic development have an important influence upon rural labor migration option.

Chapter V took Hebei as an example, with the use of 1 ‰ sample original data of the fifth population census in Hebei (2000) analyze rural labor migration motivation, migration option, and migration effect and infuencing factors. It was thought that the economic development gap among regions is the main factor which affect the rural labor force inter-provincial migration. Based on the meso level, this paper defined the analysis tool on regional migration pattern – MIGRATION CYCLE.

Chapter VI conducted empirical researches on migration motive, option and benefit of rural migration labor force on the stage by using survey data. From the factors which influence migration option, besides the ability of labor endowment (with or without skills), the external conditions such as the capital and natural resources endowment have on a significant influence on the rural labor migration option. Among numerous factors, the migration distance and migration cost is the most significant factor impacting upon the labor migrantion option, and the distance of migration is an indirect migration cost. The influence from labor income is smaller, only significant on migration inter – province. Per capita share of cultivated land resources and land tillage practices affect migration options to a certain extent. In addition, the kind of residence (Environment), traffic conditions and economic development level have a great influence on rural labor migration option. It is thus clear that rural labor migration option – making is under the internal abilities and also the external socio – economic conditions. In addtion, to some extent the external conditions of the rural labor migration option have greater influence in decision – making.

Endowment, as the ability and conditions of labor force to earn a living, is bound to has an important impact on rural labor migration. Rural labor force is different from others on individual's own conditions, family and the community environments, Which comprehensively reflect the heterogeneity of the labor endowment. This heterogeneity is not only embodied in the employment competence during rural labor migration, and also represented the external conditions of realizing migration employment. Influenced by the uncertain external environment and restricted by labor endowment, when faced with a variety of migration options, the rural labor force would make a bounded rational option under completely rational awareness. The results are the varied migration distribution.

Fourth, how to promote rural labor migration via stable employment? Rural migration workforce, pursuing maximize employment revenue with bounded rationality, their own capacity level and the external conditions togethery restrict the degree of realization of rationality in the process of migration option, It is considerably crucial to construct stable employment environment for the rural labor force from an institutional lay. The key of path selection is to improve the internal and external factors of the rural labor migration behavior. Therefore, Chapter VII answered for this question.

Based on the conclusion and summary from macro, meso, micro results, the restrictive factors of labor migration behavior were located, centring on how to sort out internal and external conditions of bounded rationality constraint and realize the target of stable employment of rural labor force, constructed five aspects of the institutional framework: the education and training system, industrial restructuring, labor market construction, household registration system, and regional labor migration regulation. and then create a favorable internal and external environment for the rural labor force achieving the greatest rationality in the migration process, reducing migration costs and realizing stable employment.

Answering the above four questions, not only composed the basic logic and research ideas, but also constitute the core content and key innovations of this article. This paper strives to innovate in the aspects of the concept of the labor endowment, the concept of migration cycle and rural labor migration option model. However, due to limited capacity of the author and limited access to large – scale survey data, the research on the issue is still immature. In the future scientific research, the author will continue to make up for the deficiencies of this study.

Key words: Labor Endowment; Bounded Rationality; Migration Behavior; the Migration Cycle

目 录

第一章 导论 … 1

第一节 研究的背景与意义 … 1
    一 研究背景与目的 … 1
    二 研究意义 … 3
第二节 相关研究综述 … 5
    一 国外相关理论基础 … 5
    二 简要评述 … 11
    三 国内相关文献综述 … 12
    四 简要评价 … 21
第三节 研究的技术路线 … 23
    一 第一阶段：理论研究阶段 … 23
    二 第二阶段：模型构建阶段 … 25
    三 第三阶段：实证研究阶段 … 25
    四 第四阶段：政策研究阶段 … 26
第四节 本书研究方法 … 27
    一 本书研究方法 … 27
    二 数据来源 … 28
第五节 本书的创新点与不足 … 28
    一 主要创新点 … 28
    二 研究的不足 … 30
第六节 本书基本概念的界定 … 30

第二章　禀赋、有限理性与农村劳动力迁移行为作用机理 ………… 32

第一节　农村劳动力禀赋概念的界定 …………………………… 32
一　有关"禀赋"的理论概念追溯 ……………………… 32
二　劳动力禀赋内涵与特征 ……………………………… 37

第二节　农村劳动力迁移行为的有限理性 ……………………… 44
一　从理性到有限理性的嬗变 …………………………… 44
二　农村劳动力迁移行为有限理性的界定 ……………… 49

第三节　禀赋、有限理性与农村劳动力迁移行为作用机理 …… 52
一　禀赋、有限理性与农村劳动力迁移动机 …………… 52
二　禀赋、有限理性与农村劳动力迁移选择 …………… 54
三　禀赋、有限理性与农村劳动力迁移效应 …………… 60

第四节　本章小结 ………………………………………………… 61

第三章　模糊多目标农村劳动力迁移选择决策模型的构建与应用 …………………………………………… 63

第一节　行为决策理论的演变路径 ……………………………… 63
一　决策与多属性决策的概念 …………………………… 63
二　行为决策理论的内容 ………………………………… 64
三　行为决策的路径 ……………………………………… 65
四　行为决策的类型与方法 ……………………………… 67

第二节　有限理性与农村劳动力迁移选择决策的模糊性阐释 ……………………………………… 69
一　农村劳动力迁移选择行为决策的界定 ……………… 69
二　有限理性与农村劳动力迁移选择决策的模糊性 …… 70

第三节　模糊多目标农村劳动力迁移选择决策模型的构建 ……………………………………… 71
一　模糊多目标行为决策模型的建立与变量解释 ……… 71
二　无偏好信息模糊多目标农村劳动力迁移选择决策模型 ……………………………………… 74

　　　　　三　不完全偏好信息模糊多目标农村劳动力
　　　　　　　迁移选择决策模型 …………………………………… 77
　第四节　模糊多目标农村劳动迁移选择决策
　　　　　模型的应用分析 ………………………………………… 78
　　　　　一　农村劳动力迁移选择决策的指标体系构建 ………… 79
　　　　　二　无偏好信息模糊多目标农村劳动力迁移选择
　　　　　　　决策模型应用分析 ………………………………………80
　　　　　三　有偏好信息模糊多目标农村劳动力迁移选择
　　　　　　　决策应用分析 …………………………………………… 82
　第五节　本章小结 ……………………………………………………… 84

第四章　中国农村劳动力迁移行为及其禀赋
　　　　竞争力的宏观态势 ………………………………………… 85
　第一节　中国农村劳动力迁移行为及其禀赋特征 ………… 85
　　　　　一　农村迁移劳动力的能力禀赋：数量、
　　　　　　　结构与质量 …………………………………………… 85
　　　　　二　农村迁移劳动力的资本禀赋：就业特征
　　　　　　　与权益保障 …………………………………………… 89
　第二节　中国农村劳动力迁移的空间模式特征 …………… 92
　　　　　一　历年农村劳动力城乡迁移与区域迁移特征 ……… 92
　　　　　二　全国各地区农村劳动力迁移模式分析 …………… 97
　第三节　农村劳动力禀赋竞争力及其评价体系的构建 … 102
　　　　　一　劳动力禀赋竞争力的内涵 ………………………… 102
　　　　　二　劳动力禀赋竞争力的基本特征 …………………… 104
　　　　　三　劳动力禀赋竞争力指标体系的构建 ……………… 105
　第四节　中国省级区域农村劳动力禀赋竞争力的
　　　　　比较研究 ……………………………………………… 108
　　　　　一　农村劳动力禀赋竞争力的评价方法 ……………… 108
　　　　　二　中国省级区域农村劳动力禀赋竞争力
　　　　　　　评价指标体系构建 …………………………………… 109

三　中国省级区域农村劳动力禀赋竞争力的
　　　　比较分析 ………………………………………… 112
第五节　农村劳动力迁移分布与劳动力禀赋
　　　　竞争力的关系探析 ……………………………… 119
第六节　本章小结 ………………………………………… 120

第五章　农村劳动力迁移行为的中观分析 ……………… 122

第一节　河北人口与社会经济发展概况 ………………… 122
　　一　河北人口、经济和区位条件分析 ………………… 122
　　二　数据的来源与说明 ………………………………… 124
第二节　河北农村迁移劳动力的禀赋特征 ……………… 125
　　一　农村迁移劳动力的能力禀赋特征 ………………… 125
　　二　农村迁移劳动力的资本禀赋特征 ………………… 127
　　三　农村迁移劳动力的资源禀赋特征 ………………… 130
第三节　河北农村劳动力迁移动机分析 ………………… 131
　　一　农村劳动力能力禀赋与迁移动机 ………………… 132
　　二　农村劳动力资本禀赋与迁移动机 ………………… 135
　　三　农村劳动力资源禀赋与迁移动机 ………………… 136
第四节　河北农村劳动力迁移的区域选择分析 ………… 140
　　一　人口迁移圈——区域农村劳动力
　　　　迁移的空间模式 …………………………………… 140
　　二　河北农村劳动力迁移的空间模式 ………………… 144
　　三　影响农村劳动力迁移选择因素的实证分析 ……… 150
第五节　农村劳动力迁移行为的效应分析 ……………… 154
　　一　农村劳动力迁移的要素禀赋聚集效应 …………… 155
　　二　农村劳动力迁移的禀赋优化效应 ………………… 156
　　三　农村劳动力迁移的统筹城乡发展促进效应 ……… 158
　　四　农村劳动力迁移的文化融合效应 ………………… 158
第六节　本章小结 ………………………………………… 159

第六章 农村劳动力迁移行为的微观研究 ……… 161

第一节 农村迁移劳动力的禀赋特征 ……… 161
- 一 农村迁移劳动力能力禀赋特征 ……… 162
- 二 农村迁移劳动力资本禀赋特征 ……… 164
- 三 农村迁移劳动力资源禀赋特征 ……… 176

第二节 禀赋与农村劳动力迁移动机 ……… 178
- 一 禀赋与农村劳动力迁移原因分析 ……… 178
- 二 农村劳动力迁移动机与行为模式分析 ……… 184
- 三 农村迁移劳动力"留城"还是"返乡"的意愿分析 ……… 187

第三节 禀赋与农村劳动力迁移选择的实证研究 ……… 189
- 一 农村劳动力迁移选择及其原因分析 ……… 189
- 二 农村劳动力迁移类型及其禀赋特征 ……… 191
- 三 农村劳动力迁移方式的特征分析 ……… 192
- 四 农村劳动力迁移选择及其影响因素的实证研究 …… 193

第四节 农村劳动力迁移的经济效益及影响因素分析 ……… 199
- 一 农村劳动力迁移的经济效益分析 ……… 199
- 二 农村劳动力迁移效益及其影响因素的实证研究 …… 202

第五节 本章小结 ……… 205

第七章 优化禀赋、以稳定就业推进农村劳动力迁移的制度构建 ……… 207

第一节 现阶段我国农村劳动力迁移行为特征总结 ……… 207
- 一 农村迁移劳动力的禀赋特征 ……… 207
- 二 农村劳动力迁移模式特征 ……… 209
- 三 农村劳动力迁移行为的影响因素 ……… 211
- 四 简短总结 ……… 212

第二节 优化禀赋,以稳定就业推进农村劳动力

迁移的制度构建 ………………………………… 213
    一 教育体制改革：实现农村劳动力稳定
      就业的技术手段 ………………………………… 213
    二 产业结构优化升级：拓宽农村劳动力
      转移就业渠道 …………………………………… 219
    三 劳动力市场制度：搭建农村转移劳动力
      公平就业"平台" ……………………………… 226
    四 户籍制度改革：实现农村迁移劳动力的
      身份认同 ………………………………………… 229
    五 区域劳动力迁移调控预警机制：保障充足劳动力
      资源的"调节器" ……………………………… 236
  第三节 研究展望 …………………………………………… 243

附录 农村劳动力迁移行为调查问卷 ……………………… 245

参考文献 ……………………………………………………… 254

第一章 导 论

第一节 研究的背景与意义

一 研究背景与目的

劳动力迁移问题一直是政府和学术界关注的热点问题。2004年中央1号文件明确指出："农村富余劳动力向非农产业和城镇转移，是工业化和现代化的必然趋势。"党的十七大明确指出："以促进农民增收为核心，发展乡镇企业，壮大县域经济，多渠道转移农民就业。"党的十八届三中全会提出要"推进农业转移人口市民化，逐步把符合条件的农业转移人口转为城镇居民"，为推进农业转移人口市民化明确了方向和要求。随着改革开放步伐的加快，农村劳动力由农业向非农产业转移、城乡转移、跨地区转移的规模和速度日益增大，产生了明显的经济效应以及一系列联动效应：增加了农民收入，促进了农村发展，繁荣了城市经济，推动了城市化进程。作为连接城乡经济互动发展的纽带——农村劳动力转移对实现农民增收发挥着越来越重要的作用。目前中国有13亿多的人口，大部分人口生活在农村，面临着严峻的人多地少的局面。随着我国人口再生产类型转变的完成，中国经济增长将会面临"刘易斯拐点"，但就现阶段而言，我国仍处在"人口红利"的黄金时期。从劳动力资源总量看，农村还有富余的劳动力尚待转出，现阶段亟待解决的一个关键问题是如何实现农村劳动力合理、有序转移，将规模庞大的富余劳动力资源转变为支撑经济可持续增长的动力源泉，为解决"三农"问题，推进工业化和城市化进程，广辟人力资源渠道。

受经济体制改革以及经济周期性变动引发的劳动力市场需求趋势变化的影响，我国农村劳动力迁移行为在不同阶段呈现出不同的特点。纵向看，自改革开放以来，农村劳动力迁移大体经历了20世纪90年代初的"民工潮"，又到21世纪初的"民工荒"、"技工荒"，再到2008年全球金融危机影响下的短暂"返乡潮"。横向看，主要表现为农村劳动力由中部、西部向东部地区迁移。就农村劳动力个体层面而言，主要表现为迁移选择模式的不同：外出的农村劳动力中，有的选择本省迁移，有的选择跨省迁移；在省内迁移中，有的选择本县迁移，有的选择县外市内迁移，还有的选择市外省内迁移。这些现象表明，农村劳动力迁移行为呈现出多元化特点。

我国农村劳动力的迁移行为为何如此迥然有异？哪些因素决定了农村劳动力的迁移选择？不同的迁移选择又将会产生怎样的经济效益？随着新生代农村劳动力的异军突起，"80"后农村劳动力与父辈在迁移行为上又会表现出怎样的不同？如何破解农村劳动力顺利迁移的制约因素？对于这一系列问题的回答和解决都需要从一个最基本的问题着手——农村劳动力迁移行为。从迁移流向看，无论农村劳动力做出哪种选择，有一点是值得肯定的，我国农村劳动力迁移流动并不是盲目的，其迁移选择的理性成分在不断增大。尽管受自身因素和外部环境不确定性的约束，农村劳动力在获取各种备选方案的信息以及对信息的分析、处理能力受到限制，但都是最大限度地发挥着有限认知能力，通过迁移选择行为实现效用最大化。这种受限条件下的迁移选择行为必将会产生不同的迁移效益，进而会影响农村劳动力再次迁移的行为决策。因此，能否有效破除各种障碍，是关系农村劳动力能否最大限度地发挥迁移行为的理性，降低迁移成本，实现效用最大化的关键，也是促进农村劳动力稳定就业、实现顺利迁移的根本举措。

与以往研究不同，在参考现有研究成果的基础上，本书以有限理性理论为基础，对农村劳动力迁移行为展开研究，力图明确以下几个问题：

着眼于禀赋视角，对劳动力禀赋以及农村劳动力迁移行为的有限理性进行界定。从劳动力迁移动机、迁移选择和迁移结果三个方面对禀赋、有限理性与农村劳动力迁移行为的作用机理进行理论阐述。

在行为决策理论基础上，论述了农村劳动力迁移选择有限理性与模糊性的关系。利用多属性决策理论的分析工具来刻画农村劳动力迁移选择行为，构建了模糊多目标农村劳动力迁移选择决策模型，从理论上对现阶段我国农村劳动力迁移选择决策行为进行模型化拟合。

深入剖析我国农村劳动力迁移行为的全过程，并辅以宏观态势、中观分析和微观调查研究，重点分析了农村劳动力迁移选择行为及其影响因素。

在总结现阶段我国农村劳动力迁移行为特征的基础上，根据本书理论研究和实证研究的结果，构建了以稳定就业推进农村劳动力顺利迁移的制度环境，为政府部门制定有关农村劳动力迁移就业的政策提供参考。

二 研究意义

（1）理论意义

人口迁移行为是人口经济学研究的重要课题。在国内外相关成果丰硕、众学科多元透视下，如何从人口学出发，以多学科交叉的新视角对农村劳动力迁移行为进行系统性分析是一个值得费心思量的问题。本书以禀赋为切入点，以有限理性为理论基础，利用人口学、行为经济学、认知心理学、行为决策学等相关理论对农村劳动力迁移行为的三个阶段——动机、选择、结果进行了系统阐述，全面、深入地描述了农村劳动力做出迁移选择的决策过程。对劳动力禀赋内涵的界定，打破了人力资本的狭义概念，尝试从新的角度对农村劳动力迁移问题进行研究，以期丰富人口经济学对人口迁移行为的研究内容。

利用多属性决策理论分析工具，构建了模糊多目标农村劳动力迁移选择决策模型，对不同信息偏好下农村劳动力迁移选择行为进行模拟并给予理论描述。多目标迁移选择决策模型的建立能够更好地从理论上解释农村劳动力为何会做出不同的迁移选择，这一理论模型同样也适用于迁移决策行为的分析，只是将多目标选择转化为单目标选择问题，为研究农村劳动力迁移选择行为提供了有益启发。

通过对农村劳动力迁移行为的宏观、中观、微观等系统性分析，总结了现阶段农村劳动力迁移行为特征，明晰制约农村劳动力迁移行为的内外部因素。结合实证研究的结果，从制度层面构建了以稳定就业推进农村劳动力顺利迁移的路径，为政府部门如何调控和管理农村劳动力迁移问题提供了理论参考。

可以说，本书从有限理性出发，按照行为决策过程的分析范式，提出了农村劳动力迁移行为分析的理论框架，并辅之以全新的理论阐述，丰富人口经济学对人口迁移行为的研究内容。

（2）现实意义

农村劳动力迁移是连接城乡、地区、农业和非农产业协调发展的纽带。进入新阶段，随着农村劳动力代际禀赋渐趋差异化、迁移主体日趋年轻化，在宏观经济体制变动、产业结构不断优化的背景下，研究农村劳动力迁移行为特征及其影响因素，把握迁移的规律性，对破解诸多制约因素，构建实现农村劳动力稳定就业、促进顺利迁移的制度环境有着重要的现实指导意义，同时也对有效配置农村劳动力资源、增加农民收入、优化产业结构有着重要的促进作用。

其一，有利于合理配置农村劳动力资源。劳动力作为流动的生产要素，兼具人和物的双重属性。通过迁移不仅能实现劳动力个体流动，而且能带动生产要素的流动。在农业内部产业结构的调整升级、农村富余劳动力不断增多的趋势下，要有效地配置农村劳动力资源，充分发挥其比较优势，为经济发展注入活力，就必须了解制约劳动力迁移的各种因素，才能打破阻力、破除障碍，实现农村劳动力的顺利迁移。

其二，有利于农民增收和农村发展。改革开放以来，随着农村外出务工人数的增多，工资性收入已成为农民收入的重要组成部分，劳务经济已成为一些地方经济发展的重要支撑。特别是在农业收入增长空间受限制的情况下，农民收入的增长更多的是依靠外出务工收入的增加。随着农民收入水平的提高，必将拉动农村消费的增长，消费需求的扩张必然带动农村经济的快速发展，进而促进农民增收和农村繁荣。

其三，有利于促进产业结构的优化升级。一方面，对于农业而言，只有农业劳动力绝对数量减少，农业劳动生产率才可能会有质的提高，农业作为一个产业部门，才可能对其他产业部门具有相对竞争优势，摆脱弱势产业的地位。另一方面，农村劳动力迁移加快了三次产业结构调整的步伐。作为迁移目标的第二、第三产业，由于农村劳动力的不断涌入，必将迫使第二、第三产业内部各行业之间进行调整升级，来扩大对农村迁移劳动力的就业吸纳力，从整体上对优化整个国民经济产业内部和产业之间的结构都具有很强的促进作用。

因此，对农村劳动力迁移行为的研究，不仅具有重要的理论研究价值，而且具有一定的现实指导意义。

第二节 相关研究综述

一 国外相关理论基础

国外关于人口迁移问题的研究已取得了丰硕的成果，得出了不少经典的理论。拉文斯坦的"人口迁移法则（Law of Migration）"是公认最早的人口迁移理论。此后，西方学者从人口学、人口地理学、发展经济学等多学科出发，提出了一系列相应的理论。诸如"推—拉"理论、刘易斯"二元结构"理论、托达罗"城乡预期收入"理论、人力资本迁移理论以及新迁移经济理论等经典人口迁移理论模型。在此，本书对西方经典的人口迁移理论进行简要总结。

（1）拉文斯坦的人口迁移七法则

19世纪中后期，最早从人口学角度研究人口迁移问题的是 E. G. 拉文斯坦（E. G. Ravenstein），他从人口学的角度全面研究了人口迁移的原因，并利用大量的数据总结出那个时代的"人口迁移规律"。拉文斯坦对比了英国1871年和1881年人口普查资料，将移民去向和来源分为吸引（absorption）中心和离散（dispersion）中心，分别在1885年和1889年发表的文章里提出了人口迁移的七个法则：第一，有关人口迁移与距离。多数移民只倾向于短途迁移，迁移目的地为吸引中心。第二，移民迁至吸引中心，留下间隙，被来自较偏远区域的移民所填补，这种次第顺序流动一直涉及最偏远区域。第三，离散过程与吸引过程对应。第四，每次移民必有回流补偿。第五，长途移民的目标是向商业与工业中心大城市迁移。第六，农村居民较城镇居民的移民倾向明显。第七，女性迁移倾向较男性大。① 这七个原则虽然现在看起来很简单，但在当时为人们展现了人口迁移的规律，也进一步激发了后人对人口迁移研究的兴趣，并成为人口迁移推—拉理论的思想渊源。

（2）"推力—拉力"理论

20世纪50年代末，唐纳德·博格（D. J. Burge）着眼于迁移的原因提出了著名的"推力—拉力"理论。李（E. S. Lee）在拉文斯坦和博格的基础上建立了一个包括有迁出地的影响因素、迁入地的影响因素、迁移过程的障碍和个体特征四方面内容的人口迁移理论。其主要观点为：

从运动学的观点看，人口迁移是两种不同方向的力作用的结果，一种是促使人口迁移的力量，即有利于人口迁移的正面积极因素；另一种是阻碍人口迁移的力量，即不利于人口迁移的负面消极因素。在人口迁出地，存在着一种起主导作用的"推力"，把原居民推出其常住地。产生推力的因素有自然资源枯竭、农业生产成本增加、农村劳动力过剩导致的失业和就业不足、较低的经济收入水平等。同样，在迁入地，存在着一种起主导作用的"拉"力把外地人口吸引过来。产生"拉"力的主要因素是：较多的就业机会、较高的工资收入、较好的生活水平、较好的受教育的机会、较完善的文化设施和交通条件、较好的气候环境等。"推—拉"理论认为，从农村向城镇的迁移可能是由于城镇有利的经济发展而产生的，也可能是由于农村不利的经济发展而产生的。② 尽管"推—拉"理论也是在经验观察基础上建立

---

① 方少勇：《拉文斯坦移民七法则与我国人口的梯级迁移》，《当代经济》2009年第2期（上）。

② 李竞能：《现代西方人口理论》，复旦大学出版社2004年版，第137—141页。

的，缺乏相应的实证检验，其应用性会受到局限，但它从宏观角度研究了人口迁移流动的原因，成为人口学学科中最重要的宏观理论。

(3)"二元经济"理论

①阿瑟·刘易斯（W. A. Lewis）的"二元结构"模型

第二次世界大战后，在西方经济学发展史上关于劳动力迁移问题的研究逐渐转向模型化。最早建立模型并进行理论模型研究的，当属美国经济学家阿瑟·刘易斯，他在1954年和1958年的两篇论文中提出"二元结构模型"。在刘易斯模型中，城乡实际收入差异是劳动力从农村流向城市唯一的影响因素。他将一国的经济分为农业和工业两个部门，认为不同的劳动边际收益率的变化会引发农村劳动力源源不断地流向城市工业部门，同时城市工业部门因为高劳动生产率和低劳动力成本获得巨额的超额利润，不断地扩大工业部门以吸收农业部门的剩余劳动力，直到两部门的劳动生产率相等为止。这时农村剩余劳动力吸收完毕，一国的工业化过程也宣告完成。[1] 该模型是以城市充分就业为假设前提，较多地与经济发达国家早期工业化的历史经验相吻合，但与当代发展中国家的实际情况并不相符，从而在一定程度上影响了其模型的应用价值。

②费景汉（J. Fei）和拉尼斯（G. Ranis）的农业劳动力迁移模型

在刘易斯两部门结构发展模型基础上，费景汉和拉尼斯进一步修正和发展了劳动力迁移模型。他们认为刘易斯模型存在两个不足：一是对农业生产在推动工业发展中的作用重视不够；二是农业劳动力生产率提高应是农业剩余劳动力转移的前提条件。为此，他们提出了以分析农业剩余劳动力转移为核心、重视技术变化的费-拉（F-R）模型。在模型中，他们把农业劳动力向城镇的迁移和工农业的发展联系起来，划分出三个阶段[2]：第一阶段，传统的农业部门存在大量的显性失业，农业部门劳动力的边际生产率为零。第二阶段，由于农业

---

[1] Lewis, W. A., Economics Development with Unlimited Supplies of Labor. *The Manchester School of Economics and Social Studies*, 1954, 22 (May): 139-192.

[2] 郭庆：《现代化中的农村剩余劳动力转移》，中国社会科学出版社1993年版，第22页。

劳动力不断地减少，农业部门的劳动边际生产率升高，变为大于零但仍低于不变制度工资。这时显性劳动力失业不复存在，但隐性失业仍然存在。第三阶段，农业部门的剩余劳动力及隐蔽失业者已吸收殆尽，农业劳动的工资已不再由习惯和道德力量决定，而是由市场力量来形成。此时，农业已完全商业化，工业部门要吸收农业劳动力，必须付出高于不变制度工资的由劳动边际生产率决定的工资。

该模型在刘易斯模型的基础上又前进了一步，它指出了工农业平衡增长在二元经济阶段的重要性，提出农业劳动力转移取决于农业技术进步、人口增长和工业资本存量的增长等。刘易斯模型和费-拉模型合称为刘—费—拉模型。"二元结构"模型的意义在于强调结构转换对于经济增长的推动作用，也为劳动力城乡转移做出了经济铺垫。

（4）预期收入理论

①托达罗（M. Todaro）的"预期收入理论"

刘—费—拉劳动力迁移模型都是建立在城市充分就业假说的前提下，然而发展中国家的实际状况是，不仅农村存在着失业或就业不足，城市也存在着失业或就业不足。美国经济学家托达罗从"城乡预期收入差异"角度建立了城乡劳动力迁移模型，从而补充了刘—费—拉模型。该模型的出发点是，农村劳动力向城市迁移，是根据"预期"收入最大化目标做出的。这种迁移决策依据包括两方面。第一是城乡实际工资差距。这种差距是十分普遍的，而且在发展中国家相差很大。这是农村向城市非农产业移民的重要动力。第二是农村劳动力在城市能够找到就业岗位的概率。引进这一概率变量，是托达罗模型一个重要的贡献，从而可以解释农民为什么在城市存在高失业率的情况下还会做出迁移选择。[①] 托达罗模型比刘易斯模型更接近发展中国家的现实，他所提出的政策建议是发展中国家应注重小规模劳动密集型产业的发展。

②哈里斯（J. R. Harris）对托达罗模型的修正

---

① Todaro, M. P., A Model of Migration and Urban Unemployment in less developed Countries. *American Economic Review*, 1969: 138 – 148.

在已提出的对托达罗基本模型的修正中，哈里斯（J. R. Harris）提出的哈-托（H-T）模型（1970）较为突出。① 基本的哈-托模型假定，城市工资率在某种程度上是由外生决定的。根据这一假定，内生决定的市场结算工资将会促使流向城市部门的劳动力人数减少，由此产生较多的就业机会和较低的失业率。最低工资的上升和其他现象可以导致资本对劳动力的替代，并导致就业增长比产出增长低。修改后的 H-T 模型意味着城市就业机会创造比例的提高会提高失业水平。若已知创造城市就业的不同手段（如部门工资补贴、创造或扩大市场需求等），对社会福利的影响则可以根据 H-T 模型以产量收益或损失来衡量。该模型还表明：强行阻碍和限制劳动力的迁移可能会减少农业部门的净福利。从 H-T 模型中得出的一种假说是：较高的城市工资会导致较多的城市失业。如果农村收入水平不能提高到一定程度，城市部门中充分就业的努力就注定要失败，因为创造额外的就业机会将促使更多的农村劳动力流入城市部门。H-T 模型试图把农村与城市部门分开，进而分析迁移对农村和城市的产量、收入与福利的影响。

但是，城乡预期收入理论模型也存在很多弱点。托达罗模型中太过强调城市正规部门是劳动力市场工资的决定者，认为城市非正规部门只是一种补充作用。但事实上，发展中国家城市非正规部门才是吸纳农村劳动力就业的主力，且农村劳动力在计算城乡预期收入差距时不仅计算总量的差异，也考虑迁移成本在内的一种相对净差异。总体来说，托达罗模型以及后来修改后的 H-T 模型为进一步分析发展中国家农村劳动力城乡转移提供了很好的理论借鉴。

（5）人力资本投资理论

人力资本投资理论是由舒尔茨（T. W. Schultz）和贝克尔（Becker）等共同开创的理论。以人力资本为基础，舒尔茨于 1961 年指出，个人对于地点的选择将根据其拥有的人力资本报酬的概率分布和

---

① Harris, Todaro, M. P., Migration, Unemployment and Development: A Two-Sectors Analysis. *The American Economic Review*, 1970: 70.

迁移的成本做出判断，而收入的差异可能是用以解释这种效用差别的最常用的也是最重要的变量。① 贝克尔（1990）指出，在新古典模型中，物质资本投资的回报率会随着其存量的增加而下降，但作为具体化在人身上的知识，人力资本却有可能并非如此，尤其是当其存量极少、回报率很低的时候，此时只要增加投资，其回报率就能或多或少地上升一段时间。② 后来许多研究者据此将人力资本划为两类，一类是边际报酬递增的，另一类则相反。前者往往被称为"异质人力资本"，后者则被称为"同质人力资本"。人力资本理论把人口迁移行为看成了人力资本投资的过程，强调了教育、培训在农村劳动力迁移中的作用，尤其是要注重农村基础教育的发展，避免造成城乡发展的两极分化，通过发展农村教育缩小城乡间的差距，对如何实现人口的顺利迁移提供了很好的借鉴。

（6）新迁移经济理论

人的迁移行为不仅会受到个人预期收入的影响，还会受到家庭因素的影响。新古典经济学假定个人是迁移过程的最小单位，而在实际研究中，许多学者发现个人决策往往与家庭有着很大的关系，开始分析家庭福利最大化条件下的劳动力迁移行为，从而在新古典经济学理论的基础上产生了新家庭迁移理论。

与传统假设不同，斯塔克（O. Stark）（1982）提出了以家庭作为决策主体的新经济迁移理论。该理论认为个体的迁移决策是由家庭成员共同决定做出的，迁移（特别是短期迁移）的因素归结为一种最大化经济利益和最小化风险的家庭策略，而周期性往返迁移则是充分利用城市和农村（家庭）资源。主要分为两种理论：①投资组合理论。由于农业收入波动较大，农村家庭要对内部的劳动力资源进行统筹规划和配置，派出部分成员外出从事非农产业以消除或减缓家庭收入的

---

① Schultz, Theodore W., Investment in Human Capital. *American Economic Review* 51 (March 1961): 1–17.

② Becker, Gary S. & Murphy, Kevin M. & Tamura, Robert (1990), Human Capital, Fertility, and Economic Growth, *Journal of Political Economy*, University of Chicago Press, Vol. 98 (5), pages S12–37, October.

不稳定性。②契约安排理论。家庭成员之间暗含着一种合约：家庭成员首先对转移者提供资金帮助，进行投资，如对其教育的投资，转移者工作赚钱之后向家庭提供其部分工资收入，从而实现家庭利益最大化。①

此外，斯塔克（O. Stark）和泰勒（E. Taylor）等人用"相对感"解释迁移问题，即迁移不仅受到城乡收入差距的拉动，还受到农村户与户之间收入相对差距、参照系变化的影响。该理论对家庭观念较重的东南亚国家和中国，具有更广泛的普适性。随后还有二元劳动力市场理论、世界系统论，以及迁移网络理论、文化迁移理论、收入分配理论、土地分配理论、人力资本分配理论、社会标签理论等。

二 简要评述

上述有关人口迁移的理论，从研究的内容看，涵盖了人口迁移的动因、影响因素、迁移方式等方面，并做了详细的论述；从研究视角看，从发展经济学对"二元结构"下人口城乡迁移的研究演变到更加微观的以家庭决策为主体的新迁移经济理论，在不同的假设条件下，研究视角也从宏观研究转向微观研究；从研究方法看，从对人口迁移现象的定性描述转变为以定量为主的理论模型分析。可以说，西方学术界对人口迁移理论不断完善、不断发展，不仅具有重要的理论研究价值，也具有重要的现实指导意义。不论是从人口迁移的理论研究还是对模型的定量分析来看，这些经典的人口迁移理论对发展中国家解决农村劳动力迁移问题提供了许多有益的启示，也为研究我国农村劳动力迁移问题奠定了坚实的理论基石。

但是，由于这些理论是分别根据不同国家特定时代背景和经济发展过程中总结出来的，因而这些理论及其模型的应用受到局限。如刘易斯模型的基本假定，农村剩余劳动力无限供给；暗含的假定，城市充分就业。又如托达罗模型主要讨论了支配迁移决策的经济因素，过于强调城市正规部门对工资的决定，没有看到发展中国家非正规部门

---

① O. Stark, Levhari D., On Migration and Risk in Less Development Countries. *Economic Development and Cultural Change*, 1982, 31 (1).

对农村劳动力就业的吸纳性（尽管在他后来的研究中有所补充）。这些理论模型的假定条件与很多发展中国家，尤其是与我国独特的二元户籍制度下形成的城乡劳动力市场分割的实际情况不符，运用西方人口迁移理论或模型解释我国劳动力迁移必然存在局限性。尽管如此，这些经典理论模型对于研究我国农村劳动力迁移问题，仍具有非常重要的参考价值。

三　国内相关文献综述

国内有关农村劳动力迁移问题的研究成果数不胜数。自20世纪80年代以来，我国农村劳动力迁移问题就成为社会各界关注的热点。学者们从不同的角度、运用不同的方法进行了大量研究，概括为三个方面的特点：一是研究视角广泛。对农村劳动力迁移特征、原因、动机、效应以及相关政策的研究涉及人口学、经济学、社会学、人口地理学等很多学科，多学科交叉研究的成果丰富。二是研究方法日益规范。在研究方法上，早期的文献研究主要以理论研究、定性描述为主，随着统计数据的日臻完善，后期文献成果多以定性和定量相结合为主。三是研究内容日趋丰富。人口学家、经济学家和社会学家都在各自的专业领域对此问题展开了多方面研究，研究视角更趋于多元化。大致可归结为以下几方面：

（1）对西方人口迁移理论模型的应用和修正

在发展中国家现代化、工业化、城市化的过程中如何吸纳农村剩余劳动力的问题一直是发展经济学研究的一个重要内容。"二元经济"理论成为国内学者研究农村劳动力流动机制的理论基石。国内许多学者利用刘易斯的二元经济模型和托达罗的人口迁移模型来解释我国农村劳动力流动的原因。一些学者在刘易斯等人的"二元结构"模型基础上提出了"三元经济""四元经济"模型。有学者认为虽然农村工业部门、农业部门和城市工业部门的生产力水平存在明显的层次性差异，制度特征也各不相同，但在国民经济中却鼎足而立，共同构成中国的"三元经济"结构。其中,农村工业部门是吸纳劳动力的主要力量。① 徐庆(1997)根据经济结构同质化的发展目标和生产方式的差异,认为当前中国经济表现出明显的四元结构。这四元结构分别是:农村传统部门经济、乡镇企业部门经济、城市传统部门经济和现代部门经济。②

有学者从成本—收益的角度对哈里斯—托达罗模型进行修正,并以此为理论基础探讨中国劳动力转移模式。③ 蔡昉(2002)利用相对贫困假说理论,分析了家庭相对收入变化对农民外出打工决策的影响,研究得出农民迁移具有双重动因,即绝对收入差距与相对剥夺。④ 刘根荣(2006)从成本、收益、效用函数等基本微观经济学工具对劳动力流动机制进行分析,并在此基础上提出了劳动力流动受风险、能力、成本三重约束的阻力模型,从空间阻力、信息阻力、能力阻力、风险阻力、价格阻力、政策阻力、心理阻力七方面阐释"民工荒"的微观成因。⑤ 钱永坤(2006)将农村劳动力异地转移行为划分成边在家务农边寻找异地工作和先转移到异地再寻找工作两种方式,建立了采用这两种方式进行异地转移行为决策模型,分析了中国农村劳动力大量选择在家寻找工作模式的主要原因,结果发现托达罗模型只能解释第二种方式,而实际调查证实中国农村劳动力异地转移主要采取第一种方式。⑥ 可以说,国内学者对西方人口迁移理论的应用既是对我国劳动力迁移问题的解释和验证,也是对西方人口迁移理论的补充和修正。

---

① 陈吉元、胡必亮:《中国的三元经济结构与农业剩余劳动力转移》,《经济研究》1994年第4期。
② 徐庆:《中国二元经济演进与工业化战略反思》,《清华大学学报》(哲学社会科学版)1997年第2期。
③ 周天勇:《托达罗模型的缺陷及其相反的政策含义——中国剩余劳动力转移和就业容量扩张的思路》,《经济研究》2001年第3期。
④ 蔡昉:《迁移的双重动因及政策含义——检验相对贫困假说》,《中国人口科学》2002年第4期。
⑤ 刘根荣:《风险、能力、成本三重约束下中国农村剩余劳动力的流动机制》,《当代财经》2006年第11期。
⑥ 钱永坤:《农村劳动力异地转移行为研究》,《中国人口科学》2006年第5期。

（2）人口迁移的特征描述

改革开放以来，为适应建立社会主义市场经济体制的要求，政府适时调整政策，逐步放宽对城乡人口流动的限制，流动人口的规模也随之扩大。随着我国人口转变的完成，人口结构日趋老龄化，学术界对我国人口老龄化趋势下农村劳动力剩余存量问题展开了讨论，从农村外出劳动力的数量、质量和性别等方面进行研究，并形成诸多研究成果。

根据国务院研究室发布的《中国农民工调研报告》（2006），我国现在外出农民工数量为1.2亿人左右；如果加上在本地乡镇企业就业的农村劳动力，则农民工总数为2亿人，已超过农村人口的1/5。2006年，国务院发展研究中心"推进社会主义新农村建设课题组"对农村劳动力利用状况进行了全面调查，被调查的138.42万个家庭中有212.73万个劳动力，近一半的农村劳动力从事非农产业。并得出我国农村劳动力转移已经进入新阶段：年轻劳动力已经进入有限供给阶段，以及农村劳动力供给短缺与剩余并存的阶段，农村劳动力转移尚在中途。[①] 也有学者利用人口普查数据对中国未来时期农村劳动力迁移规模进行了估算。杨云彦（2003）通过对1987年全国1%人口抽样调查和2000年人口普查源代码的交叉汇总，取得了若干年份户籍迁移人口占总迁移人口的比重，并以此为基础，建立了漏报率估算的计量经济与线性拟合模型，测算了20世纪50年代以来中国年度人口迁移规模及迁移率。[②] 王金营、原新（2007）针对多区域人口发展方程进行人口预测的乡—城转移人口模式和转移率的处理问题，提出了一个乡—城总和人口转移率的概念与方法，并利用该方法对我国乡—城转移人口的规模和结构进行预测分析。模拟结果显示，随着人口城镇化水平的提高，2000～2020年内每年的乡—城转移人口为1500万左右，其中将有70%～80%为15～64岁劳动年龄人口，为城

---

① 蔡昉等：《中国人口与劳动问题报告 No.8（2007）：刘易斯转折点及其政策挑战》，社会科学文献出版社2007年版，第113—116页。

② 杨云彦：《中国人口迁移的规模测算与强度分析》，《中国社会科学》2003年第10期。

镇的发展提供了丰富的劳动力资源的同时也加剧了农村的人口老龄化。①

此外，有学者集中于农村转移劳动力的性别、年龄以及受教育程度等人口学特征对农村劳动力迁移决策的影响进行分析。赵耀辉（1997）研究得出，女性的转移概率比男性低7%，年龄对转移决策有正的影响。②史清华等（2004）认为"在面对市场经济风险中，男性敢于挑战风险的能力和勇气显著高于女性"，"经济发展水平不同的地区，农民工在进城动因上也存在差异"③。有学者研究得出，目前，外出农村劳动力的素质与企业用工需求仍存在一定的差距，企业招收员工比较注重文化程度和技术水平，但多数农村外出劳动力并没有接受过正规的技术培训。对农村外出务工人员的调查中，虽然有65.5%的农村外出务工人员具有初中文化程度，却有45.3%的人没有接受过任何培训，25%的人只接受过不超过15天的简单培训，接受正规培训人员仅占13.1%。④可以说，对农村劳动力迁移人口学特征的描述多采用描述性统计分析，并辅之以定量分析，从人口迁移的数量、质量和性别等方面进行了广泛研究。

可以说，国内关于迁移人口特征的研究，不仅关注农村劳动力转移的数量、未来的存量，而且更加关注迁移人口的年龄、性别结构、受教育水平等。但大多数文献只是从迁移人口的某些特征对人口迁移问题进行研究，由于所用数据来源不统一，所得结论也存在差异。但这些文献成果为研究迁移人口的特征提供了很好的借鉴。

（3）农村劳动力迁移行为的影响因素

国内学者对农村劳动力迁移影响因素研究的文献成果很多。从影

---

① 王金营、原新：《分城乡人口预测中乡—城人口转移技术处理及人口转移预测》，《河北大学学报》（哲学社会科学版）2007年第3期。
② 赵耀辉：《中国城乡迁移的历史研究：1949~1985》，《中国人口科学》1997年第2期。
③ 史清华：《都市农户经济发展不平衡性及根源的分析》，《农业经济问题》2004年第6期。
④ 蔡昉等：《中国人口与劳动问题报告 No.8（2007）：刘易斯转折点及其政策挑战》，社会科学文献出版社2007年版，第3—18页。

响劳动力迁移的个人、家庭、社会经济和制度因素等方面进行了广泛研究，其中利用实地调查数据的文献颇多，所得结论更具有说服力。

一些学者认为农村劳动力外出决策是多种因素共同作用的结果，他们从农民个人、家庭、家庭所在社区、制度等方面分析了对农村劳动力迁移决策的影响。[①] 杨云彦等（2008）利用湖北省3145户农村居民调查数据，分析构成农户家庭禀赋的物质资本、社会资本和人力资本对成员外出务工决策的影响。研究得出农户家庭禀赋对农民外出务工决策有着显著的影响，家庭人力资本和社会资本越丰富，成员外出的可能性就越大。家庭财富积累状况和耕地数量与成员外出务工人数和可能性呈"U"字形相关关系，家庭经济条件较差和较好的农民更倾向于外出务工。[②] 还有学者利用调查数据检验了耕地、收入和教育对农村劳动力迁移的影响，研究得出教育对农村外出务工有一定的促进作用，而耕地、收入与外出打工行为并未呈倒"U"形关系。[③] 李培（2009）通过实证研究得出教育水平与农村劳动力城乡迁移存在倒"U"形关系。[④] 罗霞、王春光等（2003）提出了"新生代流动人口的概念"，经过调查比较后认为，新生代农村流动人口与他们的前辈们在思想观念和外出动因上大不一样。[⑤]

由于我国农村人口迁移受政府管制的限制，因此研究农村劳动力迁移的制度因素的文献颇为多见。其中，众学者关注最多的就是户籍制度。杨云彦等（1999）通过建立多区域迁移模型，引入行为变量，用以分析中国人口迁移的决定因子并考察户口的影响。认为中国人口省际迁移的诸多特征迁移选择性、区域模式、动力机制等均与其他发

---

① 盛来运：《农村劳动力流动的经济影响和效果》，《统计研究》2007年第10期。
② 杨云彦、石智雷：《家庭禀赋对农民外出务工行为的影响》，《中国人口科学》2008年第4期。
③ 王志刚：《小城镇建设：甘肃农村剩余劳动力转移的现实选择》，《西北人口》2003年第3期。
④ 李培：《中国城乡人口迁移的时空特征及其影响因素》，《经济学家》2009年第1期。
⑤ 罗霞、王春光：《新生代农村流动人口的外出动因与行动选择》，《浙江社会科学》2003年第1期。

展中国家有很多相似之处,其中距离、人口与经济变量起主要作用。[1]李培林(2003)的研究表明了制度因素对中国农村劳动力转移有较大的影响,对户籍制度等的改进,将促使农民工顺畅地进城务工。[2] 王美艳、蔡昉(2008)分析了户籍制度的建立、户籍制度得以维系的制度原因和户籍制度的改革历程,并讨论了如何从多方面着手,进一步促进户籍制度改革。[3] 一些学者利用全国第五次人口普查数据对我国人口迁移特征进行分析,中国人口迁移具有较强的年龄选择性和教育选择性,户籍制度是影响迁移决策和决定迁移类型的重要因素。[4] 王化波(2008)利用第五次人口普查长表0.95‰的微观资料,分析了移民特征对迁入地类型选择的影响,认为移民的人口因素和社会特征对迁移目的地的选择有较大的影响。同时也肯定了户籍制度对人口迁移仍起限制作用。[5] 众多学者从户籍制度的产生、运作方式和改革历史,讨论了户籍制度在农民工流动中的作用,指出其在农村劳动力转移过程中的制约作用和改革前景。

在迁移行为的影响因素研究中,有学者研究了自然灾害对人口迁移的影响。刘家强等(2008)研究了灾后重建中人口迁移安置问题,通过计算地震灾区人口容量和迁移人口容量,提出应建立人口迁移法,规范人口迁移行为,并将短期效应和长期效应相结合,分阶段进行人口迁移等可行性政策建议,为灾后重建人口迁移安置问题提供了可行的对策与建议。[6] 还有学者从传统文化社会资本、制度等角度对农村劳动力迁移行为展开了研究。

农村劳动力迁移行为的制约因素众多,已有的研究成果视角独

---

[1] 杨云彦等:《中国人口迁移:多区域模型及实证分析》,《中国人口科学》1999年第4期。
[2] 李培林:《中国流动民工的社会网络(英文)》,*Social Sciences in China* 2003年第4期。
[3] 王美艳、蔡昉:《户籍制度改革的历程与展望》,《广东社会科学》2008年第6期。
[4] 唐家龙、马忠东:《中国人口迁移的选择性:基于五普数据的分析》,《人口研究》2007年第5期。
[5] 王化波:《迁入地类型的选择——基于五普资料的分析》,《人口学刊》2008年第6期。
[6] 刘家强等:《灾后重建中的人口迁移问题研究》,《人口研究》2008年第5期。

特，不仅从宏观角度研究经济、制度因素对农村劳动力迁移的影响，也从微观的个人、家庭、社区层面进行了分析，同时也为本书关于农村劳动力迁移行为影响因素的研究提供了很好的借鉴。

（4）农村劳动力迁移模式分析

迁移的方式和流向是劳动力迁移行为的表现形式。随着人口统计数据的日臻完善，尤其是几次全国人口普查提供的统计数据，为研究我国人口迁移问题奠定了很好的数据基础。丁金宏等（2005）通过对"五普"数据分析得出：东中西部人口迁移的不平衡加剧，人口省际迁移的辐合流场与辐散流场在进一步发展，珠江三角洲是最大的迁移辐射中心；东北与山东的对流渐趋消失，西北取代东北成为非沿海区域新的人口引力中心；以秦岭—淮河线东段和黑河—腾冲线南段为界，人口迁移分裂为东南和西北两大"流域"。[①] 王桂新等（2000）根据人口迁移选择指数，系统考察了经济体制改革以来省际人口迁移的区域模式及其变化趋势。研究认为，自经济体制改革以来，中国省际人口迁移的"单向梯度东移模式"，已开始出现东强西弱非对称"双向"迁移的变化；人口迁移流向在继续主要向东部地带"集中"的同时，迁移吸引中心也发生着量的不断扩大的"多极化"和质的持续提高的"强势化"，指出存在北京、上海两大全国级强势吸引中心和广东、新疆两大省区级强势吸引中心。[②]

国内学者从不同的角度多层次透视劳动力迁移方式和流向。中国社会科学院人口与劳动经济研究所蔡昉等人对我国农村劳动力迁移问题的讨论，其中《中国人口与劳动问题报告 No.8（2007）——刘易斯转折点及其政策挑战》一书利用劳动和社会保障部开展的"农村外出务工人员就业调查"和"企业春季用工需求调查"数据从外出农村劳动力择业方式、流入地选择、就业类型三方面对我国农村外迁劳动力的方式和流向进行了详细描述。指出东部地区农村劳动力迁移率

[①] 丁金宏等：《中国人口迁移的区域差异与流场特征》，《地理学报》2005年第1期。
[②] 王桂新：《中国经济体制改革以来省际人口迁移区域模式及其变化》，《人口与经济》2000年第3期。

仍然较高，珠江三角洲、长江三角洲和环渤海地区仍然是农村外出劳动力就业的主要区域，其就业行业趋于分散。这些研究表明，从整体来看，现阶段我国农村劳动力迁移流向仍以东部地区为主，但具体层面其迁移选择较之以前出现了一些新特点。这也意味着，现阶段我国农村劳动力迁移行为已经发生了微妙变化。

（5）迁移的效应

迁移效应是指农村劳动力迁移行为对个人、他人、社会等各方面所产生的增进或减退的作用，增进作用称为正面效应，减退作用称为负面效应。武国定（2006）将农村劳动力迁移的效应分为配置效应、节本效应、聚集效应和提升效应，并得出配置效应对2003年GDP的贡献率为17.2%，配置效应对农民收入的贡献率为38.5%。[①] 毕先萍（2009）运用2000～2006年中国31个省、市、自治区的数据，估计地区劳动力流动规模，构造相关指标，实证检验劳动力流动对地区经济增长的综合影响。研究显示，劳动力流动对下一期地区经济增长具有正向影响，而对本期经济增长具有负向影响，就业保障和劳动力市场紧张度的影响不显著。[②]

赵耀辉（1997）利用农业部农业研究中心与统计局于1996年初在四川省的调查数据，使用一个家庭收入模型，估计不同类型的劳动力对家庭收入贡献的大小。其结果显示，每增加一个外出劳动力可以使家庭纯劳动收入增加55%，每增加一个在本地非农产业就业的劳动力可以使家庭纯劳动收入增加19%，而每增加一个本地农业劳动力只能使家庭纯劳动收入增加5%。[③] 李实（1999）借助中国社会科学院经济研究所1995年居民收入抽样调查中的农户数据，采用收入函数的估计方法，分别对外出劳动力户和非外出劳动力户的收入函数进行了估计。研究结果显示，外出劳动力不仅能够获得更高的劳动报酬

[①] 武国定：《中国农村劳动力转移的效应分析》，《中国农村经济》2006年第4期。
[②] 毕先萍：《劳动力流动对中国地区经济增长的影响研究》，《经济评论》2009年第1期。
[③] 赵耀辉：《中国农村劳动力流动及教育在其中的作用——以四川省为基础的研究》，《经济研究》1997年第2期。

率，而且他们的转移还会对家庭中其他劳动力劳动报酬率的提高产生积极的影响。① 李实、张平（1998）等人的研究表明，非农收入是拉开省际农民收入差距的最重要原因，而且，农户收入非农化的结构变化使收入差距拉开。②

农村劳动力向城镇以及向非农业转移过程中，通常会产生提高农业劳动边际生产率和报酬水平，降低或抑制非农产业劳动力的边际生产率和报酬水平的效果，从而缩小农村和城市之间的收入差距。因此，劳动力流动是缩小城乡收入差距的一种重要机制。③ 然而，在中国的改革过程中，随着农村劳动力迁移流动规模的增大，我国城乡收入差距也随之扩大。农村劳动力迁移会"扩大"还是会"缩小"城乡收入差距？学术界对这一问题的讨论也存在分歧。朱云章（2009）利用1983—2006年农村进城劳动力与农村劳动力之比代表农村劳动力流动指标，城镇居民可支配性收入与农村居民工资性收入之比代表城乡收入差距指标，对农村劳动力流动与城乡收入差距进行了格兰杰因果检验，研究发现两者之间只存在由城乡收入差距到城乡劳动力流动的单向格兰杰因果关系，无法得到城乡劳动力流动对城乡收入差距存在反馈作用的证据。④ 这些研究表明，农村劳动力迁移产生的效应既有正效应，同时也存在负效应，相对而言，正效应更为明显。

（6）迁移的政策研究

如何适应市场经济要求，进一步合理、有序地转移农村富余劳动力，是解决"三农"问题、实现城乡统筹、建设社会主义和谐社会必须解决的现实问题。进入21世纪以来，国家对进城务工农民的政策发生了积极变化。特别是近年来，随着我国城市化进程的加快，农民工的社会地位和权益保护问题越来越受到党和国家及全社会的高度重

---

① 李实：《中国居民收入分配再研究》，《经济研究》1997年第4期。
② 李实、张平：《个人收入差距的有序扩大与经济转型的内在联系》，《经济研究参考》1998年第5期。
③ 蔡昉、王德文：《经济增长成分变化与农民收入源泉》，《管理世界》2005年第5期。
④ 朱云章：《我国城乡劳动力流动与收入差距的关系检验》，《农业经济》2009年第1期。

视。到 2003 年以后，农村劳动力转移的政策进一步完备和细化。王国辉、穆怀中（2007）从假设乡城迁移是农户家庭在一定约束条件下通过调整家庭劳动在城乡间的配置、追求家庭预期净收益最大化的行为出发，建立了农户净收益最大化乡城迁移模型，根据模型把乡城迁移过程分为单阶段永久性乡城迁移过程、两阶段永久性乡城迁移过程和单阶段非永久性乡城迁移三种类型。通过分析和计算三类农户四种劳动配置净收益和相应的约束条件，对中国乡城迁移过程进行了深入的分析，并对中国乡城迁移的过程和发展趋势进行了预测。研究得出，对于在城市有很多社会资本的农户，非常容易在城市找到工作，他们乡城迁移的第二阶段——永久性乡城迁移实现较早，在 2014 年左右；对于在城市的社会资本少的农户，他们很难在城市找到工作，乡城迁移的第二阶段——永久性乡城迁移实现较晚，在 2025 年左右。①

有学者针对农民工在城市就业生存现状，从农民工的社会地位、就业权益、子女教育问题、社会保障等方面提出相关对策建议。② 农村劳动力转移是解决农民就业问题、增加农民收入的必然选择，由于城乡间、地区间、产业间经济发展不平衡和相关政策体制的约束，目前我国农村劳动力转移还不够充分，应立足于宏观角度对农村劳动力转移进行战略规划。

四 简要评价

从上述研究成果看，国内学者对农村劳动力迁移问题的研究涵盖范围广，研究较为深入，既有定性研究，又有定量研究，也有对农村劳动力迁移问题某一方面的专题性研究。可以说，已有文献成果对我国农村劳动力迁移问题的研究已经达到了一定的深度。但在众多的学术成果中再度深入挖掘，还可以发现一些新的研究思路。

研究视野仍可进一步拓宽。从已有文献成果看，多数研究成果从

---

① 王国辉、穆怀中：《中国乡城迁移过程分析及发展趋势预测》，《中国人口科学》2007 年第 3 期。

② 李晓杰：《农村劳动力转移政策研究》，《社会科学战线》2007 年第 3 期。

人力资本、社会资本、制度等方面分析对农村劳动力迁移行为的影响，一定程度上忽视了人口迁移行为的心理因素。农村劳动力迁移作为一个人口事件，不仅与自身能力水平有关，还受外部环境的影响。如何将影响农村劳动力迁移行为诸多因素进行新的整合、界定，还需要进一步深入探讨。

农村劳动力迁移行为的研究内容还可以继续深入。农村劳动力迁移的过程其实就是选择的过程。当面对多种选择时，农村劳动力迁移选择将如何做出？为何会做出如此决策？不同迁移选择又会产生怎样的影响？这不仅与农村劳动力个体的自身利益相关，还关系到农村劳动力的群体利益。如果不能深入地了解和把握农村劳动力迁移行为，进行及时调控，一旦出现无序、盲目流动，势必会给整个社会带来很多负面影响，甚至关系到整个民生问题。因此，对农村劳动力迁移行为，尤其是对农村劳动力迁移选择行为进行深入研究是非常必要的。

现有人口迁移理论模型仍有进一步改进的余地。国内外学者对农村劳动力迁移（转移）理论模型的研究已经取得了骄人成就，尤其是国内学者在借鉴西方"二元"理论模型、人力资本理论、新迁移经济理论等来分析我国农村劳动力迁移（转移）问题时，构建了很多符合我国实际情况的农村劳动力转移模型，对解决一些实际问题提供了重要的参考价值。但仔细分析，国内学者在构建理性模型方面主要集中在"迁与不迁"或"如何迁移"的研究，而忽视了一个重要方面——如何选择迁移的问题。迁移选择是农村劳动力迁移行为的关键环节，因此，利用相关理论构建农村劳动力迁移选择决策模型对农村劳动力迁移选择过程进行模拟和描述有着重要的理论研究价值。

农村劳动力迁移行为系统性研究还需拓展。农村劳动力迁移行为是一个包含迁移动机、迁移选择和迁移结果三个环节紧密相连的过程。基于不同的研究目的，很多文献成果都是侧重于迁移行为的某一个方面展开研究的，对迁移行为进行系统性研究的成果不多。仔细考量，对农村劳动力迁移行为的研究，不仅要根据农村劳动力迁移行为的现象进行理论性研究，同时还要辅以实证研究来验证理论的适用性。尤其是对农村劳动力迁移选择和迁移结果及其影响因素进行定量分析，才能清晰地了解农村劳动力迁移行为的制约因素，寻找破解路径。

此外，实现农村劳动力顺利迁移的制度环境仍有待完善。农村劳动力迁移行为研究的最终目标，就是为构建实现农村劳动力顺利迁移的制度环境提供依据。学术界对实现农村劳动力顺利迁移的制度研究主要集中在以下领域：户籍制度、教育培训制度、劳动力市场制度、社会保障制度、产业制度、土地制度、农村金融制度、住房制度等方面。除此之外，是否还应针对目前我国农村劳动力迁移行为特征、立足区域，建立对农村劳动力迁移行为进行调控的相关机制？通过迁移调控机制来引导农村劳动力在区域内和区域间，产业间、城乡间的有序、合理迁移。因此，进一步积极探索破除农村劳动力迁移的各种障碍因素、最大限度实现理性迁移、降低迁移成本、实现稳定就业的制度环境是需要深入研究的问题。

第三节 研究的技术路线

为了全面、系统、深入分析农村劳动力迁移行为，本书拟从四个方面对农村劳动力迁移行为进行研究，技术路线安排如图1-1所示：

一 第一阶段：理论研究阶段

理论研究阶段包括第一章、第二章的内容。

第一章为导论。在对现有国内外有关农村劳动力迁移研究成果进行总结、评述的基础上，提出了本书研究的目的与意义，引出研究的理论基础——有限理性，分别介绍了研究的思路与方法、研究创新点与不足。

第二章在界定劳动力禀赋、劳动力迁移行为有限理性的基础上，从理论上阐述了禀赋、有限理性与农村劳动力迁移行为的作用机理。结合要素禀赋、人力资本和社会资本的概念，从劳动力迁移这一人口事件出发，对劳动力禀赋进行了界定。由于禀赋因素的制约、外部环境的不确定性，劳动力不可能清楚地计算每种备选方案的就业概率，

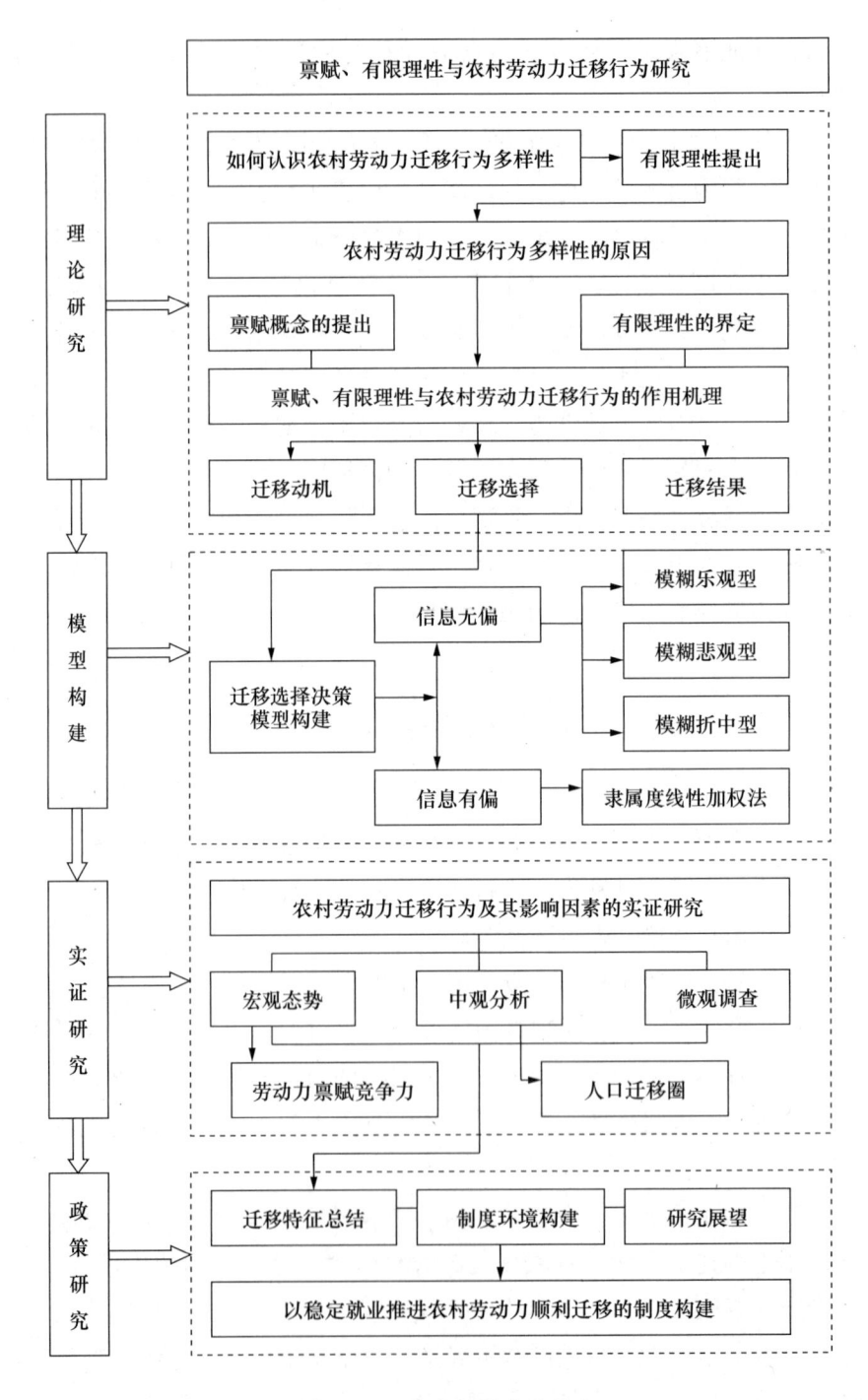

图 1-1　本书的技术路线

对每种方案各个属性的认识也存在模糊性,其迁移选择是遵循"认知偏差+满意"的有限理性选择。即由于偏好、信息处理能力、参照点、认知偏差的存在,因此农村劳动力迁移选择是一种有限理性下追求禀赋优化的过程。

二 第二阶段:模型构建阶段

第三章为模型构建阶段。借鉴多属性决策理论分析方法构建了模糊多目标农村劳动力迁移选择决策模型并进行了应用分析。

在追溯行为决策理论及其相关内容的基础上,界定农村劳动力迁移选择决策的同时,引出农村劳动力迁移选择决策过程中的模糊性。利用多属性决策理论的分析工具,在信息无偏和信息有偏两种情况下,建立了模糊多目标农村劳动力迁移选择决策模型。信息无偏下分别构建了模糊乐观型、模糊悲观型、模糊折中型农村劳动力迁移选择决策模型;不完全偏好信息条件下利用隶属度线性加权规划法建立农村劳动力迁移选择决策模型,并利用问卷调查中的相关数据对理论模型进行了应用研究。

三 第三阶段:实证研究阶段

实证研究阶段包括第四章、第五章和第六章的内容,在有限理性的框架内,在宏观、中观和微观层面对农村劳动力迁移行为及其影响因素进行实证研究。

第四章为中国农村劳动力迁移行为及其禀赋竞争力的宏观态势。在宏观层面,利用2006年全国第二次农业普查相关数据、2009年农民工监测调查报告数据对全国及各地区农村迁移劳动力的禀赋特征、迁移模式进行分析。为了更全面了解我国各地区农村劳动力资源禀赋水平与迁移分布的关系,本书利用第二次农业普查和2007年《中国统计年鉴》中相关数据构建了劳动力禀赋竞争力指标体系,采用AHP法对全国31个省(市)农村劳动力禀赋竞争力进行了评价研究,得出我国各地区农村劳动力迁移分布与各地区农村劳动力禀赋竞争力呈现明显的逆向变动关系。

第五章为农村劳动力迁移行为的中观分析。在中观层面,以河北为例,利用2000年河北人口普查1‰抽样调查原始数据对农村迁移劳动力的迁移动机、迁移选择、迁移效应进行了分析。探讨了不同禀赋特征下农村劳动力的迁移动机、迁移选择，重点分析了劳动力迁移选择及其禀赋影响因素，验证了地区经济发展差距对农村劳动力跨省迁移的影响。同时，提出了区域人口迁移的理论分析工具——人口迁移圈。

第六章为农村劳动力迁移行为的微观研究。在微观层面，利用2009年问卷调查数据对现阶段我国农村迁移劳动力的禀赋特征进行描述，分析了农村劳动力迁移动机、迁移选择以及迁移产生的经济效益。研究得出，一方面，现阶段我国农村劳动力代际禀赋差异明显，迁移动机明显不同，"80"后较"80"前在迁移动机上表现出明显差别；另一方面，通过建立实证模型对农村劳动力迁移选择（本县内迁移、县外市内迁移、市外省内和省外迁移）及其迁移效应（收入水平）的影响因素进行了实证分析，剖析了影响其迁移行为的制约因素。

四　第四阶段：政策研究阶段

第七章为政策研究阶段。

第七章结合宏观、中观、微观研究的结果，对现阶段我国农村劳动力迁移行为特征进行归纳总结。立足于影响迁移行为的制约因素，从制度层面构建优化禀赋、以稳定就业促进农村劳动力顺利迁移的制度环境。指出，不仅要从教育培训、劳动力市场建设、产业结构调整和户籍制度改革等方面来完善，重点强调建立区域劳动力迁移调控预警机制在引导农村劳动力迁移行为过程中的重要作用，以期从制度层面、运行机制层面着手，共同构建实现农村劳动力理性迁移的制度环境。

在本书结尾，根据本书的现有研究内容对未来研究方向进行展望。

第四节 本书研究方法

一 本书研究方法

在上述结构的基础上，本书采用了理论研究和实证研究相结合，宏观、中观、微观分析相结合，对比分析和综合系统分析相结合，问卷调查和计量分析相结合的方法。

（1）理论研究和实证研究相结合的方法

本书以有限理性为基础，在对已有人口迁移相关文献成果回顾、评述的基础上，从理论上阐述了禀赋、有限理性与农村劳动力迁移行为的作用机理，构建了农村劳动力迁移选择决策模式，利用问卷调查中的相关数据对模型进行了实证分析。结合理论研究和实证研究对农村劳动力迁移选择行为进行了研究。

（2）宏观、中观、微观分析相结合的方法

宏观上利用2009年农民工监测调查报告、2006年全国第二次农业普查数据对全国以及各地区农村劳动力迁移行为与禀赋竞争力进行了展望；中观上立足于区域，以河北2000年人口普查1‰抽样调查原始数据对区域之间农村劳动力迁移行为进行了分析；微观上利用2009年问卷调查数据对农村劳动力迁移行为进行研究。做到了宏观、中观、微观相结合。

（3）对比分析和综合系统分析相结合的方法

在实证研究部分，对农村迁移劳动力禀赋特征进行了分年龄、分教育水平的对比研究，探析农村迁移劳动力的代际禀赋差异。综合系统分析法主要是从系统论的角度对农村劳动力迁移行为的动机、选择和结果三个过程及其影响因素进行实证分析和定性评述，总结现阶段我国农村劳动力迁移行为的规律性。

（4）问卷调查和计量分析相结合的方法

微观分析部分需要通过问卷调查法获取，所以直接调研仍是本书不可缺少的环节。围绕本书的研究目标，设计农村劳动力迁移行为调查问卷，并委托某高校大学生利用假期社会实践的机会进行实地调查。在对农村劳动力迁移选择、迁移经济效益的分析中，主要利用SPSS、STATA统计软件，构建二元离散变量回归模型（Probit - Logit）、多元离散变量回归模型（Order - Logit）以及最小二乘回归模型（OLS），对设定的模型进行回归分析，探究各种禀赋因素对农村劳动力迁移行为的影响。

二 数据来源

本书所用数据除了问卷调查数据外，其他数据均来自国家正式出版物中的相关统计数据。数据主要来源于：

2000年全国第五次人口普查数据；

2000年河北省人口普查1‰抽样调查原始数据；

2006年全国第二次农业普查数据；

2006年河北省第二次农业普查数据；

2007年《中国统计年鉴》数据；

2009年农民工监测调查报告；

2009年笔者组织的"农村劳动力迁移行为"问卷调查数据。

除上述统计年鉴、普查数据、抽样调查数据和问卷调查数据外，本书还参考了一些论文和书籍中的数据。利用以上数据，对我国农村劳动力迁移行为进行研究。

第五节 本书的创新点与不足

一 主要创新点

劳动力迁移问题由来已久，随着人们对劳动力迁移现象认识的不断深入，对这一问题的研究也从初始的感性认识上升到理性认识，研究方法逐步从定性向定量分析转变，研究的文献成果也日益丰硕。在对现有文献成果进一步深入思考的基础上，本书以有限理性为理论基础，从劳动力禀赋视角对农村劳动力迁移行为进行了研究，可能的创新点如下：

——劳动力禀赋概念的创新。以禀赋原始含义为出发点，结合要素禀赋、人力资本、社会资本的相关概念对劳动力禀赋的概念进行创新，认为劳动力禀赋是在特定时期、特定环境下，劳动者参与社会实践过程中获得的先天和后天的本领和条件。按照劳动力禀赋的定义将其划分为能力禀赋、资本禀赋和资源禀赋三种类型，论述了三种禀赋之间的关系。在界定劳动力禀赋定义的基础上，引申出劳动力禀赋竞争力的概念。

——研究视角的创新。本书以有限理性为研究的理论基础，从人口学、行为经济学、行为决策学、认知心理学等多学科交叉角度对农村劳动力迁移行为进行了理论阐述。重点分析了农村劳动力迁移选择决策过程中的有限理性，并提出了与传统经济学中效用最大化不同的概念——禀赋优化，作为农村劳动力迁移选择决策的准则。

——农村劳动力迁移选择决策模型的创新。就目前现有文献成果看，农村劳动力迁移（转移）模型主要是对现有西方人口迁移理论模型的应用和扩展，如经典"二元"结构理论，人力资本投资理论以及到后来的新迁移经济理论等。这些理论模型主要偏向于分析"迁与不迁"的迁移决策，并没有描述"如何选择迁移"。本书从有限理性出发，利用多属性决策理论的分析工具，建立了模糊多目标农村劳动力迁移选择决策模型，更为贴切地描述了农村劳动力迁移选择决策的过程。不论是从理论上还是从实践上对农村劳动力迁移选择决策的理论模型构建方面都是一种尝试性创新研究。

区域人口迁移分析工具的创新。在中观分析部分，本书重新界定了区域人口迁移分布的理论分析工具——人口迁移圈，对人口迁移圈的概念、构成进行了详细论述。根据区域人口迁移的流向和流量，将人口迁移圈分成蛛网形、扇形模式，并以河北为例，绘制了河北省际人口迁移圈。

——制度构建的创新。在实证研究的基础上，结合现阶段我国农村劳动力迁移行为的制约因素，除了从教育、培训、劳动力市场、产业结构、户籍等方面进行相关制度环境构建外，还针对有可能出现的"巨量迁移"，以及一些地方出现的"迁移过度"和"迁移不足"提出了区域劳动力迁移调控预警机制，对引导区域农村劳动力合理、有序流动提供了重要参考。

二 研究的不足

尽管力图从以上几个方面对农村劳动力迁移行为进行创新研究，但由于笔者学识、能力有限及获取大型调查数据的局限，研究中仍存在不足之处。

农村劳动力迁移行为研究涉及学科范围广，需要涉猎除人口学以外的行为经济学、认知心理学、行为决策学、管理学等学科的理论知识。由于笔者时间和能力有限，在一些概念的阐述上可能存在不完善的地方。此外，农村劳动力迁移行为研究不仅要从理论上进行详细阐释，还要辅以大量的数据从实证角度对理论进行验证，受各方面条件的限制，本书只能利用可得性数据从宏观、中观和微观三个层面对农村劳动力迁移行为及其影响因素进行研究。尤其是微观分析部分，问卷调查样本的数量不多，可能会对实证研究的结论产生影响。

对以上不足的弥补，将是笔者未来努力的方向。

第六节 本书基本概念的界定

农村劳动力：拥有农业户口，年龄在 15~64 岁，经常参加集体经济组织（包括乡镇企业、事业单位）和家庭副业劳务的劳动力。

农村迁移劳动力：这是本书的主要研究对象。本书从宏观、中观和微观层面分别对农村劳动力迁移行为进行了分析，受获取统一口径数据的局限，每个层面使用的数据都比较独立，因此对农村迁移劳动力的界定也稍有不同。

宏观层面，按照2006年全国第二次农业普查和2009年农民工监测调查报告中的统计口径界定：农村迁移劳动力是指拥有农业户口，外出1个月以上从事非农产业的劳动力，主要指以经济性迁移为动机的农民工。

中观层面，按照人口普查中的统计口径，农村迁移劳动力是指拥有农业户口,外出6个月及以上的从事非农产业的劳动力。这部分农村迁移劳动力包含经济性和非经济性迁移两部分。

微观层面,本书问卷调查中的农村迁移劳动力是指拥有农业户口,外出3个月以上的从事非农产业的劳动力,主要指以经济性迁移为动机的农民工。

按照上述定义,本书所指的农村迁移劳动力既包括在本地、外地非农产业就业的农村劳动力,也包括短期迁移和长期迁移的农村劳动力。从一定意义上说,本书定义的农村劳动力迁移并不是指户籍迁移,与转移、流动的概念相同。

农村劳动力迁移行为:按照行为的产生、过程和结果将迁移行为划分成迁移动机、迁移选择、迁移结果(效应)三个阶段。本书也将围绕迁移行为的三个阶段对农村劳动力迁移行为展开研究。

第二章 禀赋、有限理性与农村劳动力迁移行为作用机理

为了更好地解释农村劳动力迁移行为多样性的原因，本章将利用人口学、行为经济学、行为决策学和认知心理学的相关理论，论述禀赋、有限理性与农村劳动力迁移行为的作用机理，从理论上对农村劳动力迁移行为多样性的原因进行探析。

第一节 农村劳动力禀赋概念的界定

一 有关"禀赋"的理论概念追溯

经济学、社会学等学科视野中对禀赋的解释是不同的。经济学中的禀赋多是指用于社会大生产的机器、厂房、原材料等物质生产资料和作为经济活动主体的劳动力。古典经济学的比较优势理论就是根据各国拥有禀赋资源的丰裕度，建立了基于要素禀赋比较优势的国际贸易分工理论。20世纪60年代美国经济学家舒尔茨提出了人力资本概念，并将其引入经济学分析，认为社会拥有的受过教育和训练的健康工人决定了古典生产要素的利用率，并从劳动者的角度分析了创造财富的源泉。当一些非物化的因素不能用物质资本和人力资本进行衡量之时，社会资本的概念被提出。此后，兴起于20世纪八九十年代的社会资本理论备受社会学家、经济学家的广泛关注，并作为一种理论逐渐走向成熟。这些理论概念的提出间接反映了各种物化于人身上所具有的能力、资本和资源的拥有量，凝聚在劳动者自身以及被劳动者拥有的这些能力或资源，成为劳动力禀赋概念形成之初最重要的理论

来源。

(1) 要素禀赋理论

要素禀赋（factor endowment）是指一个国家拥有的各种生产要素的构成及其比较优势，主要包括基础要素（自然资源、地理位置、气候和人口等）以及高级要素（通信设备、掌握熟练的高技术的劳动力、科研设施和技术诀窍等）。① 这里所提到的要素禀赋既包含了用于社会化大生产的自然资源（土地、能源、区位）、自然环境（气候、生态），也包括经过人类改造的社会资源和社会环境，以及社会生产的主体——劳动力。从概念上看，除了人的因素外，要素禀赋一定程度上还蕴含了更多的物质资本和自然资本内涵。

经济思想史上，西方古典经济学中的国际贸易理论最早对禀赋进行了论述，提出了"禀赋"资源。英国资产阶级古典政治经济学家大卫·李嘉图的比较成本学说就是依据各国自然禀赋的不同形成的理论。他认为最有效、最合理的分工原则就是，各国应该只生产自己的、自然条件比较有利的、成本比较低的商品，并利用这种商品去与其他国家交换自己的商品。之后，赫克歇尔（Heckscher）和俄林（Ohlin）共同创造了要素禀赋论（H-O theory），成为国际贸易理论的起源。该理论认为，劳动力丰富的国家出口劳动密集型商品，而进口资本密集型商品；相反，资本丰富的国家出口资本密集型商品，进口劳动密集型商品。新古典要素禀赋理论，从要素禀赋结构差异以及由这种差异所导致的要素相对价格在国际间的差异来寻找国际贸易发生的原因，克服了李嘉图比较优势学说中关于一种生产要素投入假定的局限，取得了很大成功，并得到快速发展。后来，一些学者对H-O理论模型的实际应用性进行了补充、修订，先后经历了多要素模型（H-O-V），② 与俄林的要素禀赋论相悖的"里昂惕夫之谜"（The Leontief Paradox），以及学者 Leamer（1980）用生产和消费产品中的

---

① http://baike.baidu.com/view/1355612.htm?fr=ala0_1.
② 徐平：《禀赋优势论研究文献综述》，《现代商贸工业》2009年第16期。

资本与劳动比，对"里昂惕夫之谜"进行解释。① 可以说，这些学者的研究将要素禀赋理论研究推向了实证研究的高潮，这一理论也在实践过程中不断完善。

国际贸易理论中的要素禀赋既包含了社会生产的物质资料，也包括了劳动力要素，强调国际贸易中一个国家按照要素富裕度——比较优势出口产品。同时，这一理论也暗含了基于要素禀赋结构的比较优势学说，不仅适用于经济领域中的国际贸易分析，同样也可以分析许多社会现象。

（2）人力资本概念

20 世纪 60 年代兴起的人力资本理论在东欧以及中国兴起并得到快速发展。西奥多·W. 舒尔茨（T. W. Schultz）在 1960 年美国经济学年会上的演说中系统阐述了人力资本理论，将人力资本概念概括为以下几方面：1）人力资本体现在人的身上，表现为人的知识、技能、资历、经验和熟练程度等能力和素质；2）在前者既定的情况下，人力资本表现为从事工作的总人数及劳动市场上的总的工作时间；3）人力资本是对人力的投资而形成的资本，是投资的结果；4）对人力的投资会产生投资收益，人力资本是劳动者收入提高的最主要源泉。② 舒尔茨认为，人们需要有用的技术和知识是很明显的，并且这种技能和知识也是资本的一种形式，这种资本实质上是作为一种有计划的资本投资，这种形式的投资在西方社会比物质资本投资的增长速度更快，且这种增长称为经济系统中最为显著的特征。③ 贝克尔进一步将人力资本与时间因素联系起来，他认为"人力资本不仅意味着才干、知识和技能，而且还意味着时间、健康和寿命"，突出了人力资本的时间价值。正如他在第一版序言中介绍人力资本投资有很多形式，其中包括学校教育、医疗保健、移民，还有寻找价格和收入的信息等。

---

① Edward E. Leamer, The Leontief Paradox, Reconsidered. *The Journal of Political Economy*, Vol. 88, No. 3 (Jun., 1980) . 495 – 503.

② 舒尔茨：《人力资本：教育和研究的作用》，华夏出版社 1990 年版，第 2 页。

③ Theodore W. Schultz. Investment in Human Capital Author (s): *The American Economic Review*, Vol. 51, No. 1 (May, 1961), pp. 1 – 17.

这些投资能提高人们的技能，增加人们的知识，改善人们的健康，最终增加货币收入和资本收入。①

国内学者李建民教授在总结、归纳前人对人力资本的各种定义和解释的基础上，给出了区分个体和群体差异的人力资本概念："对于个体，人力资本是指存在于人体之中，后天获得的具有经济价值的知识、技术、能力和健康等因素之和。对于群体，人力资本是指存在于一个国家或地区的人口群体每一个人体之中，后天获得的具有经济价值的知识、技能、能力及健康等质量因素之整合"②。王金营教授认为，"人力资本是由通过投资形成凝结在人身体内的知识、能力、健康等所构成，能够物化于商品和服务，增加商品和服务的效应，并以此获得收益的价值"，依据个体和群体将人力资本进行了详细区分③。

人力资本理论是直接将劳动者作为一种资本进行理论研究的，它是与物质资本相对应的概念。人力资本强调后天通过教育、培训、"干中学"获得的具有价值的知识、技能、能力和健康等无形因素，更多地体现为一种内化于人自身的能力。

（3）社会资本概念

社会资本由社会学家率先提出，至20世纪90年代后逐渐被经济学、管理学、政治学等学科广泛采纳，并成为一种综合性概念和研究方法。皮埃尔·布迪厄（Pierre Bourdiea）把社会资本定义为"实际或潜在的资源集合体，这些资源是同某种持久性的网络占有分不开的，这一网络是大家熟悉并得到公认的，而且是一种体制化的网络。个体所占有的资本数最依赖于他所占有的网络规模和数量，依赖于和他有联系的所有行动者以自己的权力所占有的资源数量，社会资本不完全独立于经济和文化资本"④。美国社会学家詹姆斯·科尔曼

---

① 加里·贝克尔：《人力资本理论——关于教育的理论和实证分析》，中信出版社2007年版。
② 李建民：《人力资本通论》，上海三联书店1999年版，第7页。
③ 王金营：《中国改革开放以来人力资本在经济增长中作用的实证研究》，南开大学，博士学位论文，2000年6月，第8—9页。
④ 钟超、周玲：《多学科视角下的社会资本概念》，《前沿》2008年第8期。

(James Coleman)在《社会理论的结构》(1988)一书中系统阐述了自己的理论。该理论认为,"每个自然人从一出生就拥有了以下三种资本:一是由遗传天赋形成的人力资本;二是由物质性先天条件(如土地、货币等)构成的物质资本;三是自然人所处的社会环境所构成的社会资本。社会资本是个人拥有的,表现为社会结构资源的资本财产"[①]。美国社会学家帕特南(Robert Putnam)则把社会资本定义为"社会组织中诸如信任、规范以及网络等特点,它们可以通过促进合作的行动而提高社会的效率"。帕特南认为,"社会资本指的是社会组织的某种特征,例如,信任、规范和网络,它们可以通过促进合作行动而提高社会效率"[②]。就此而论,帕特南的社会资本已不再局限于个人等微观小团体,而是指整个社会。

林南(Lin, Nan)从个体行动立场出发研究社会资本,将其定义为:"社会资本是个体为了在嵌入性资源中获取回报,通过工具行动和表达行动而在社会关系中的投资。"就定义而言,它与布迪厄、科尔曼和普特南等人的观点有共同之处,但是林南重点强调了个体在社会资本形成与利用中的作用,并将其概括为"个体就怎样在社会关系中投资,个体怎样在社会关系中摄取嵌入性资源以便获取回报"。同时将社会资本理论的任务归结为三点:资源、社会结构和个体行动[③]。尽管社会资本是无形的,而且其形式也各不相同,它还是有着自己显著的特征的。社会资本与物质资本、金融资本、人力资本具有很大的相似性,即通过投资能够带来回报,有利于推动经济发展。具体而言,这些资本相同的特点包括:1)通过不断积累而形成;2)能够产生规模效应;3)具有增值性。相对而言,社会资本的形式更具抽象化,有时对人们行为的影响可能会更深远。因此,一些学者更强调获取社会资本途径的重要性。

---

① 王小明:《社会资本的经济分析》,复旦大学,博士学位论文,2008年4月,第13页。
② 陈健:《社会资本结构分析》,《经济研究》2007年第11期。
③ 刘少杰:《以行动与结构互动为基础的社会资本研究——评林南社会资本理论的方法原则和理论视野》,《国外社会科学》2004年第2期。

(4) 简短评述

不论是要素禀赋理论、人力资本理论，还是社会资本理论，都是社会化大生产在不同发展阶段下的产物。这些概念既强调了人作为社会人、经济人对社会经济发展所起的重要作用，也突出了社会经济发展等外在环境对人自身发展的影响。但如果仅用其中的某一概念来解释人的行为问题，其适用性仍有些牵强。

首先，要素禀赋概念主要指用于社会化大生产的物质资本（厂房、机器设备、生产工具等）、自然资源（土地）和劳动力等生产要素，主要用于分析社会化大生产，更多地指向为生产要素，而不适于分析人口的迁移行为。

其次，人力资本注重强调投资于人自身的教育、培训、健康的重要性，忽略了作为社会实践主体的人的社会属性，即社会关系网络、社会资源对人的行为的影响，单从人力资本角度解释人的行为稍显薄弱。

最后，社会资本注重社会属性的同时，未能很好地体现出资本的实体属性，更多地体现为一种社会关系的虚拟资本，忽视了诸多社会经济关系产生的原生实体资本[①]，用来解释人的行为时又略显不足。尤其是进入知识经济社会，各种社会现象错综复杂，人的行为也会发生很多新的变化，这些理论概念对分析人的社会经济行为的作用越来越受到局限，需要从新的角度对影响人的社会经济行为的诸多因素进行全新整合和界定。正是基于对上述概念和理论的深入思考，本书提出了劳动力禀赋的概念。综合借鉴已有的要素禀赋、人力资本、社会资本等相关概念，本书依照禀赋的原始含义，结合本书研究目的——农村劳动力迁移行为，尝试对劳动力禀赋概念进行界定。

二 劳动力禀赋内涵与特征

(1) 劳动力禀赋内涵

禀赋（Endowment）一词有很多的解释。《新华词典》中这样解

---

① 这里的原生实体资本是指产生诸多社会经济关系的原生体，即行为人从事的社会经济活动实体，既可以指人，也可以指物。这种实体资本决定了行为人在参加某种经济活动中形成的人与经济活动实体、人与人之间的各种关系。例如，劳动力通过就业就具有了一定社会经济特征的职业类型、同事关系等。

释禀赋:"人所具有的智力、体魄等素质;天赋。"按照禀赋的字面意思解释,禀赋既包含了人自身所具有的先天智力因素,也包含了人作为社会经济活动主体在改造世界的过程中所获得的体能、技能等后天因素,类似于人力资本的概念。也就是说,根据人的生命周期变动,不同阶段的人所具有的禀赋是不同的。出生时所拥有的禀赋更侧重于先天的体能、智力等先天禀赋条件;伴随着年龄的增长,人作为社会人、经济人所拥有的禀赋更侧重于后天积累的各种社会经济资源以及参与社会经济活动的各种能力。

虽然有学者从禀赋角度对农村劳动力迁移决策进行了相应分析,[①]但并没有对禀赋的概念进行明确界定,将禀赋等同于家庭人力资本、物质资本等,禀赋成了人们脑海中的空中楼阁,而没有实际内容。尽管要素禀赋、人力资本、社会资本涵盖的内容不同,但都是将人口作为社会经济活动的主体进行研究的。换言之,人口参与社会经济活动,不论是经济学意义上的生产、分配、交换、消费行为,还是人口学意义上的出生、死亡和迁移行为,其本质都是一个人口事件。与人口事件的发生相关的因素,不管是行为人所具有先天的还是后天的因素,都可以看成是对这一人口事件产生影响的禀赋因素。本书主要研究劳动力迁移行为,那么,与劳动力迁移事件相关的,并对劳动力迁移行为产生影响的,劳动力所具有的先天因素和后天因素都可以称之为禀赋。因此,本书结合要素禀赋、人力资本、社会资本等相关概念,对劳动力禀赋进行定义。

劳动力禀赋是指在一定时期、特定环境背景下,劳动力参与社会经济活动过程中先天和后天获得的谋生本领和条件。

对于个体和群体而言,劳动力禀赋水平存在一定差异。

对于个体而言,劳动力禀赋是劳动力凭借先天赋予的智力、资本和资源条件,通过后天不断努力、创新,获得的谋生本领和条件。

这是对于个体而言一般意义上的劳动力禀赋定义。对于一个国家

---

① 杨云彦、石智雷:《家庭禀赋对农民外出务工行为的影响》,《中国人口科学》2008年第4A期。

或地区而言，劳动力禀赋则表征一个群体概念。

对于群体而言，劳动力禀赋是指一个国家或地区的劳动力资源所拥有的各种谋生本领和条件的整合，并通过群体的禀赋优势来体现，也可以称为劳动力资源禀赋。

按照上述定义，劳动力禀赋既是一种能力，同时也包含了实现某些特定目标能力的外在条件。按照劳动力禀赋的内涵和外在表现形式，笔者认为劳动力禀赋包含三个构成要素：

①能力禀赋，指劳动力谋生的本领或具备的某种能力。

从狭义上讲，能力禀赋是劳动力个体所拥有的体力、智力以及后天通过学习、实践获得的知识、技能、经验积累而综合形成的能力。能力禀赋的狭义概念与人力资本的概念类似，都是指劳动力具有的体能（健康）、技能（知识与能力）等要素。

从广义上讲，能力禀赋是一个比人力资本更为宽泛的概念。劳动力的体能、技能需要由人的自然属性（如性别、年龄）来决定，不同性别、年龄的劳动力所具有的能力禀赋是有差别的。因此，广义的能力禀赋是指包含了劳动力年龄、性别、体能、技能（智力水平）等在人的自然属性决定下，劳动力参与社会实践过程中表现出的各种能力。也就是说，能力禀赋虽然泛指劳动力具备的各种能力，但各种能力的形成都源于人口的自然属性，具有不同自然属性的劳动力，其形成的能力水平也是不同的。例如，男性和女性的自然属性差别体现为劳动力参与社会经济活动中所具有的各种能力差别。尤其是在对劳动力禀赋构成进行指标化衡量时，这些人口的自然属性也应该包含在能力禀赋的范围内，只不过诸如年龄、性别这些人口自然属性在能力禀赋中发挥着最基础的作用，而技能、体能则是表征劳动力能力禀赋的核心构件。

当然，作为一种内化于劳动力身体的能力禀赋，必然与劳动力的心理活动机制产生联系，尤其是作用于人的行为过程，能力禀赋将会通过心理活动机制对人的迁移行为产生影响。

②资本禀赋，指劳动力通过自身能力禀赋获得经济资本和社会资本，是劳动力参与社会实践活动所具备的外在经济条件和社会条件。

资本禀赋一方面包括劳动者在参与社会经济活动过程中获得的经济资本，诸如劳动力通过劳动获得的报酬，对各种固定资产的所有权等；另一方面体现为在社会实践中形成的人与人之间的经济关系和社会关系。这种经济关系和社会关系的形成要受到整个社会特定的经济、社会结构的影响，并相应表现为个人层面的微观关系和社会层面的宏观关系。例如，微观个人关系体现为劳动者的就业关系、婚姻关系、家庭成员关系和个人社会网络关系等；社会宏观关系表现为城乡关系、国别关系等。

③资源禀赋，指劳动力生存和发展所需的自然的和社会的基础设施和生产用具，是劳动力能力禀赋形成的外在条件。

资源禀赋与物质资本的概念类似，指劳动力参与社会经济活动中所处的自然、社会经济环境及其享有的相应资源——基础设施及其生产工具。基础设施既包含自然界形成的自然地貌、气候等自然环境，同时也包含人类对自然界进行改造形成的社会环境。即劳动力享有的自然资源（耕地资源）、自然环境资源（居住地的地形、地貌、气候条件等）和社会环境资源（社会公共产品的享有量、社会公共服务设施等）。按照这种解释，以下资源禀赋是农村劳动力所必须享有的：1）维持生存和发展的最基本生产资料——土地资源；2）用于社会生产的用具和相应的运输工具；3）日常生活和生产所用的能源；4）安全的住所；5）文教卫生基础设施；6）居住地的类型及其出行的交通工具。

这些自然资源禀赋构成了劳动力参与社会实践活动的物质基础，也是劳动力禀赋形成的外在的自然资源、社会资源和环境条件。

（2）农村劳动力禀赋指标构建

按照上述定义，本书选取一些相关指标对农村劳动力个体和群体的禀赋构成进行指标化构建。具体内容如图2-1所示。

从图2-1可以看出，劳动力个体禀赋和群体禀赋存在一定的区别。个体禀赋注重劳动力个体与家庭、社区的关系，而群体禀赋侧重表征一个区域劳动力资源具有的各种禀赋构成。因此，在利用劳动力禀赋概念时还应区分个体和群体的不同。

当然，以上所指的劳动力禀赋概念更侧重于一般意义上的定义。

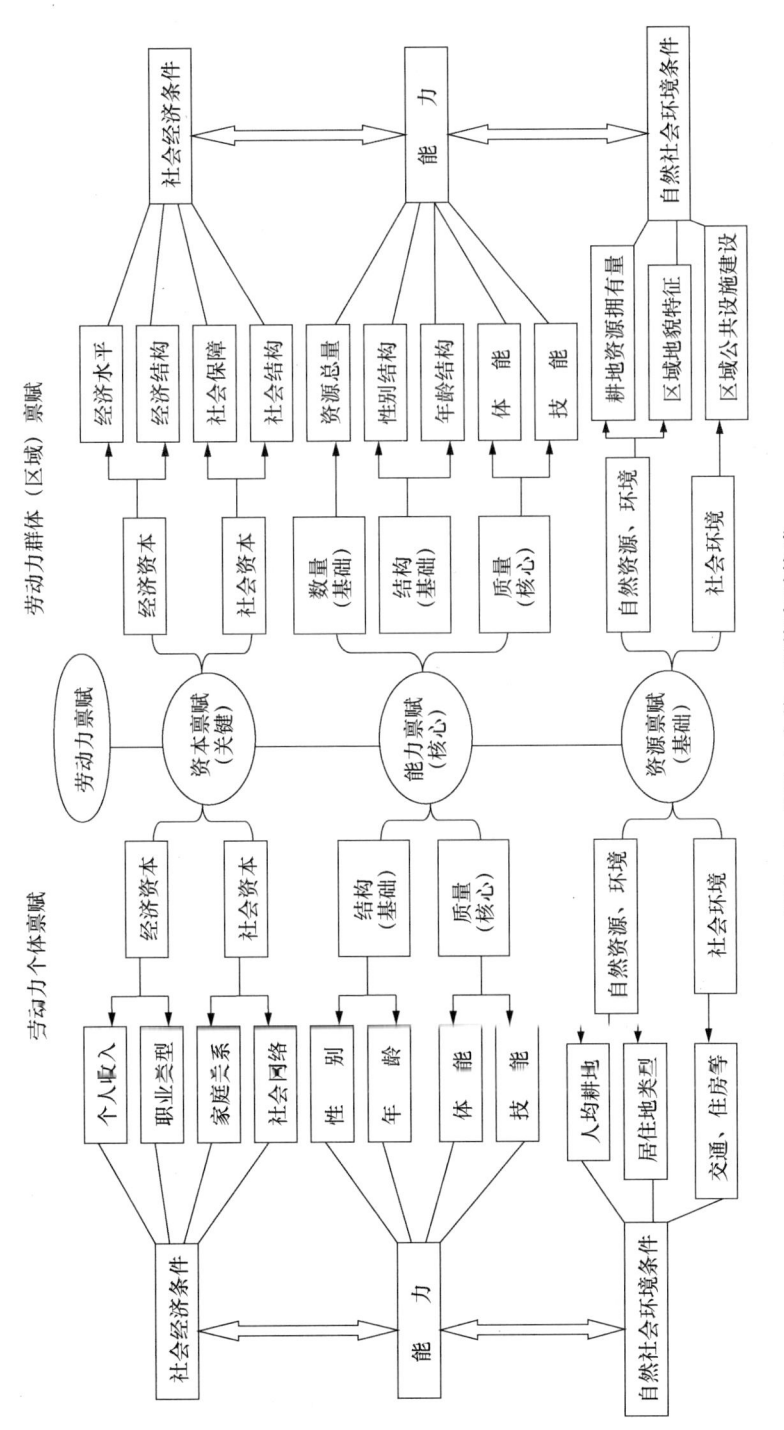

第二章 禀赋、有限理性与农村劳动力迁移行为作用机理 41

图 2-1 劳动力个体、群体禀赋构成

由于社会经济活动种类繁多,在某一领域对劳动禀赋的定义又稍有不同。出生、死亡和迁移是人口学研究的三个主要领域。迁移作为一个人口事件,在迁移(就业)过程中所表现出来的与实现迁移就业相关的能力和条件都可以看成是劳动力禀赋。在后文的研究中,农村劳动力禀赋也将按照上述指标构建,围绕迁移行为这一人口事件展开分析。

(3) 劳动力能力禀赋、资本禀赋和资源禀赋关系简述

劳动力的能力禀赋、资本禀赋和资源禀赋是相互影响、相互制约的关系。

从劳动力禀赋构成看,能力禀赋是核心,资本禀赋和资源禀赋是劳动力参与社会经济活动的外在条件,也是实现劳动力能力禀赋的物质基础,如果没有相应的资源和资本禀赋为之做铺垫,其能力禀赋也将无从发挥。

劳动力个体通过各种能力不断获取资源禀赋、资本禀赋以提高禀赋的积累,从而提升其拓展生存发展空间的能力,实现更高层次的发展。因此,资源禀赋、资本禀赋的多寡直接影响劳动力个体能力禀赋水平。反之,能力禀赋的高低对劳动力个体获取资源禀赋、资本禀赋的积累产生影响。一般而言,劳动力能力禀赋越强,获取各种资源、资本禀赋的能力越高,占有的生存发展空间也就越大,能力禀赋表现也会越强。可以说,劳动力所拥有的三种禀赋资源相互制约,共同促进。劳动者的能力禀赋越强,占有的资源、资本禀赋越多,就越具有生存竞争力。

劳动力是社会经济活动的主体,其生存、发展能力就是在能力禀赋主导下,在资本禀赋和资源禀赋制约下,通过对各种禀赋资源的不断整合来逐步提升的。

(4) 劳动力禀赋的特征

按照上述劳动力禀赋的概念,我们将劳动力禀赋的特征总结如下:

①可增值性(可累积性):任何事物都是变化发展的,发展、变化是一切事物的本质。马克思在《资本论》中指出人类劳动是商品价值唯一的源泉,在社会生产各种要素中,只有人类劳动才能够带来剩余价

值，才能够增值。作为社会生产主体的劳动力，其禀赋也会随着内部、外部社会经济环境的发展变化而变化。劳动者在社会生产中通过自身拥有的禀赋资源创造价值，并使自身的禀赋不断增值，为劳动者带来收益。劳动力参与社会实践的过程也是自身禀赋不断提升的过程，可以通过教育、培训、迁移等具体途径实现禀赋增长预期。从这一角度而言，劳动力禀赋具有可增值性。

②异质性：同质性、异质性本属于生物学概念，后来被广泛应用于经济学、管理学等学科。古典经济学理论假设人的属性是同质的。马歇尔认为企业家是"具有特殊天才的人"，是他们使企业不再同质。舒尔茨也强调人力资本是异质于物质资本的一种形态，指出"专业人力资本"和企业家的异质性对企业有决定性的意义。[①] 异质性即为差异性，是由个体之间在某些特征上存在不同而表现出来的差异性。劳动力人口的自然属性、社会属性存在很大的差异，比如说年龄、智力水平、性格等人口特征以及工作性质、工作地来源等社会属性都是有差异的。这些个体特征（能力禀赋）的不同决定了劳动者参与社会实践过程中所具有的能力也会表现出很大的差异性。可以说，劳动力禀赋异质性不仅存在于个体之间，同时也表现为区域间、城乡间、民族间、国别间。

③周期性：一般而言，我们将年龄在 15~64 岁的人口称为劳动适龄人口，也就是通常意义上的劳动力人口。按照生命周期理论，劳动力年龄是人一生中的最佳时期。在黄金年龄阶段，劳动力的禀赋水平会随着年龄的增长而递增，到中年期劳动力禀赋将会达到峰值，之后，随着劳动者体力衰竭和技能弱化，劳动力禀赋水平也会逐渐降低，并随着生命周期的结束而逐渐衰减。因此，劳动力禀赋也会随着生命周期的变动而表现出周期性变化。

④可分割性：在参与社会生产实践活动中，随着劳动力活动地点的变动，一些禀赋要素会随之迁移变动，而部分禀赋要素并不会随之变动。诸如劳动者享有的自然资源、居住场所、居住地公共设施和基础建设等资源禀赋，不会随着劳动者活动地点的变化而变化。而内化于劳动

---

① 周文斌：《论人力资源能力的区域异质性》，《中国工业经济》2007 年第 10 期。

者自身的能力禀赋、部分表征社会经济关系的职业类型等则会随同劳动者空间位置的改变而变动。除了物化于劳动者自身的能力禀赋不能完全与劳动力相剥离，资本禀赋和资源禀赋中的一些构成要素都会随着劳动者空间位置或社会经济关系的变更与劳动力相分离。

通过对禀赋概念的界定、分类，以及构成类型的关系论述，我们发现，从禀赋视角对农村劳动力迁移行为进行研究，具有很强的适用性。首先，劳动力禀赋能很好地从心理学角度解释劳动力迁移动机的产生和形成过程，这是人力资本和社会资本所不能涵盖的。其次，禀赋的分类能较好地描述劳动力在迁移过程中的选择行为。工作能力、家庭关系、土地资源、住房等这些可分割和不可分割的禀赋构成，将会对劳动力的迁移选择决策产生不同影响。最后，劳动者迁移前后的禀赋水平变化更能全面地反映劳动者的迁移效应。例如，对于大多数农村劳动力，通过迁移，不仅获得了经济回报，同时也提高了自身工作能力，加强了与外界的沟通交流，拓宽了个人的社会网络。这些迁移效应或效果，都可以用劳动者禀赋水平的高低来衡量。因此，劳动力禀赋概念能够很好地解释农村劳动力迁移行为。

第二节　农村劳动力迁移行为的有限理性

一　从理性到有限理性的嬗变

（1）传统经济学中的"理性"

"经济人"（economic man）是传统经济学的基本假定之一。在《新帕尔格雷夫经济学大辞典》中，对"经济人"有以下评述：在对经济行为者的许多不同描述中，经济人的称号通常是加给那些在工具主义意义上是理性的人。在他的理想情形下，经济行为者有完全的充分有序的偏好（在其可行的行为结果范围内）、完备的信息和无懈可击的计算能力。在经过深思熟虑之后，他会选择那些能够比其他行为更好地满足自己的偏好（或者至少不会比现在的更坏）的行为。这里所指的理性是一个由手段到目的的概念，不存在偏好的来源或价值的问题。① 自经济学鼻祖亚当·斯密在其《国富论》中把具有自私自利动机的经济人确定为经济学分析的出发点，并引出"看不见的手"的市场资源配置机制，"经济人"成为经济学最初建立的理论基础，并由"经济人"假定引发的"自利、偏好一致和追求利益最大化"成为"经济人"的核心思想。

在随后的发展中，又有一些古典经济学家对"经济人"内涵进行了拓展。穆勒（John Stuart Mill）对"经济人"概念进行了更为明确的阐述，突出强调了人的"理性行为"。该假设认为，经济活动中的个体是完全理性和自利的，经济个体具有稳定的偏好和很强的计算能力，总能从各种方案中选择最优的组合，实现自身利益最大化。这不仅成为传统经济学中通用的法则，也构成了传统经济学的两个假设：第一个假设是，经济人有一个特定的目标，如效用最大化或利润最大化；第二个假设是，经济人是实质理性的。② 给定这两个假设，并给出对特定经济环境的描述，就可以利用数学工具对经济行为进行分析。所以，"有序偏好+效用最大化"成为传统经济学理性选择决策的理论精髓。

（2）西蒙的有限理性决策理论

理性经济人是对将要进行选择的决策存在全知全能的预见力，且在这种完美计算能力条件下实现的一种最优化选择，这一假设建立之初就存有缺陷。一方面，它忽略了行为人的心理因素以及外界诸因素对其分析、判断、处理各种信息能力的影响，将行为人界定为"全知全能"；另一方面，偏好稳定性（一致性）排除了已有经验、习惯、特定文化等非物质因素对偏好的影响，理论应用受到局限。通常情况下，人们的偏好会随时间、空间以及已有经验、习惯、文化的变化而改变。当用这一理论解释实践活动时，往往会发现，传统理性决策理论对很多社会现象并不能给予很好的解释。于是，对传统经济学中理性人假定的论战也

---

① 转引自孙绍荣、宗利永等主编《理性行为与非理性行为——从诺贝尔经济学奖获奖理论看行为管理研究的进展》，上海财经大学出版社2007年版，第19—20页。

② 郝伯特·西蒙：《西蒙选集》，黄涛译，首都经贸大学出版社2000年版，第247页。

开始展开。

20世纪50年代，郝伯特·西蒙（H. Simon）提出了满意度准则和有限理性理论，创立了有限理性学说[1]，从而揭示了传统经济学理性决策理论的上述缺陷。西蒙认为，现实中人的能力存在局限性，具体体现在"缺乏完整的、统一的、能够对所有可能选择进行排序的效用函数；人们只能找出所有备用选择中的一部分而不是它的全部；人们无法顾及各个备用选择可能产生的后果，也不可能对不确定的未来事件估计出一致的、现实的概率"[2]。由于人是有限理性的，这种有限性表现在人准确无误地认识环境、获取并处理信息、做出判断的能力受到约束，因此在决策过程中人们并非总是寻求最优解，而是一旦发现满意的备选方案后就会停止搜寻，不会一味地追求"最优"方案，转而寻找"满意"的方案。[3] 在之后的发展中，众多经济学者围绕西蒙的有限理性提出了相关决策模型，最具有代表性的是 Busemeyer 在 1982 年提出的有限理性决策模型（见图2-2）。[4]

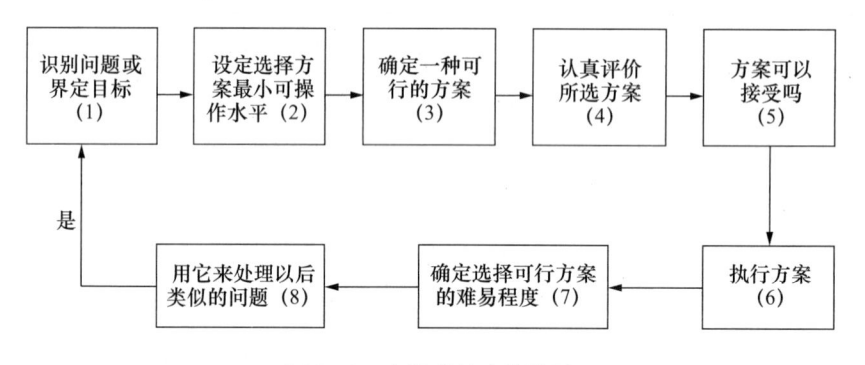

图2-2 有限理性决策模型

---

[1] Simon H., A behavioral model of rational choice. *Quarterly Journal of Economics*, 1955, 69: 99-18.

[2] 转引自孙绍荣、宗利永等主编《理性行为与非理性行为——从诺贝尔经济学奖获奖理论看行为管理研究的进展》，上海财经大学出版社2007年版，第157页。

[3] 这里的"最满意方案"也就是西蒙所说的决策过程中的"满意度"准则。

[4] Busemeyer, J. R., Choice Behavior in a Sequential Decision Making Task. *Organizational Behavior & Human Performance*, 1982, (29).

从图 2-2 可见，有限理性决策过程共分成八个步骤，我们可将其划分为四个阶段：①识别阶段：包括第（1）、第（2）、第（3）三个小步骤，主要涉及对有限个备选方案感性层面的认知；②判断阶段：包括第（4）、第（5）两个步骤，主要是在认知层面上对要选择方案的各种信息进行综合判断、处理和最终决策的过程；③执行阶段：包括第（6）步，是从认知层面向行为发生的转化，也是方案的执行过程阶段；④评估阶段：包括第（7）、第（8）两个步骤，是对所选方案执行结果的评估，并作为以后类似行为发生的参照标准。这一有限理性决策模型包含了心理、认知能力、外在环境因素，体现出这些因素在不同决策阶段对决策者的影响，推动了有限理性理论的进一步发展。

（3）展望理论（prospect theory）

行为决策过程是一种内含心理活动的认知、决策过程，将心理学的研究成果糅合到经济行为分析，对人们的经济决策行为进行研究，形成行为经济学。1979 年美国普林斯顿大学的心理学教授卡尼曼和特维斯基利用大量的社会学、心理学实验进行观察总结，提出了展望理论，奠定了行为经济学的决策理论框架，并因此而获得了 2002 年诺贝尔经济学奖。

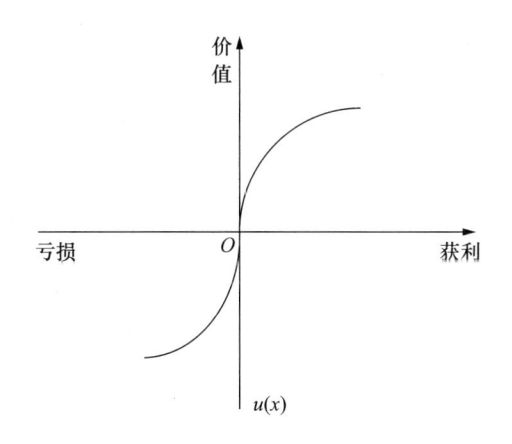

图 2-3 价值函数曲线[1]

---

[1] Kahneman D., Tversky A., Prospect Theory: Analysis of Decision under Risk. *Econometrica*, 1979, 47 (2): 263-291.

传统行为决策理论假定对财富 ω 存在一个实际价值函数 u，如果行为 a 使出现不同行为 ω_i 的概率为 p_i，行为 b 使不同行为 ω_i 出现的概率为 q_i，那么，当满足下列条件时，决策者选择 a 而不选择 b。

$$\sum p_i u(\omega_i) > \sum q_i u(\omega_i)$$

相比而言，展望理论认为人们在做出选择时所比较的是期望预期（EP），即可能的收益值（u_i）与该收益发生的心理概率（π_i）的内积之和。它规定了两个函数的存在，一个是价值函数 u，一个是权重函数 π。当满足下列条件时，决策者选择 a 而不选择 b。

$$\sum \pi_i(p_i) u(\omega_i) > \sum \pi_i(q_i) u_i(\omega_i)$$

其中，$u(\omega_i)$ 是决策者主观感受形成的价值，人们对风险的态度体现在围绕参考点的价值变化上。即在展望理论中，决策者关注的不是决策结果本身，而在于决策结果与展望（预期）之间的差距，是一种相对收益的比较。当收益确定时，人们行为决策倾向于风险厌恶；当损失确定时，人们的行为决策倾向于风险偏好。[①]

由此可以看出，卡尼曼和特维斯基提出的行为决策过程大体包括编辑、编码、评估和选择四个步骤、两个阶段。第一阶段是对决策问题及其相关信息的收集和整理，即问题首先被"编辑"，接着选择的后果被"编码"（超过参照点的视为盈利，低于参照点的视为亏损）；第二个阶段是评估、选择阶段（建立价值函数对方案进行比较），选择预期收益最大方案付诸行动。展望理论针对传统理性人假设，从人的心理特质、行为特征揭示影响选择行为的非理性心理因素并给予实证研究，为不确定条件下行为决策研究做出了重要的理论贡献。

（4）简短评述

现实生活中，人们很难对每一种方案所产生的结果具备完全的了解和准确的预测，这也是现实生活中普遍存在的现象。在传统经济学理性经济人假定基础上，西蒙进一步提出了"实质理性"和"过程理性"

[①] 关于展望理论的阐述，同时参考了孙绍荣、宗利永等《理性行为与非理性行为——从诺贝尔经济学奖理论看行为管理研究的进展》，上海财经大学出版社 2007 年版，第 193 - 200 页。

两个概念，认为传统经济学的完全理性本质就是实质理性，而决策行为过程则是过程理性。① 可以说，西蒙有限理性的提出打破了传统经济学完全理性人假设下实现的追求效用最大化的行为决策，更为贴近现实地解释了在信息不完全、判断不完美约束下的有限理性支配人们做出的决策，行为决策不再像理性人那样追求效用最大化，而是追求内心的相对满意度。西蒙对于决策过程的理论研究是开创性的，一方面强调决策过程中的认知过程局限性，另一方面强调环境结构、直觉和经验在决策中的作用。② 受到西蒙的影响，卡尼曼与特维斯基等一批行为经济学家将心理学与经济学研究相融，通过认知心理学实验，否定了传统经济学所谓人之决策行为存在着内在有序偏好一致性的经验规则，③ 特别是他们提出的"期望理论"，借助心理学的研究成果对传统经济学理论假设进行修订，用一些启发式偏差来解释人们的异常行为，将复杂的人类行为决策分析融入到经济学研究中，动摇了理性假设充分性的理论根基。有限理性的提出，为研究社会生活中人的行为决策提供了理论参考，进一步激发了行为经济学、认知心理学与社会学等多学科交叉研究的融合，同时也为本书的写作提供了思想源泉。

二　农村劳动力迁移行为有限理性的界定

不同学科对完全理性、有限理性和非理性三者的含义有着不同的解释。就目前而言，学术界尚未对三者形成统一的界定。本书在对理性、有限理性相关理论进行总结、分析的基础上，对三种不同程度的理性解释如下：

完全理性、有限理性、非理性应该看成是理性的实现程度，也是针对传统经济学中理性经济人的假设而言的。由于内外部环境的不确定性，使得行为决策过程中实现完全理性的条件受到限制，因而不同条件约束下做出的决策便表现出不同程度的理性。

---

① 具体可参见郝伯特·西蒙《西蒙选集》，黄涛译，首都经贸大学出版社2000年版，第247—255页。
② 李永鑫、周广亚：《从经济学家到心理学家——西蒙主要心理学思想述评》，《华东师范大学学报》（教育科学版）2007年第3期。
③ 何大安：《选择行为的理性与非理性融合》，上海人民出版社2006年版，第6—9页。

完全理性是传统经济学中的重要假设，是指经济人具有完备的计算能力，能够全面地计算和预见各种方案发生的概率，并使所选方案实现效用最大化。由于完全理性建立在一系列严格的假定条件基础上：有序的偏好、完备的信息、无懈可击的计算能力和超强的可预见力，能选择实现效用最大化目标的方案。这些假定条件与现实生活中的很多现象不符，一旦偏好改变，或其中某个环节发生变动，都将会影响行为人的决策选择。因此，完全理性只是人们心目中的一种理想状态，是一种"意愿理性"，将完全理性作为假设前提难以加深或细化对行为的分析。

按照传统经济学理性经济人的假定，如果人的行为违背了传统经济学中的偏好一致性和效用最大化的原则，其选择就是非理性的；按照西蒙的过程理性学说来推论，如果行为人在信息不对称和环境不确定性条件下，没有充分发挥自身的认知能力而采取行动，即不经过充分理性思考而选择，这样的行为就是非理性的；按照行为经济学的观点，如果人的选择是在有根据的展望和冒险之间碰运气，那么他的选择就是非理性的。① 按照上述理解，非理性多是指行为人对选择决策没有经过深思熟虑的思考，仅凭直观感觉去判断，这种情况下的选择就是非理性选择。

有限理性则是介于完全理性和非理性之间，即面对各种决策，行为人充分发挥有限的认知能力，经过深思熟虑的思考，本着"好中择优"的最大化原则进行选择决策的过程。有限理性考虑到行为人自身因素和外部环境对行为决策产生影响，且使得完全理性实现的假设条件发生改变情况下的一种理性。换言之，有限理性是指行为人在选择决策过程中尽最大可能实现完全理性（尝试完全理性），但受到认知局限、环境和信息不确定的约束（条件受限），最后的选择决策只能是一种受限的理性选择。在很多场合，相对于完全理性而言，有限理性也称为非理性。

根据对完全理性、有限理性、非理性的理解，对农村劳动力迁移行为的有限理性进行界定。

面临有限个多元迁移选择时，农村劳动力尽最大可能去实现完全理性的选择，但受自身禀赋水平的限制以及外部环境不确定性的制约，不

---

① 《有限理性问题的一个纵深研究》，http://news.sohu.com/20041228/n223684867.shtml。

能充分发挥其计算能力和预见能力，也不能获取全部备选方案的相关信息并对各种方案的信息进行处理，当他发现相对"满意"的方案时，就会停止搜寻，最后所做的迁移选择是一种有限理性的决策。即农村劳动力具有完全理性的意识（追求最大化的愿望）和理性能力（实现理性愿望的能力，如计算、判断、记忆、预测能力等），但受自身和外在条件的局限，这些完全理性的意识和能力会受到限制，做出的迁移选择也是一种有限理性选择。由此，可将受限条件下农村劳动力迁移选择的有限理性概括为"认知局限、信息不完备、外部环境不确定性和搜寻成本制约下，在有限个备选方案中选择最优方案的决策过程"。其主要表现在三个方面：

第一，有限认知。受禀赋水平的制约，农村劳动力不具备完美的认知能力，也不可能掌握各种备选方案的信息并做出明确判断。尤其是在具体的决策过程中，在面对多种选择时，对备选方案的认知、判断、评价等心理活动一直贯穿始终，这些心理活动的产生和变化最终源于农村劳动力所具备的禀赋水平，以及各种禀赋因素综合作用形成的各种能力。因此，农村劳动力所具有的认知能力是一种有限认知。

第二，外部客观环境因素的不确定性制约了农村劳动力完全理性的发挥。外部环境的复杂性、不确定性决定了农村劳动力的计算、分析、判断能力受到约束，无法充分掌握每一种备选方案的各种信息，也不可能对每种方案发生的概率做出正确预测，因此也不能够预见实现迁移选择效用最大化的方案。同时，外部环境的不确定性也会改变偏好，从而使事先预期的行为选择发生改变。例如，从获取就业信息的途径看，农村劳动力主要靠亲缘、地缘、业缘等个人社会网络为主要途径，当周围亲朋好友已经做出迁移选择时，尽管可能不是自己的"理想"选择，但受其他人的影响，劳动力也会做出"趋同"选择。这种现象可以用行为经济学中的"羊群效应（从众心理）"来描述。此时，这种趋同性选择可以看成是一种非理性（有限理性）选择。

第三，受搜寻成本的制约，农村劳动力迁移选择表现出有限理性。任何一种决策的做出都需要搜寻信息，必将花费一定的时间和精力获取各种方案信息并对各种方案进行评估分析，这就产生了信息搜寻成本。

搜寻成本决定了农村劳动力不可能无限制搜寻下去,当他发现自己满意的方案时,搜索就会停止。也就是说,农村劳动力是在对有限个备选方案综合评估的基础上选出最"满意"的方案作为迁移选择。由此来看,农村劳动力的迁移行为可以概括为"有限认知"+"最满意",这也成为本书分析农村劳动力迁移行为最基本的假设。

照此看来,有限理性产生于行为过程之中,却不能用行为结果来衡量。农村劳动力迁移行为的有限理性主要是指在决策过程中,受到内、外部环境的限制,不能够实现完全理性的一种状态。只有不断优化制约理性实现程度的各种条件,才能使农村劳动力的迁移行为实现更大程度的理性。

第三节　禀赋、有限理性与农村劳动力迁移行为作用机理

迁移行为受众多复杂因素的综合影响,因此现实生活中人们在面对多种选择时很难做出完全理性的决策。本书将围绕迁移行为的三个阶段:动机、选择、结果(效应)对禀赋、有限理性与农村劳动力迁移行为的作用机理进行理论分析。

一　禀赋、有限理性与农村劳动力迁移动机

人的行为受动机支配,动机是人们的心理活动,其内在形式体现为一种行为意愿,外在形式体现为行为过程。即动机的外化形式——行为,就是在某种动机的诱导下为了实现某一特定目标而产生的行为活动。

西方宏观迁移理论从城乡预期收入差异分析人的迁移动机,现代西方微观迁移理论从迁移者个人或家庭角度对迁移动机、迁移决策进行分析。塞尔(R. R. Sell)和琼(G. De Jong)在《论迁移决策的动机理论》(1978)一文中,指出了影响人口迁移动机的 4 个因素:可采用

性、价值、预期和诱因。① 新经济地理学强调聚集经济对人口流动的作用，认为人口流动通过扩大流入地区对最终产品和中间投入品的需求及市场规模而降低生产成本，提高真实工资，使人口流动成为一个自我加强、自我实现的过程。② 人口是否流入某一城市，不仅由该城市的聚集经济和聚集不经济所决定，同时还取决于人口在流入和流出地区的收益与成本。在人口流动没有成本的情况下，人口向真实工资高的地区流动；在人口流动存在成本的情况下，地区间真实工资的差异必须大于人口流动成本，才会发生人口流动。③

心理学的研究表明，人的动机是由行为人所体验的某种未能满足的需要或未能达到的目标所引起的。这种需要或目标，既可以是生理或物质上的（如对食物、水分、空气等的需要），也可以是心理或精神上的（如追求事业成就等）。需要可以是一种也可以是多种，且由全部需求结构中居主导地位和支配地位的需求形成行为动机。当需要转化为意向和愿望，同时设定选择或寻找目标（诱因），此时需要就会转变为一种内驱力，便形成动机。④ 微观迁移理论侧重从成本—收益的框架对行为过程的分析。宏观迁移理论则是侧重经济环境对迁移行为的影响，如经济周期变动、经济聚集等宏观因素。心理学则是从心理因素、心理活动对需求的作用产生动机。不论从哪种研究视角看，动机的产生到生成在很大程度上都受行为主体拥有的禀赋水平的制约，这些禀赋因素中已有的经验、习惯等作用于心理活动，产生新的需要，便形成动机。禀赋水平的不同将会产生不同的需要，最后生成的动机也是不同的。

从动机产生的过程看，农村劳动力的迁移动机是在禀赋、外在环境以及心理活动等各种因素综合影响下形成的，具有复杂性和多样性。动机的产生是人的心理活动过程，不仅与农村劳动力生存的外部环境有

---

① 李竞能：《现代西方人口理论》，复旦大学出版社2004年版，第158—161页。
② 段平忠：《我国流动人口行为的影响因素分析》，《中国地质大学学报》（社会科学版）2008年第1期。
③ 范红忠、李国平：《资本与人口流动及其外部性与地区经济差异》，《世界经济》2003年第10期。
④ 吉云：《行为经济学和行为决策分析：一个综述》，《经济问题探索》2008年第1期。

关，而且还受农村劳动力对风险偏好程度的影响。从一定程度上讲，农村劳动力对风险偏好的程度可能会直接影响着迁移动机的生成。当外出就业能够给劳动力带来稳定收入且风险较低时，农村劳动力迁移的意愿较强；当外出就业面临很大风险且获得的报酬不稳定时，农村劳动力迁移的意愿较弱。这仅是针对农村劳动力"迁与不迁"的迁移决策而言的。

此外，动机的生成具有复杂性，禀赋的异质性决定了农村劳动力迁移动机的多样性。动机并不是最终的实现目标，它只是支配行为的一种意愿，并且这种意愿的形成也会受行为主体禀赋因素的制约，通过刺激行为主体的心理活动，形成一种行为意识。农村劳动力禀赋水平的不同将会产生不同的迁移动机。受家庭经济负担所迫、家庭富余劳动力较多以及城乡收入比较差异的刺激，农村劳动力更倾向于以获得较高的收入作为迁移动机。反之，如果是为了获得更好的生存环境或发展机会，农村劳动力则会以实现个人发展作为迁移动机。由此也印证了禀赋的异质性决定了农村劳动力迁移动机的多样性。

总之，行为动机并不是凭空产生的，即便农村劳动力力图使自己的行为实现完全理性（意愿理性），但受自身禀赋水平的限制以及外部环境的影响，促使动机的生成也是一种意愿理性下的动机。

二 禀赋、有限理性与农村劳动力迁移选择

农村劳动力迁移行为的有限理性是在一系列禀赋因素制约下的理性。有限理性的形成受劳动力禀赋水平以及外部环境的制约，在迁移选择的决策过程中主要表现为有限的认知能力，这种认知能力主要体现为决策者的偏好、参照点的选择、信息处理能力和决策准则等方面。在此，本书从偏好、参照点的选择、认知偏差、信息处理能力以及决策准则五个方面对禀赋、有限理性与农村劳动迁移选择的关系进行论述。

（1）禀赋、有限理性与农村劳动力迁移选择的偏好

传统经济学中假定人的偏好具有稳定性、连续性、独立性和一致性，不受外界环境变化的影响。从现实情况看，传统经济学对偏好的假定是不符合实际的，偏好属于个人喜好，很大程度上受决策者心理因素以及特有的习惯、已往经验的影响。与此同时，决策过程本身以及决策

对象对所处环境的描述，也会影响到决策者的偏好，如行为经济学家提出的损失厌恶、框架效应、羊群效应、后悔效应等都会改变人们的偏好。照此推理，行为决策理论中偏好具有不稳定性。

禀赋的异质性决定了农村劳动力具有不同的风俗习惯、工作经验、领地归属感等，从而产生不同的偏好。受自身禀赋水平的制约，农村劳动力在迁移决策过程中容易受到外部环境的影响，诸如信息的不对称性很容易改变劳动力的偏好，从而使农村劳动力做出不同的迁移选择决策。例如，面对相同的决策问题，禀赋的异质性决定了决策者具有不同偏好，在决策过程中表现为不同的迁移选择。同时，偏好随着不同时间、空间以及劳动力禀赋构成及其水平的改变而变化，在不同时期、不同条件下，面对同一选择问题，由于偏好的改变，农村劳动力在决策过程中会选择不同的方案作为行为目标。这种决策行为就是偏好影响下的有限理性选择。

（2）禀赋、有限理性与农村劳动力迁移选择的参照点

行为经济学中一个重要的概念就是参照点，它在行为决策科学中扮演着重要的角色。参照点广泛存在，选择的参照点不同，人们对同一问题往往会做出不同的决策。人们不会过多留意所处环境的特征，而是对自己的现状和参照水平之间的差别更为敏感。[①] 例如，对于外出务工的农村劳动力甲来说，设外出之前他的收入为 I_t，当其第一次外出务工获得的收入为 I_{t+1} 时，相对于没有外出务工的收入 I_t，他感觉自己收入水平提高了 $\Delta I_{t1}(I_{t+1} - I_t)$，在此假设二者差距为100元。由于人的行为并不是静止的，同一类型的行为可能会重复发生，此时的参照系也是随之改变的。对于再次外出务工的甲而言，第二次外出务工获得的收入为 I_{t+2}，且与第一次外出务工收入之差为 ΔI_{t2}（$I_{t+2} - I_{t+1}$），也假设为100元。随着劳动力甲工作经验的积累、技能的提高以及其他禀赋条件的改善，又产生了新的收益期望，同样对于100元的差距，如果以未迁移之前的收入 I_t 为参照点，劳动力甲会认为第一次务工收入与未外出之前的收入之差 $\Delta I_{t1} = 100$ 元的效益较高；但如果以第一次务工收入为参照点，

---

① 董志勇：《行为经济学》，北京大学出版社2005年版，第17页。

尽管 ΔI_{i2} 也为 100 元，此时这 100 元的效益明显低于 ΔI_{i1} 的效益。很可能会因为第二份务工收入不满意而产生新的迁移动机，体现在行为上则表现为"跳槽"。

人们拥有的初始禀赋影响着参照点的选择。同样增加 100 元的收入，对低收入者的效用是非常高的，而对于高收入者来说，100 元对他的效用可能就会很低。面对同样的 100 元差距，农村劳动力甲对其所做的判断是不同的，主要原因是因为参照点的改变。因参照点改变而影响人们行为决策的例子在现实生活中是很常见的。例如，现实中我们经常会遇到这样的事情，对于同一事物或事情，不同的人会持不同的看法，主要源于人们选择的参照点不同，就会产生所谓的"仁者见仁，智者见智"。除此之外，已有经验、习惯、偏好对参照点的选择也有很大的影响。比如农村劳动力对迁入地的选择，除了受自身禀赋影响外，与劳动力已有的外出务工经验、习惯以及获取就业信息的途径也有着密切关系。可以说，不同参照系的选择，将会直接影响农村劳动力迁移选择的做出。

(3) 禀赋、有限理性与农村劳动力迁移选择的认知偏差

人们在分析问题时，很容易受以往经验、习惯的影响，往往把日常经验作为模糊参考，形成锚定心理。锚定心理的一个主要特点就是人们在进行判断时常常过于看重那些显著的、难忘的证据，从一个或几个角度进行比较、判断，这种直观判断很可能会导致一些歪曲认识（认知偏差）。[①] 现代认知心理学认为，认知的过程就是信息加工的过程。正是因为在这种认知过程中，受很多不确定因素的限制，很难进行完全意义上的理性思考，从而促使决策者尽力寻找思考捷径，把复杂问题简单化，这种简化策略对简单决策可能是有效的，但对较为复杂的决策则可能是无效的，因为这种简化会产生难以避免的偏差，从而导致判断和决策上的失误。

认知的过程贯穿于整个决策过程。认知水平很大程度上取决于决策者的禀赋水平，禀赋水平的高低也会影响决策者获取信息的能力以及在

---

① 董志勇：《行为经济学》，北京大学出版社 2005 年版，第 27—28 页。

信息加工过程中选用的模式。一般而言，禀赋水平较高的决策者倾向于独立获得信息的认知能力，能够更主动地搜集信息，并对信息进行加工处理，实现理性决策的程度要高。反之，禀赋水平较低的决策者更容易受到内外部条件的影响，实现完全理性的程度可能要低。但如果某些外部条件一旦发生变化，如偏好或行为习惯的改变，决策者的行为选择也可能会发生变化。特维斯基、卡尼曼认为，对于同一个问题的不同表述方式会导致人们做出截然相反的判断或决策，即根据收益和损失两种不同的方式描述同一个问题使人们做出不同的选择。卡尼曼把判断和决策过程中容易产生的各种启发性偏差总结为三种类型：代表性偏差、易得性偏差和锚定效应。

代表性偏差就是人们用类比的方法去判断。卡尼曼和特维斯基在一系列研究中发现：代表性直观推断法是人们在决策过程中经常广泛使用的方法，使用"代表性"进行判断往往导致过度自信；易得性偏差就是人们在形成自己的判断的过程中，会赋予那些易见的、容易记起的信息以较大的权重，而对其他方面的信息则"视而不见"，人们在使用易得性信息进行概率推断时，就会导致判断误差；锚定效应就是指人们倾向于把对将来的判断和已有的信息联系起来，形成定位基点，如果"锚定"起初确定的方向有偏，对将来的判断就会产生偏差。[①] 行为经济学中的启发式偏差同样适用于研究农村劳动力的迁移选择。正是由于认知偏差的存在，使得农村劳动力在决策过程中产生行为偏差，不能实现完全理性，只能是一种有限理性选择。

（4）禀赋、有限理性与农村劳动力迁移选择的信息处理能力

传统经济学认为决策者具有完备的计算能力，能够计算并掌握各种备选方案发生的概率，对各种备选方案的发生是"全知全能"的。显然，这种完美理性在现实生活中很难产生。就农村劳动力禀赋构成而言，能力禀赋是核心内容，是劳动力认识和改造世界的能力体现，但能力禀赋也受资本禀赋和资源禀赋等外在条件的制约，三种禀赋要素综合

---

① 孙绍荣、宗利永等：《理性行为与非理性行为——从诺贝尔经济学奖理论看行为管理研究的进展》，上海财经大学出版社2007年版，第201—208页。

作用则体现为劳动力参与社会实践活动所具备的各种能力，如各种信息收集和处理能力、环境认知能力、判断能力、识别风险的能力等。这些能力虽然不能量化，但可以从行为选择结果中体现出来。

在制约农村劳动力做出迁移选择决策的各种因素中，信息是一个极为重要的影响因素。不论内外部因素如何变化，最终决策的产生都会依赖于农村劳动力对内外部环境的认知能力，而认知能力来源于对信息的获取。换言之，信息拥有量表征了农村劳动力对环境不确定性、决策风险的认知能力。信息如何产生、信息如何获取、农村劳动力对信息的利用度如何等诸多环节是产生不确定性的根本。信息处理能力的不足导致农村劳动力对事物认知能力的有限性。正如西蒙指出的"问题的关键不在于是否有信息，而是在于能够'加工'多少信息"。肯尼思·阿罗对这个问题的论述更为明确："不管处理信息的技术有了多么显著的改进，人类的智能和意识在吸收信号方面将永远受到限制。"[①] 在实际的行为决策问题中，决策者力求做到知识完备，信息量充足，在各种因素制约下，全方位地掌握各种方案的全部信息可望而不可即。受所处系统环境的复杂性，农村劳动力认知能力的有限性，偏好系统的不稳定性，行为过程中的认知偏差的影响，只能部分地、片面地掌握各种方案的信息。

同时，迁移决策不仅受农村劳动力自身禀赋水平的制约，还受外部环境（经济环境、制度环境）的影响。例如，在迁移选择过程中，由于外部环境（劳动力市场）信息不对称性、迁入地社会环境制度的限制等诸多不确定因素，很大程度上制约了农村劳动力对环境认知、信息处理以及风险识别能力的发挥。受外部不确定性以及认知能力的有限性制约，劳动力对各种备选方案的属性认知可能是模糊的，因此，所做出的迁移选择是有限理性的。

（5）行为决策准则——禀赋优化

效用（utility）是用来衡量人们从一组商品或服务之中获得的满足，是经济学中一个重要的概念，效用最大化也是传统经济学中理性经济人

---

① 杨海东：《不确定因素下项目投资决策行为分析》，武汉理工大学，硕士学位论文，2005年1月，第9页。

做出决策的准则。效用理论先后经历了名目效用论、基数效用论和序数效用论三个发展阶段,形成以数学为基础的边际效用分析和无差异曲线分析两种决策分析方法。① 随着效用理论的发展,经济学中对效用的解释越来越贴近现实。从传统经济学中理性人追求效用最大化到西蒙的满意度,以及不确定性下的效用理论发展,效用可以看成行为人追求的最终目标,无论是一次行为的发生还是连续行为的发生,追求效用最大化或最满意度在本质上都是一样的。尽管西蒙在阐述有限理性机制时,用"满意度"来解释决策者进行选择判断的期望,用满意度函数替代了效用函数。卡尼曼和特维斯基在不确定性风险决策理论中用价值函数代替了效用函数,但其本意也是寻求最优解。

从行为选择决策的角度出发,行为决策的最终目的就是实现效用最大化或满意度最大化。西蒙在阐述有限理性机制时指出,大多数行为主体不知道所有选项,由于相关外生事件的不确定性以及不能计算各种可能的后果,就需要有一种搜索过程,一旦发现一种选项水平能满足决策者的期望,他就会停止搜索。② 按照西蒙的解释,有限理性模型中暗含着两种假定:1)每一个行为的发生都有搜寻成本,这种搜寻成本的大小及其支付能力同决策者的禀赋水平直接相关,因此搜索活动不会无限期进行;2)存在决策者进行选择判断的标准——"满意度",即行为决策的目的是提升决策者的禀赋水平,当备选方案的综合评价满足决策者的期望值以后,搜索过程就会结束。由此可以推断,受认知水平的限制,农村劳动力面临的迁移选择目标应该是有限的,是具有可比性的,劳动力期望的效用最大化或最大满意度其实也是在对各种迁移目标综合比较后的一种相对效用最大化或相对满意度。即,迁移选择决策是在可供选择的有限个目标中充分发挥劳动力的有限认知能力寻求最优目标的过程。这里的"最优"本质上与寻求效用最大化或最大满意度的意义相同,都是从有限个备选方案中寻求最好的方案,是一种"有限最

---

① 张胜荣:《冯·诺依曼效用理论述评》,《贵州财经学院学报》2006 年第 1 期。
② 赫伯特·A. 西蒙:《西蒙选集》,黄涛译,首都经济贸易大学出版社 2002 年版,第 289—290 页。

优"。

按照这种解释,农村劳动力的迁移选择行为也是遵循最大化或最满意的原则,在有限个备选方案中试图寻求效用最大化或最满意的方案,作为决策的目标。尽管在行为选择决策过程、行为实现过程中存在诸多的不确定性,农村劳动力还是尝试着尽最大能力实现效用最大化,只不过这种实现的过程受到诸多因素的制约。换言之,农村劳动力迁移选择行为是在可供选择的目标中充分发挥其有限认知能力寻求最优目标的决策过程。实现效用最大化或最优化的目标其实就是通过迁移行为改善自身的禀赋条件,使其禀赋水平达到最大化的过程。因此,本书提出了农村劳动力迁移选择决策的准则——禀赋优化的概念。

所谓禀赋优化,是指农村劳动力在充分评估自身能力的条件下,通过迁移行为不断改善自然的、社会的、经济的外在条件,提高自身能力水平,获得更大的生存发展空间的过程。由于劳动力禀赋既包含物质的也包含非物质的内容,它能够更好地反映出农村劳动力迁移行为的最终目的——实现禀赋优化,这种禀赋优化既可以指劳动力各种能力水平的提升,也可以指收入的增加或某种愿望的满足,不仅适用于分析迁移行为,还可以用于分析投资行为、消费行为等各种社会经济行为。不论是哪种行为选择,其最终目的是实现效用(利润、收入)最大化、满意最大化,诸多的"最大化效用"的目的就是改善决策者生存发展的能力和条件。通过迁移就业,农村劳动力获得了经济收入,扩展了个人社会网络,提高了个人能力,从整体上提升了自身的禀赋水平。当然,迁移行为的发生也可能会降低劳动力的禀赋水平,但就一般情况而言,迁移最明显的目的就是提升劳动力技能水平和获得经济收入。因此,不论做出何种选择决策,农村劳动力迁移选择遵循禀赋优化的原则。

三 禀赋、有限理性与农村劳动力迁移效应

迁移效应也称为迁移结果,这是农村劳动力迁移行为的最终体现,也是衡量劳动力是否实现禀赋优化的标准。

一般而言,农村劳动力迁移的过程其实就是实现就业的过程,即获得一定的劳动报酬。这里存在一个迁移成本与收入之间的权衡问

题，成本与收入之间的对比关系决定了劳动力迁移效应——禀赋的优化或劣化。农村劳动力在迁移过程中，随着空间位置的改变会产生迁移成本，包括迁移过程中的衣、食、住、行的花费和寻找工作的成本，信息获取成本以及外出就业离别家人去适应新环境所付出的心理成本。迁移成本的大小取决于劳动力迁移的距离和个人对新环境的适应力。劳动力通过迁移获得的效益既受劳动力市场供求关系、就业信息的对称性等外部环境不确定性的影响，也受劳动力自身禀赋水平的制约。在迁移成本与预期收益比较下，一方面，农村劳动力迁移的损失大于收益，将会劣化劳动力禀赋，抑制劳动力迁移的积极性；另一方面，在迁移成本与收益的比较利益差异下，迁移就业获得的净收益不足以弥补农业生产收益，也将会降低农村劳动力迁移的热情，这对迁入地和迁出地都是不利的。

当然，在大多数情况下，农村劳动力迁移都能够使其禀赋水平得到改善。为了实现预期目标，迁移行为可以通过几次迁移实现，并且每一次迁移行为的发生都是劳动力自身参与和锻炼的过程。随着迁移过程中劳动力各种禀赋资源的累积，其迁移的预期也会增大，在这种动机支配下，迁移行为将会使劳动力的禀赋水平更大化。大量的调查数据和研究成果表明，我国农村劳动力的迁移带来了显著的经济效益。对劳动力个体而言，迁移增加了个体的经济收入，提高了劳动技能，拓展了生存发展的空间，使其禀赋水平得到提升。就地区而言，众多农村劳动力个体禀赋水平的提高将会改善农村劳动力资源禀赋构成，从整体上提升整个地区的劳动力资源禀赋水平，这种迁移的群体效应则表现为区域农村劳动力资源的禀赋优势。

第四节 本章小结

本章结合要素禀赋、人力资本和社会资本定义，对劳动力禀赋概念进行界定，将劳动力禀赋分为三个部分：能力禀赋、资本禀赋和资源禀赋，对三者之间的关系进行了论述。根据定义，总结出劳动力禀赋的四个特征：可增值性、异质性、周期性和可分割性，并尝试从新的角度对劳动力参与社会经济活动的能力进行重新界定。

同时，以有限理性为基础，在区分完全理性、有限理性和非理性概念的基础上，界定了农村劳动力迁移行为的有限理性。本章从偏好、参照点、认知偏差、信息处理能力和决策准则5个方面重点论述了禀赋、有限理性与农村劳动力迁移行为的作用机理，提出农村劳动迁移选择决策的准则——禀赋优化。

农村劳动力做出迁移选择决策是在不同迁移动机支配下完成的，而迁移动机又受劳动力禀赋水平的制约，不同迁移动机支配下的迁移选择将会给劳动力带来不同的迁移效应，但最终都是为了实现禀赋优化，即迁移选择决策效用最大化。与传统经济学理性经济人假设下的效用最大化原则不同，本书认为，农村劳动力迁移行为有限理性条件下寻求禀赋优化的过程，可将其迁移选择决策的过程简单概括为"认知偏差＋禀赋优化"。

第三章 模糊多目标农村劳动力迁移选择决策模型的构建与应用

为了更好地阐释农村劳动力迁移选择决策的过程,在有限理性理论基础上,本章借鉴多属性行为决策理论的分析工具,构建农村劳动力迁移选择决策模型,将农村劳动力迁移选择决策过程进行模型化分析。

第一节 行为决策理论的演变路径

一 决策与多属性决策的概念

决策(decision making)是对未来的方向、目标以及实现途径做出决定的过程。它是指个人或群体为了达到或实现某一目标,借助一定的科学手段和方法,从若干个备选方案中选择或综合成一个满意合理的方案。[①] 决策问题涉及人类生活的各个方面,既包括有关政治、经济、军事、文教、卫生等多方面的决策问题,也包括涉及个人及家庭衣、食、住、行等日常生活的决策问题。每一个决策的做出都涉及很多与决策方案相关的影响因素,既包含与决策问题有关的影响因素,也包括决策者自身的禀赋因素,这些因素综合作用于决策过程,并对决策选择产生直接影响。在行为决策方法中,这些影响因素称为

---

① 胡伟广、林泽楠等:《模糊理论在多目标决策中的应用》,《市场周刊》2007年第9期。

属性。属性是指方案固有的特征、品质和性能。凡是能表现行为方案绩效的参数，并因此使行为与其他客体相似或相异的一切成分、因素、特征、性质等都可以看成是属性。① 由此来看，每一个决策方案都可以用一系列属性描述，这些属性既可以是客观实际的特征，也可以是行为主体认定的表示决策客体的客观特性，诸如此类决策问题就引申为多属性决策。多属性决策是指在一定数量的备选方案上进行偏好决策。如选择、排序、评价等都属于多属性决策问题。

多属性决策一般包括决策单元、决策方案、准则体系和决策结构几个基本要素：② （1）决策单元（决策主体），行为决策的个体或群体。（2）决策方案（决策客体），也就是决策方案，通常用集合表示。假设有 m 个备选方案，则 $A = \{A_1, A_2, \cdots, A_m\}$。（3）准则体系。准则是用来从某个明确定义的角度进行方案评价和比较的工具。对于多属性决策问题必须建立准则体系，设定层次结构的准则体系才能方便评价备选方案③。（4）决策结构。由决策问题的形式、决策的类型和决策者自身在决策问题中发挥的作用共同决定，表明决策方案和属性之间以及属性和属性之间的关系。

以上四个要素构成了完整的决策过程。如果给定了方案 A_i 及其发生的概率 π_i，产生的结局用 $R_i [R(A_i, \pi_i)]$ 表示，决策的最终目的就在于计算不同方案的损益值并进行权衡，选出最优或最满意的方案。

二　行为决策理论的内容

行为决策理论研究始于对理性决策理论中的不足和弊端进行的探索，在最初阶段的主要研究对象可分为"判断"和"抉择"两大类。研究框架基于认知心理学，认为人的判断和抉择过程包括四个环节：

---

① 徐玖平、吴巍编著：《多属性决策的理论与方法》，清华大学出版社 2007 年版，第 3 页。

② 同上。

③ Keeney 和 Raiffa 提出描述一个多属性问题时，理性的属性集合应该满足 5 个性质，具体评价体系设置原则详见 Keeney R. L. Raiffa H., Decision – making with Multiple Objectives: Preference and Value Tradeoffs. New York: Wiley, 1976。

信息获取、信息处理、信息输出、信息反馈，通过这四个环节对各种信息进行加工、处理，并做出判断，探索和描述人们在"判断"和"抉择"中是如何在每一个环节中进行的。20 世纪 80 年代以后，行为决策理论从对传统理论的挑战转向行为特征的描述和行为变量的提炼，将其运用到理性决策的分析框架中。这种改善和替代后的决策模型不仅考虑客观的备选方案以及环境对它们的影响，而且包含了决策者认知局限性、主观心理因素以及环境对决策者的心理影响等因素，这样得到的模型普适性更强。[①] 结合行为决策理论的相关内容，本书将有限理性行为决策的主要内容总结如下：

（1）在高度不确定和极其复杂的现实决策环境中，人的知识、想象力、计算力等表现出来的认知能力是有限的，决定了决策行为是有限理性的。

（2）决策者在识别和发现问题中容易受知觉、已有经验或固有习惯的影响，产生认知偏差，致使对未来的状况做出判断时，直觉的作用往往大于逻辑判断的影响。

（3）尽管信息量的获得可以降低决策风险，但受信息成本和可利用资源的限制，决策者没有充足的精力无限地搜寻信息，在决策中往往只求满意的结果，而不愿花费精力去寻求最优选择。

（4）面对不同的决策风险，决策者对待风险的态度较决策获得的经济利益更为重要。尽管风险较大的方案可能带来更高的收益，决策者往往厌恶损失，倾向于接受风险较小的方案。

这些内容更详细地刻画了行为决策的有限理性，基于行为决策理论构建的理论模型对人们行为决策的描述也更加贴近现实。

三 行为决策的路径

从行为决策的内容可以看出，决策过程是一个包含大量认知、反应、判断和选择的过程，其中每一个环节的变化都会影响最终的决策结果。人们在进行决策时，出于某种目的或动机，都会产生一种思维

[①]《行为决策理论简介》，http://baike.baidu.com/view/1413544.htm#1。

框架，并遵循某一特定的思维路径进行决策。大致可将其分成4个步骤[①]：

（1）构建决策问题。在充分考虑决策问题所面临的各种因素的基础上，明确目标，确定解决问题的备选方案。

（2）评估各种可能的后果及其发生的概率。通过对决策可能出现后果的分析，确定度量决策优劣的属性集合以及各个属性上可能出现的自然状态概率。[②]

（3）建立备选方案的偏好关系。根据决策者对各方案的偏好，建立各属性的偏好关系，通常构建符合决策者主观偏好的隶属函数。

（4）对备选方案进行评估比较，选出最满意的方案付诸实施。

通常而言，对一个复杂问题的决策需要按照具体的决策路径，逐一分析、判断，并做出最后决策。具体决策路径可参见图3-1。[③]

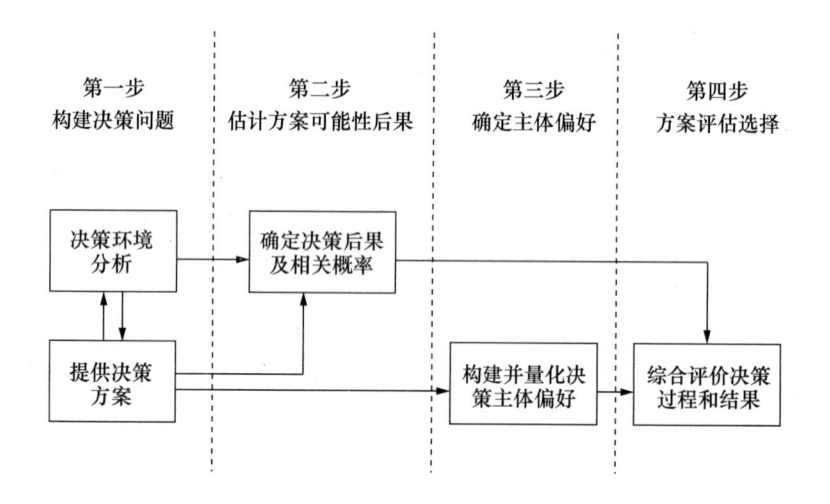

图3-1 行为决策路径

---

① Kamenetzky R. D., The Relationship Between the Analysis Hierarchy Process and the Additive Value Function. *Decision Science*, 1982, 13 (4): 702-713.

② 各种属性可能出现概率的获得通常可通过经验法获取，或是赋予主观概率，也可以将主观概率和客观概率统筹结合使用。

③ 徐玖平、吴巍：《多属性决策的理论与方法》，清华大学出版社2007年版，第7页。

四 行为决策的类型与方法

伴随着科技的发展和社会的进步,人们面临的决策问题日趋复杂,仅凭已有经验和直觉观察很难对复杂问题做出最优决策。尤其是在多目标决策中,如何选择最优或最满意的行为显得尤为重要。决策问题涉及很多学科,不同的学科属性使得行为选择决策拥有不同的方法。如决策学中的最大最小法、先验概率法、效用理论等;经济学中的帕累托优化、不确定下风险决策理论、社会福利函数、成本效益分析等。基于目前多属性决策方法的演变和发展,本书将行为决策方法大致归为以下几类[①]:

(1) 多属性效用理论

在决策信息基础上,多属性效用理论的决策方法一般是在属性权重归一化后的量化属性评价值的基础上,通过决策方案的效用函数 $U(A_i) = \sum_{i=1}^{n} \omega_j X_{ij}$,$i \in M$ 集结为综合评价指标,再根据 $U(A_i)$ 值所体现的决策方案优劣来做出选择。其中 X_{ij} 为决策方案 A_i 的效用函数。

(2) 级别优先序理论

基于级别优先序理论的决策方法通过在各属性上分别进行方案的两两比较,获得偏好指标 $f(X_{ij})$ 后,再将比较的结构进行量化,进而由相应的各属性权重得到最终方案间的偏好关系,最后通过 $P(A_i) = \sum_{i=1}^{n} \omega_j f(X_{ij})$,$i \in M$ 进行最终决策。其中建立在相应属性方案间两两比较的偏好指标 $f(X_{ij})$ 是通过方案相互比较矩阵得出的。

(3) 随机多属性决策理论

对于一个随机多属性决策问题,假设对于所有的自然状态能够给予各个方案在各个属性下的评价,就可以通过属性集结方法 $f(A_i) = \sum_{k=1}^{H} P_k (\sum_{j=1}^{n} w_j X_{ij}^k)$ 转化为单属性随机决策问题进行处理。

知道自然状态的随机分布形式,就可以通过 $f(A_i) =$

---

① 徐玖平、吴巍:《多属性决策的理论与方法》,清华大学出版社 2007 年版,第4—10页。

$\sum_{j=1}^{n} w_j (\sum_{k=1}^{H} P_k X_{ij}^k)$ 转化为确定多属性问题进行分析。式中的 P_k 为第 k 种状态发生的概率，w_j 为第 j 个属性的权重，X_{ij}^k 表示在状态 k 下决策方案 i 在属性 j 上的评价值，$f(A_i)$ 为方案 A_i 的最终评价值。

（4）模糊多属性决策理论

模糊多属性决策是在模糊集理论引入人们的决策问题中形成的，通常按先后次序将决策过程分成两个阶段：第一阶段，对每个方案，集结它在所有属性下的评价值，可以获得规范化标准模型属性值矩阵 $\overline{X}$ 和模糊权重矢量 $\overline{\omega}$；第二阶段，根据最终评价值 $\widetilde{U}(A_i) = \widetilde{\omega} \odot \widetilde{X}$ 对所有方案进行排序。其中 $\widetilde{U}(A_i)$ 为第 i 个决策方案的最终评价值，$\odot$ 为某一模糊多属性集结算子。

（5）描述性多属性决策理论

描述性多属性决策主要是指基于粗糙集的多属性决策。自 1982 年 Pawlark 提出粗糙集以后在相当长的时间里并未引起研究者的注意，直到近年来才有所发展。粗糙集方法从决策表中推导决策规则，其理论类似于多元统计方法，优点在于更加简便和直观。通常可用如下模型描述：

$Des_C(A_k) = [f(A_k, X_1), f(A_k, X_2), \cdots, f(A_k, X_s)]$

那么有 $Des_D(A_k) = [f(A_k, X_{s+1}), f(A_k, X_{s+2}), \cdots, f(A_k, X_n)]$。其中，函数 $f(A_k, X_i)$ 是对方案 k 在属性 X_i 上的描述函数，C 为条件属性集合，D 为决策属性集合。这样的决策规则通过从决策范例中总结条件属性与决策属性的关系产生，对于未知的决策方案具有很强的适用性。

不同的决策问题有着不同的决策方法，不同的决策方法有着不同的决策标准，不同的决策标准受决策方案提供信息以及决策者偏好的影响，这决定了不同类型的多属性问题所建立的模型也是不同的。随着学科研究的进一步深入，多学科交叉研究的趋势明显，这些多属性评价方法被广泛应用到政治、军事、经济、环境以及人们日常生活行为的决策过程中，应用行为决策理论对人口迁移行为进行理论分析更突出了理论研究的实用性。总之，行为决策就是探讨并研究"如何决策"以及"为何决策"因果相结合的理论。按照决策过程，我们可以将行为决策分为认知阶段（决策动机、态度、期望）、判断阶段、选择阶段、评价阶段。照此推理，研究人的行为不仅要明晰人们做出行为决策的内在心理机制，还应掌握产生这一行为决策的影响因素。

第二节　有限理性与农村劳动力迁移选择决策的模糊性阐释

在追溯行为决策相关理论的基础上，本书对农村劳动力迁移选择决策进行界定。考虑农村劳动力做出迁移选择的过程中受很多内外部环境的影响，引出农村劳动力迁移选择决策模糊性概念。

一　农村劳动力迁移选择行为决策的界定

任何一种决策的做出都受决策者禀赋水平的影响，行为结果体现为决策者禀赋水平的改变，如收入水平的增加或减少，能力水平的提高或降低等。行为决策是通过禀赋因素刺激人们的心理活动，产生行为动机，在动机支配下，通过对备选方案信息收集、判断并做出最后的选择，通过行为发生使其目标实现的过程。

按照决策的定义，本书对农村劳动力迁移选择决策进行界定。农村劳动力迁移选择决策是指在若干个可选择的迁移方案中，本着禀赋优化的原则从各种备选方案中选择最优方案的过程。迁移行为是指劳动力空间位置发生改变的行为，这只能表示出空间位置的移动，并不能反映农村劳动力做出行为选择的心理过程。按照决策过程阶段的划分，迁移动机产生于认知环节，是一种心理活动，是迁移行为发生的最根本目的；迁移判断，是在认知的基础上对各种迁移目标的主观判断；迁移选择是按照迁移动机进行选择的过程；迁移结果就是验证迁移是否实现效用（收入）最大化的过程。整个迁移决策的过程可以看作是劳动力禀赋水平是否实现最优化的过程。换言之，农村劳动力迁移选择行为的发生经历了由禀赋因素综合作用下的动机产生、动机支配、迁移选择、效用实现的过程。

二 有限理性与农村劳动力迁移选择决策的模糊性

在现实生活中，大多数行为决策问题都是在不确定环境下进行的，因为行为决策面临的以及所要解决的问题是不可预期的"未来状态"，因此，随着时间的推移，自然的、环境的、个人的、组织的以及科学技术、信息化的发展等一系列因素对行为决策的影响也是动态的。受禀赋因素的制约，对备选方案各种属性认识能力的有限性，人们只能获取有关决策方案的部分信息或信息量的大致范围，对一些方案属性的认识可能是模糊的，表现出亦此亦彼性，界限不清晰，不能用确定性语言对某一事物属性进行清晰描述，因而只能采用一些模糊性语言①进行描述。

由于信息的模糊性、模糊推理的局限性（不能无限地递推）以及决策者的模糊要求（通常决策者也可能使用模糊性语言对事物进行描述），这种决策只能是一种有限理性下的模糊决策。例如，农村劳动力面对多种迁移选择时，对迁入地就业概率、工资待遇、工作环境等并没有很明确的认识，往往用一些模糊性语言"好、中、差"或"难、易、一般"等进行概述，这些现象在社会生活中也是普遍存在的。模糊性是人类思维和客观事物普遍存在的属性之一，受行为主体禀赋因素的制约、外部环境的不确定性以及认知能力的有限性，这种多重影响下的决策选择实际上是一种在有限认知约束下的模糊性决策。

农村劳动力如何做出迁移选择是一个极为复杂的心理过程。一方面，受自身禀赋水平的约束，劳动力不可能掌握各种方案的全部信息，也不具备完美的计算能力，致使其对备选方案各种属性的认识只能是一种有限认知。由于外部环境的不确定性以及有限的认知能力，当面临多种决策选择时，劳动力不可能完全地掌握、计算、加工每一个备选方案的各种信息并做出很明确的判断，致使对备选方案某些属性的认识是模糊的。另一方面，在内外部环境以及获取信息的不确定性、认知能力的有限性制约下，人的心理活动机制、认知能力、偏好

---

① 模糊性语言是指不能用精确的语言（将方案属性数字化）描述方案的属性特征，而采用一些概括性、具有弹性的语言进行描述。如"好、中、差"等模糊性语言的使用。

系统以及信息获取能力很大程度上受劳动力禀赋水平的制约,农村劳动力对各种备选方案的评估也是模糊的。正如西蒙对人的行为决策以非常形象的比喻形容:"人类行为是由一把剪子裁剪而成的,这把剪子的一边是主体的计算、认知能力,一边是决策环境的结构。"[①]

由于这些模糊现象具有内在的不确定性,表现为模糊的亦此亦彼且具有多元选择的特征。对于此类问题的解决,集合论和二值逻辑选择理论稍显乏力,需要利用模糊数学的相关方法给予解决,这便构成了多目标模糊决策问题。因此,探讨农村劳动力迁移选择行为机理,构建农村劳动力迁移选择决策模型,对劳动力的迁移选择行为进行剖析是十分必要的。

第三节 模糊多目标农村劳动力迁移选择决策模型的构建

在有限理性的约束下,当农村劳动力面临多种迁移选择时,对各种备选方案的属性的描述存在模糊性。因此,本章主要借鉴模糊多目标决策理论的工具和方法对农村劳动力迁移选择行为进行描述。在模型构建过程中,针对农村劳动力对信息的偏好程度,将现有模糊多目标决策理论模型的偏好系数进行了修正,以期能更好地刻画农村劳动力迁移选择决策过程。根据劳动力对备选方案属性信息的获取程度,理论模型的构建分成两种类型:信息无偏和信息有偏,并分别展开讨论。

模糊多目标行为决策模型的建立与变量解释

(1) 模糊多目标决策的理论模型

多目标决策最早可追溯到帕累托(V. Pareto)提出的最优概念,在最近50年间发展起来的一个交叉学科分析。早在1896年法国经济学家帕累托从经济学角度把本质上不可比较的多个目标转化成单个指标进行优化求解,涉及多目标决策问题,并形成了"帕累托最优"的著名经济学理论。20世纪40年代以后,多目标决策的研究取得了一

[①] Simon, H. A. (1990). Invariants of Human Behavior. *Annual Review of Psychology*, 41.

定的进展，冯·诺伊曼与摩根斯坦从对策论角度提出了多个局中人参与、具有多个冲突目标的决策问题标志着近代意义上的多目标决策的诞生。但作为一种科学规范的方法引入决策领域则是在 20 世纪 60 年代，并在随后的发展中日益完善，形成了多目标决策理论。[①] 模糊多目标决策是在多个不能相互替代的准则存在下进行的决策，由多目标决策和多属性决策两个部分组成。一般而言，多目标决策（Multi Objective Decision Making，MODM）与多目标规划相联系，是从无限方案集中求解的决策方法，多属性决策（Multi – Attribute Decision Making，MADM）是与偏好结构相联系的，从事先拟定的有限个方案集中进行显式选择的决策，即在一定数量的备选方案上进行偏好决策。[②] 因此，多目标决策称为无限方案多目标决策，而将多属性决策称为有限方案多目标决策，多属性决策更是暗含着一种有限理性的选择思想。

相对而言，多属性决策问题一般都需要综合考虑多个（有限个）相互冲突、不可公度（模糊）的目标，从中选择最满意的方案供决策者使用，比较符合本书的有限理性假设前提。因此，本书以模糊多目标决策理论为基础构建农村劳动力迁移选择决策模型。其一般模型可描述为：[③]

$$\max_{x \in X} |f(x)| \qquad (3-1)$$

其中，X 是决策空间或可行域，由实际决策问题的特点与要求确定；x 为决策变量（当 $x \in X$ 时，将 x 称为可能解）；$f(x) = [f_1(x), f_2(x), \cdots, f_m(x)]^T$ 表示 m 个目标的向量函数，m 为正整数。在式（3 – 1）中，统一假定 m 个目标函数值越大越好（诸如效益、利润、效用、满意度等），也可能出现成本型目标，此时只要对相应的目标函数改变正、负号即可。

[①] 李登峰：《模糊多目标多人决策与对策》，国防工业大学出版社 2003 年版，第 59—60 页。

[②] 徐玖平、吴巍主编：《多属性决策的理论与方法》，清华大学出版社 2007 年版，第 218 页。

[③] 李登峰：《模糊多目标多人决策与对策》，国防工业大学出版社 2003 年版，第 61 页。

(2) 模糊多目标行为决策模型的变量描述

①模糊集

模糊集概念是模糊集理论的支柱之一，是普通集合（或称康托尔集）概念的推广，即把取值仅为 1、0 的特征函数扩展到可在闭区间 [0, 1] 中任意取值的隶属函数。设有限或无限集合 U 为论域，x 表示 U 中任意基本元素。

定义 3.1：设在论域 U 上给定映射 $\mu_{\tilde{A}}: U \rightarrow [0, 1]$ 使得

$$x \in U \rightarrow \mu_{\tilde{A}}(x) \in [0, 1] \tag{3-2}$$

则称 $\mu_{\tilde{A}}$ 确定了论域 U 上的一个模糊子集 $\mu_{\tilde{A}}$，简称模糊集。称 $\mu_{\tilde{A}}$ 为 $\mu_{\tilde{A}}$ 的隶属函数，$\mu_{\tilde{A}}(x)$ 为 x 属于 $\mu_{\tilde{A}}$ 的隶属度。把论域 U 上全体模糊集所组成的集合称为 U 的模糊幂集，记作 $R(U)$。

②有限论域

作为对象被考虑的所有要素的全体叫作论域，有限论域就是被研究对象的要素是有限的。按照有限最优准则，决策是在有限理性和有限认知的约束条件下，这样的备择方案就要求是人们所感知到的或考虑到的，从而选择范围可能要比客观存在的备择方案范围小，称为有限论域，记为 $\overset{*}{U}$，$\overset{*}{U}$ 包含于 U（即 $\overset{*}{U} \subset U$）。若论域 U 为有限集，$U = \{x_1, x_2, \cdots, x_n\}$，则 U 上的模糊集 $\tilde{A}$ 可以表示为：

$$\tilde{A} = \mu_{\tilde{A}}(x_1)/x_1 + \mu_{\tilde{A}}(x_2)/x_2 + \cdots + \mu_{\tilde{A}}(x_n)/x_n = \sum_{i=1}^{n} \mu_{\tilde{A}}(x_i)/x_i \tag{3-3}$$

③非劣解

较单目标决策而言，多目标决策不像单目标决策那样在数学规划中存在最优解，需引进非劣解（noninferior solution）的概念。[①]

定义 3.2：设 $x^* \in X$。若不存在 $x \in X$（$x \neq x^*$）使得

$$f(x^*) \leqslant f(x) \tag{3-4}$$

即对所有的 i（$i = 1, 2, \cdots, m$），有

---

① 李登峰：《模糊多目标多人决策与对策》，国防工业大学出版社 2003 年版，第 61 页。

$$f_i(x^*) \leqslant f_i(x) \tag{3-5}$$

且式3—5中至少有1个为严格不等式,则称 x^* 为多目标决策问题的非劣解,有时也称为有效解或帕累托最优解。

定义3.3:设 $x^* \in X$。若不存在 $x \in X$ 使得

$$f(x^*) < f(x) \tag{3-6}$$

即对于所有的 i($i=1, 2, \cdots, m$),有 $f_i(x^*) < f_i(x)$。则称 x^* 为式3—1的弱非劣解,由弱非劣解组成的集合记作 $x_\omega^* \delta$,并称为弱非劣解集。

④模糊多目标中的最优解

对多目标决策问题,令

$$\begin{cases} m_i \geqslant \inf_{x \in X} \{f_i(x)\} \\ M_i = \sup_{x \in X} \{f_i(x)\} \end{cases} (i=1, 2, \cdots, m) \tag{3-7}$$

式中 $\sup_{x \in X}\{f_i(x)\}$ 与 $\inf_{x \in X}\{f_i(x)\}$ 分别是式中的目标分量 $f_i(x)$($i=1, 2, \cdots, m$)在 X 中的上、下确界。

二 无偏好信息模糊多目标农村劳动力迁移选择决策模型[①]

农村劳动力迁移选择决策过程蕴含了劳动力自身对各种方案下未来劳动力市场就业信息状况的主观判断,使得模糊不确定性成为农村劳动力迁移选择决策的典型特征。这主要涉及迁入地就业机会、报酬和个人能力适应性以及就业稳定性等多方面因素。劳动力在决策过程中,其知识经验、期望、风格(对待风险的态度)和胆略等能力禀赋特征由备选方案目标属性的权重体现。

在无偏好信息模糊多目标农村劳动力迁移选择决策模型中,决策者有且只有 m 种备选方案,且构成方案集 A,其中 A_1,A_2,$\cdots$,A_m 表示决策者的各种备选方案,如农村劳动对迁入地的选择:本县就业、县外市内就业、市外省内就业、省外就业等;记 $f_{ij} = f_i(A_j)$(其中 $i=1, 2, \cdots, m$;$j=1, 2, \cdots, n$),表示方案 A_j 的第 i 个目标值。

---

① 本部分模型建立参考了李登峰《模糊多目标多人决策与对策》,国防工业大学出版社2003年版,第84—86页的相关公式。

第三章　模糊多目标农村劳动力迁移选择决策模型的构建与应用

另记向量 $f_j = f(A_j) = [f_1(A_j), f_2(A_j), \cdots, f_m(A_j)]^T$ ($j = 1, 2, \cdots, n$)，表示方案 A_j 的所有 m 个目标值；$f_i = [f_i(A_1), f_i(A_2), \cdots, f_i(A_n)]^T$ ($i = 1, 2, \cdots, m$)，则向量 f_i 表示所有 n 个方案的第 i 个目标值。

因含有决策者的知识经验、胆识、判断等模糊信息，在决策过程中，需要确定方案 A_j 关于目标 f_i 的优属度 $\mu_{ij} = \mu_i(A_j)$ ($i = 1, 2, \cdots, m$; $j = 1, 2, \cdots, n$)。

对效益型目标，目标相对优属度的计算公式为：

$$\mu_{ij} = \left[\frac{f_{ij} - f_{i\min}}{f_{i\max} - f_{i\min}}\right]^{p_i} (i = 1, 2, \cdots, m; j = 1, 2, \cdots, n) \quad (3-8)$$

对成本型目标，目标相对优属度的计算公式为：

$$\mu_{ij} = \left[\frac{f_{i\max} - f_{ij}}{f_{i\max} - f_{i\min}}\right]^{p_i} (i = 1, 2, \cdots, m; j = 1, 2, \cdots, n) \quad (3-9)$$

式中，p_i 是由决策者确定的参数；且 $\begin{cases} f_{i\max} = \max\limits_{1 \leq j \leq n}\{f_{ij}\} \\ f_{i\min} = \min\limits_{1 \leq j \leq n}\{f_{ij}\} \end{cases}$

所以，可以把决策矩阵 $F = (f_{ij})_{m \times n}$ 转换为目标相对优属度矩阵 μ，即

$$\mu = \begin{matrix} & A_1 & A_2 & \cdots & A_n \\ f_1 \\ f_2 \\ \vdots \\ f_m \end{matrix} \begin{bmatrix} \mu_{11} & \mu_{12} & \cdots & \mu_{1n} \\ \mu_{21} & \mu_{22} & \cdots & \mu_{2n} \\ \vdots & \vdots & & \vdots \\ \mu_{m1} & \mu_{m2} & \cdots & \mu_{mn} \end{bmatrix}$$

下面将根据各个方案关于目标 f_i 的相对优属度，按照决策者对风险的偏好程度，利用多种方法对模糊多目标行为选择决策理论模型进行探讨。

(1) 模糊乐观型农村劳动力迁移选择决策模型

模糊乐观型决策是以极大极大法为基础，只考虑每一个方案的最佳指标值，其他指标值皆忽略不计，其权重分配采用"退化性"赋权法，属性的权重不固定，视方案的不同做出相应调整，原则是每一方

案中的最佳指标值对应的属性权重为1，其他属性权重为0。但是在模糊环境下，指标之间并没有绝对好坏之分，而是体现为一种"好中择优"的思想。① 这种决策的特点是决策者对现实方案的选择持乐观态度，从最好处着眼，以谋取最大收益。这种方法是一种不顾风险、积极冒进的决策方法。

其决策过程如下：若方案 $A_{j^*} \in A$，且满足

$$\mu_{i^*j^*} = \max_{1 \leq j \leq n} \max_{1 \leq i \leq m} \{\mu_{ij}\} \qquad (3-10)$$

则方案 A_{j^*} 就是决策者最满意的方案。如果我们从方案集中去除 A_{j^*}，再次利用式（3-9）进行比较，可得到排在第二的方案。以此类推，可得方案集的优劣排序。

（2）模糊悲观型农村劳动力迁移选择决策模型

与模糊乐观型相对应，模糊悲观型决策以极大极小法为基础，以"坏中求好"为准则的保守型决策方法。此种决策准则的特点主要是对备选方案保持悲观保守的态度，从最坏处着眼，以谋取最大收益，是一种过于稳妥的决策准则。这主要是当决策者采用方案 A_i 时，至少可保证最小的目标相对优属度达到最大。

其决策原理是：若方案 $A_{j^*} \in A$，且满足

$$\mu_{i^*j^*} = \max_{1 \leq j \leq n} \min_{1 \leq i \leq m} \{\mu_{ij}\} \qquad (3-11)$$

则方案 A_{j^*} 就是最满意的方案。如果我们从方案集中去除 A_{j^*}，再次利用式（3-11）进行比较，可得到排在第二的方案。以此类推，可得方案集的优劣排序。

（3）模糊折中型农村劳动力迁移选择决策模型

这是一种介于乐观决策模型和悲观决策模型之间的折中决策方法，表现为既不保守又不冒进的"折中"态度。决策者在决策时对未来不应过分悲观、保守，也不应该过分乐观、冒进，而应根据决策者的经验和相关数据分析确定一个折中系数 θ（$0 \leq \theta \leq 1$），对每一行动方案的最大相对优属度和最小相对优属度进行加权平均。其折中相对

---

① 徐玖平、吴巍编著：《多属性决策的理论与方法》，清华大学出版社2007年版，第262页。

优属度可表示为：

$$\mu_{i^*j^*} = \theta \max_{1 \leq i \leq m} \{\mu_{ij}\} + (1-\theta) \min_{1 \leq i \leq m} \{\mu_{ij}\} \quad (i=1, 2, \cdots, m)$$

(3-12)

依据折中相对优属度的大小进行决策，选择最满意方案。

利用此决策方法，折中系数的取值大小与决策者的胆识、经验和对周围环境的判断能力有关。在充分考虑自身禀赋水平的前提下，当外部经济环境处于上升阶段，折中系数取值应该稍大；反之，折中系数取值稍小一些为好。所以，决策者在决策前要充分了解和分析自身能力和外部社会经济条件（环境），尽可能地选择适当的折中系数以便正确决策。

三 不完全偏好信息模糊多目标农村劳动力迁移选择决策模型[①]

在无偏好信息模糊多目标农村劳动力迁移决策模型中，决策者对各方案以及各方案的属性对比较明确，在决策过程中，结合自身的知识经验、期望等信息，确定目标权重，将多目标决策问题转换为单目标优选问题，降低问题解决的难度。但在实际问题中，不是所有的目标权重都能够明确，偏好信息有时很难甚至无法事先完全确知，这就构成了不完全偏好信息模糊多目标决策问题。

在农村劳动力迁移选择决策问题中，设方案集为 $A = \{A_1, A_2, \cdots, A_m\}$，目标集为 $F = \{f_1, f_2, \cdots, f_n\}$，决策矩阵为 $F = (f_{ij})_{m \times n}$，目标相对优属度矩阵为 μ：

$$\mu = \begin{matrix} & A_1 & A_2 & \cdots & A_n \\ f_1 \\ f_2 \\ \vdots \\ f_m \end{matrix} \begin{bmatrix} \mu_{11} & \mu_{12} & \cdots & \mu_{1n} \\ \mu_{21} & \mu_{22} & \cdots & \mu_{2n} \\ \vdots & \vdots & & \vdots \\ \mu_{m1} & \mu_{m2} & \cdots & \mu_{mn} \end{bmatrix}$$

(3-13)

假定决策者的知识经验、胆略和行事风格等信息可通过目标权重

---

① 本部分模型建立参考了李登峰《模糊多目标多人决策与对策》，国防工业大学出版社2003年版，第100—113页的相关公式。

体现，但这些权重向量中一部分已知，其他部分未知。假设前 p 个目标权重未知，后 $(m-p)$ 个目标权重已知，其中 $0 \leq p \leq m$，则有

$$\begin{cases} \omega_i = \omega_i^* \\ \sum_{i=p+1}^{m} \omega_i^* \leq 1 \end{cases} \quad (i = p+1, p+2, \cdots, m) \qquad (3-14)$$

记所有目标的权重向量为 $\omega = \{\omega_1, \omega_2, \cdots, \omega_p, \omega_{p+1}^*, \omega_{p+2}^*, \cdots, \omega_m^*\}^T$

$$d = 1 - \sum_{i=p+1}^{m} \omega_i^*$$

$$c = 1 - \sum_{i=p+1}^{m} \omega_i^{*2}$$

于是，方案 $A_j \in A$ 的目标相对优属度线性加权平均综合评价值为：

$$\rho_j(\overline{\omega}) = \sum_{i=1}^{m} \omega_i \mu_{ij} (j = 1, 2, \cdots, n) \qquad (3-15)$$

显然，对于给定的权重向量 ω，$\rho_j(\overline{\omega})$ 越大，则方案 A_j 越优。

但在实际操作过程中，关键是确定 $\overline{\omega} = (\omega_1, \omega_2, \cdots, \omega_p)^T$，而此权重可通过以下公式求得①：

$$\overline{\omega}_i = d \frac{\sum_{j=1}^{n} \mu_{ij}}{\left(\sum_{i=1}^{p} \sum_{j=1}^{n} \mu_{ij}\right)} \quad (i = 1, 2, \cdots, p) \qquad (3-16)$$

第四节　模糊多目标农村劳动迁移选择决策模型的应用分析

为了进一步验证理论模型的适用性，本书利用 2009 年问卷调查数据，建立相关指标，对农村劳动力迁入地迁移选择决策行为进行实证分析。

---

① 此公式的详细证明可参阅李登峰《模糊多目标多人决策与对策》，国防工业出版社 2003 年版，第 102 页。

一 农村劳动力迁移选择决策的指标体系构建

在农村劳动力迁移选择决策模型中,农村劳动力在面临就业选择时,不仅仅考虑收入的多少、经济地位的改善以及找寻就业成本的大小,还要考虑家庭事务多少、迁移距离的远近、交通便捷性以及自身能力水平的高低等因素。为了验证理论模型的实际应用,结合本次调查问卷中的相关问题,建立指标体系,对农村劳动力迁移选择(对迁入地的选择)决策行为进行模型化分析。

(1) 模型变量指标构建

综合制约农村劳动力迁移选择的众多因素,本书选取与农村劳动力迁移就业有关的 7 个主要因素作为模型中的变量,具体指标选取如下:

相对收入 f_1:该指标由家庭外出农村劳动力的年收入占家庭全年总收入的比重表示。

就业成本 f_2:即务工成本,主要是指劳动力外出务工时的交通费、中介费以及办理各种证件的费用。

工作技能 f_3:主要是指劳动力在不同地区就业过程中所应具有的素质,在此利用受教育水平表示。

家庭中老年人口比重 f_4:该指标主要是说明家庭赡养负担情况对农村劳动力外出务工的可能性的制约作用。

农用地规模 f_5:农用地规模的大小会对农村劳动力外出务工起负向作用;如果家庭农用地较多,则需要劳动力多,长距离外出务工的可能性会降低。

本地经济发展水平 f_6:该指标主要利用当地所拥有的工厂数量表示,当地开办工厂多则说明经济发达,劳动力本地务工的机会增加,会减少外出的可能。

对城镇找工作难易程度的评价 f_7:该指标是一个态度衡量指标,主要是通过调查者的自我感觉判断在城镇找工作的难易程度,同时也反映出农村外出劳动力对外出务工胜任能力的评价。

这 7 个指标中,除了代表农村劳动力外出就业能力的综合评价指标 f_7 外,其他 6 个指标都是劳动力能力禀赋实现的外在条件。

(2) 迁移选择方案的设定

外出务工地点的选择分为县内(本地)、县外市内、市外省内和省外 4 种选择,每种方案对决策者来说皆有好处和不足。

方案 A_1:在本县内就业,不离乡离土,社会关系熟悉,就业信息顺畅,找寻工作成本较低,对家庭的照顾较多,但相对来说收入较低,因家庭事务而耽搁工作较多。

方案 A_2:在县外市内就业,主要是集中在本地中心城市就业,因工作环境变化,其就业信息的获得主要依靠某些劳务中介组织或老乡(常见的是家乡的包工头、工长等),社会关系网络广阔,工作的性质也会发生一些变化,相比而言,其外出就业成本较本县内就业会增加。

方案 A_3:在市外省内就业,就业距离会更远,其就业信息的获得更加社会化,外出成本增加,不确定性因素增多,但相对来说收入也会更高。

方案 A_4:省外就业,这种迁移选择因为空间跨度大,而表现出不规律性和分散性。但是劳动力所拥有的技术更加专业,收入相对来说也可能是最多的,但其就业成本也是最大的。

在上述模型变量指标构建以及迁移选择方案设定的条件下,本书将利用问卷调查中的相关数据对理论模型进行应用分析。

二 无偏好信息模糊多目标农村劳动力迁移选择决策模型应用分析

依据调查问卷中的相关数据,可以汇总出各方案在各个指标上的表现,即目标值所构成的决策矩阵 F:

$$F = \begin{array}{c} f_1 \\ f_2 \\ f_3 \\ f_4 \\ f_5 \\ f_6 \\ f_7 \end{array} \begin{bmatrix} A_1 & A_2 & A_3 & A_4 \\ 0.4583 & 0.4936 & 0.4812 & 0.5181 \\ 53.7080 & 234.5192 & 244.2857 & 395.5800 \\ 9.6106 & 10.0819 & 10.1081 & 9.1721 \\ 0.1633 & 0.1817 & 0.2356 & 0.2121 \\ 5.2097 & 5.2388 & 5.8091 & 6.5922 \\ 7.0214 & 5.4368 & 4.1017 & 4.9583 \\ 较难 & 较易 & 一般 & 很易 \end{bmatrix}$$

第三章　模糊多目标农村劳动力迁移选择决策模型的构建与应用　81

计算目标相对优属度矩阵。

因为指标 f_1、f_5 和 f_6 属于正向指标，为使此类指标的相对优属度分散些，故采用以下公式计算：

$$\mu_{ij} = \left[\frac{f_{ij}}{f_{imax}+f_{imin}}\right]^{p_i} (i=1,2,\cdots,m;\ j=1,2,\cdots,n)$$

其中，决策者所确定的参数 p_i 暂定为 1。

指标 f_2、f_3 和 f_4 属于逆向指标，可采用以下公式计算目标相对优属度：

$$\mu_{ij} = 1 - \left[\frac{f_{ij}}{f_{imax}+f_{imin}}\right]^{p_i} (i=1,2,\cdots,m;\ j=1,2,\cdots,n)$$

其中，决策者所确定的参数 p_i 暂定为 1。

指标 f_7 是一种模糊评价，较易、一般、较难和很易的相对优属度分别为 0.25、0.50、0.75 和 1.00。

可将决策矩阵 F 转换为目标相对优属度矩阵 μ：

$$\mu = \begin{array}{c} f_1 \\ f_2 \\ f_3 \\ f_4 \\ f_5 \\ f_6 \\ f_7 \end{array} \begin{bmatrix} A_1 & A_2 & A_3 & A_4 \\ 0.4694 & 0.5055 & 0.4928 & 0.5306 \\ 0.8805 & 0.4780 & 0.4563 & 0.1195 \\ 0.5015 & 0.4771 & 0.4757 & 0.5243 \\ 0.5906 & 0.5445 & 0.4094 & 0.4683 \\ 0.4414 & 0.4439 & 0.4922 & 0.5586 \\ 0.6312 & 0.4888 & 0.3688 & 0.4458 \\ 0.50 & 1.00 & 0.75 & 0.25 \end{bmatrix}$$

（1）如采取模糊乐观型迁移选择决策模型，则有：

$$\max_{1 \leq j \leq 4} \max_{1 \leq i \leq 7} \{\mu_{ij}\} = \max\{0.8805,\ 1,\ 0.75,\ 0.5586\} = 1$$

所以，在县外市内就业是农村劳动力的最满意选择。4 种方案的优劣排序为：县外市内就业 A_2，本县内就业 A_1，市外省内就业 A_3，省外就业 A_4。

（2）如采取模糊悲观型迁移选择决策模型，可以看出：

$$\max_{1 \leq j \leq 4} \min_{1 \leq i \leq 7} \{\mu_{ij}\} = \max\{0.4414,\ 0.4439,\ 0.3688,\ 0.1195\} = 0.4439$$

所以，在县外市内就业仍是农村劳动力的最满意选择，但本县内就业与县外市内就业的隶属度差距较小,仅为0.0025。类似的,可得到4种方案的优劣排序:县外市内就业A_2,本县内就业A_1,市外省内就业A_3,省外就业A_4。

(3) 如采取模糊折中型迁移选择决策模型,令$\theta = 0.5$,则有:

$$\mu_{\cdot 1^*} = 0.5 \times \max_{1 \leq i \leq 7} \{0.4694, 0.8805, 0.5015, 0.5906, 0.4414, 0.6312, 0.50\} + (1 - 0.5) \times \min_{1 \leq i \leq 7} \{0.4694, 0.8805, 0.5015, 0.5906, 0.4414, 0.6312, 0.50\} = 0.6610$$

同理,$\mu_{\cdot 2^*} = 0.7220$,$\mu_{\cdot 3^*} = 0.5594$,$\mu_{\cdot 4^*} = 0.3391$,所以仍是县外市内就业给农村劳动力带来的满足最大。

三 有偏好信息模糊多目标农村劳动力迁移选择决策应用分析

目标值所构成的决策矩阵为F:

$$F = \begin{matrix} f_1 \\ f_2 \\ f_3 \\ f_4 \\ f_5 \\ f_6 \\ f_7 \end{matrix} \begin{bmatrix} A_1 & A_2 & A_3 & A_4 \\ 0.4583 & 0.4936 & 0.4812 & 0.5181 \\ 53.7080 & 234.5192 & 244.2857 & 395.5800 \\ 9.6106 & 10.0819 & 10.1081 & 9.1721 \\ 0.1633 & 0.1817 & 0.2356 & 0.2121 \\ 5.2097 & 5.2388 & 5.8091 & 6.5922 \\ 7.0214 & 5.4368 & 4.1017 & 4.9583 \\ 较难 & 较易 & 一般 & 很难 \end{bmatrix}$$

其对应的目标相对优属度矩阵为μ:

$$\mu = \begin{matrix} f_1 \\ f_2 \\ f_3 \\ f_4 \\ f_5 \\ f_6 \\ f_7 \end{matrix} \begin{bmatrix} A_1 & A_2 & A_3 & A_4 \\ 0.4694 & 0.5055 & 0.4928 & 0.5306 \\ 0.8805 & 0.4780 & 0.4563 & 0.1195 \\ 0.5015 & 0.4771 & 0.4757 & 0.5243 \\ 0.5906 & 0.5445 & 0.4094 & 0.4683 \\ 0.4414 & 0.4439 & 0.4922 & 0.5586 \\ 0.6312 & 0.4888 & 0.3688 & 0.4458 \\ 0.50 & 1.00 & 0.75 & 0.25 \end{bmatrix}$$

在决策过程中,假设指标f_1对应的权重为0.3,指标f_2对应的权重为 0.10，指标 f_4 对应的权重为 0.15，指标 f_7 对应的权重为 0.2。其余指标的权重未知。

利用公式 $d = 1 - \sum_{i=p+1}^{m} \omega_i^*$，得知 $d = 0.25$。

那么，指标 f_3 对应的权重为 $\overline{\omega}_3 = d \dfrac{\sum_{j=1}^{n} \mu_{3j}}{(\sum_{i=1}^{p} \sum_{j=1}^{n} \mu_{ij})} = 0.0846$；

指标 f_5 对应的权重为 $\overline{\omega}_5 = d \dfrac{\sum_{j=1}^{n} \mu_{5j}}{(\sum_{i=1}^{p} \sum_{j=1}^{n} \mu_{ij})} = 0.0828$；

指标 f_6 对应的权重为 $\overline{\omega}_6 = d \dfrac{\sum_{j=1}^{n} \mu_{6j}}{(\sum_{i=1}^{p} \sum_{j=1}^{n} \mu_{ij})} = 0.0827$。

最终，利用 $\rho_j(\overline{\omega}) = \sum_{i=1}^{m} \omega_i \mu_{ij}$，得到各方案的相对优属度线性加权综合评价值为：$\{0.5486, 0.5986, 0.5163, 0.4188\}$，所以，在此条件下，农村劳动力就业地点的选择最满意的仍是县外市内，即短距离的外出务工。

由上述分析可见，在有限理性约束下以及在各种不确定因素影响下，信息无偏和信息有偏情况下，农村劳动力都将县外市内就业作为最满意的选择，尽管本市就业的机会概率、工资水平相对于外省较低，但只要能够在本地找到工资收入达到其"满意"水平，一般不会选择外地收入水平较高的工作。由此也可以看出，农村劳动力的迁移行为选择具有明显的折中特征，风险偏好和风险规避的特征都不明显。

当然，由于本次调查样本是已经发生迁移行为的劳动力，且样本数量较少（412 份），只能在一定程度上反映农村劳动力迁移选择行为的特征。但通过模型实证分析可以说明，在农村劳动力迁移选择过程中，工资收入水平的高低仅仅是一个影响因素，还有很多非经济因素制约着农村劳动力的迁移选择，也正是这些非经济因素融入到迁移选择过程中，农村劳动力迁移选择行为才表现出有限理性。

第五节 本章小结

受劳动力自身局限以及外部环境的不确定性影响，当面对多种选择时，农村劳动力所做出的迁移选择是对各种备选方案属性的模糊性认识下的一种有限理性选择。

为了更为贴切地模拟农村劳动力迁移选择行为的有限理性，本书利用多属性决策理论的相关工具构建了模糊多目标农村劳动力迁移选择决策模型。按照劳动力对方案属性信息的掌握程度，分为信息无偏和信息有偏两种情况。在信息无偏条件下，根据劳动力对风险的偏好程度，分别构建了模糊乐观型、模糊悲观型、模糊折中型多目标农村劳动力迁移选择决策模型；在信息有偏条件下，以方案属性的权重代表信息偏好程度，利用隶属度线性加权规划法构建了模糊多目标农村劳动力迁移选择决策模型。

与此同时，本书利用问卷调查数据建立相关指标对理论模型进行了应用研究。研究结果表明，受不同禀赋因素的影响，调查中的农村劳动力均以县外市内作为最优迁移选择，而现实迁移选择中，多数农村劳动力选择本县内迁移。农村劳动力的现实迁移行为与理想化迁移选择决策仍存在差距。这进一步说明，在有限理性约束下，面临多种迁移选择，大多数农村劳动力既不是风险偏好者，也不是风险规避者，其迁移选择具有明显的折中态度。

第四章 中国农村劳动力迁移行为及其禀赋竞争力的宏观态势

随着改革开放的逐步深入，农村劳动力迁移规模、速度进一步加快，迁移流量、流向均呈现出多元化特征。本书利用2006年全国第二次农业普查数据以及2013年农民工监测报告中相关数据[①]对全国及各地区农村劳动力迁移行为特征进行分析，总结农村劳动力迁移行为的规律性。同时，依据劳动力禀赋的定义，建立了劳动力禀赋竞争力指标体系，利用层次分析法（AHP）对全国31个省（市、区）农村劳动力禀赋竞争力进行了科学评价，以期从宏观上把握全国及各地区农村劳动力迁移行为与其禀赋竞争力的内在关系。

第一节 中国农村劳动力迁移行为及其禀赋特征

一 农村迁移劳动力的能力禀赋：数量、结构与质量

（1）历年中国农村迁移劳动力的数量变动：迁移总量逐年增加

---

① 为了全面、及时、准确地反映农民工数量、流向、结构、就业、收支、居住、社会保障等情况，国家统计局于2008年底建立了农民工统计监测调查制度，对全国31个省（区、市）、6.8万个农村住户和7100多个行政村的农民工务工情况进行监测调查。本章2009年有关农村劳动力迁移数据主要来源于2009农民工监测调查报告。其中，2009年农民工监测调查报告中对全国三大地带的划分与2006年全国第二次农业普查稍有不同。2009年调查报告中三大地带的划分为：东部地区：北京、天津、河北、辽宁、上海、江苏、浙江、福建、山东、广东、海南11省（市）；中部地区：山西、吉林、黑龙江、安徽、江西、河南、湖北、湖南8省；西部地区：内蒙古、广西、重庆、四川、贵州、云南、西藏、陕西、甘肃、青海、宁夏、新疆12省（市、区）。

人口迁移自古就有，受不同时期宏观政策的约束，人口迁移行为表现出很大的不同。20世纪80年代，随着人民公社制的解体和农村家庭联产承包责任制的实施，使得农业"蓄水池"的作用急剧削弱，几十年沉淀在农业部门的大量富余劳动力开始显性化，被当时异军突起的乡镇企业迅速吸收，形成了"离土不离乡、进厂不进城"的就地转移模式。受原有体制的束缚，乡镇企业对农业富余劳动力的吸纳效应严重滞后，且日益明显，已不能满足过剩农村劳动力的就业需求和收入预期。农业生产比较利益差异更进一步激化了农民外出的动机，这种比较利益差异以及获得较高收入的愿望成为农村劳动力外出的"推力"。改革开放为农村富余劳动力转移创造了经济条件，尤其是1992年邓小平同志南方谈话后，中国东部沿海地区加快了改革和发展的步伐，特区经济吸引了大量的海内外投资，经济增长迅速。这种快速的经济增长不但创造了大量的就业机会，同时也进一步拉大了城乡间、地区间的收入差距，成为吸引农村富余劳动力的"拉力"。改革开放初期的农村劳动力迁移就是在"城乡推力—拉力"和"区域推力—拉力"的综合作用下形成的，表现出很强的经济动机。

随着改革开放的深入以及户籍制度的松动，尤其是进入90年代，东部地区特别是沿海城市的开放政策和优惠政策，吸引了大量劳动密集型企业，创造了大量的非农就业机会，中西部地区农村劳动力大量涌入东部，形成了"民工潮"。人口普查和抽样调查数据显示，1982～1987年，全国人口迁移总量为3053万人，其中跨省迁移人口632万人；1985～1990年，总迁移人口3413万人；1995～2000年，总迁移人口为1.44亿人；2000～2005年，总迁移人口达到1.47亿人；目前全国流动人口的总体规模在1.5亿左右。[①] 由此可以看出，我国人口迁移进入了一个新的活跃期并逐渐呈现高度活跃的态势。

从各地区农村劳动力迁移总量看，据全国第二次农业普查数据统

[①] 林玲、彭连清：《我国东、中、西三地区人口迁移特征分析》，《北方经济》2008年第6期。

计,2006 年全国农村按户籍统计的农村迁移劳动力共计 13181 万人①,占普查登记农村户籍劳动力资源总量的比例为 21.66%。据国家统计局调查结果推算,2009 年全国农民工总量为 22978 万人,比 2008 年增长 1.9%。其中外出总量 14533 万人(不包含本地迁移),比 2008 年增加 492 万人,增长 3.5%。从总量来看,全国农村劳动力迁移总量是逐年增加的。

就各地区而言,从迁移的绝对量看,2006 年四川、河南、安徽、湖南 4 地的农村户籍外出劳动力都已达到 1000 万人以上,以四川为最,农村外出劳动力总量为 1286.60 万人;江苏、湖北、山东、广东、广西、江西等地农村外出劳动力规模集中在 648.57 万~967.53 万人;重庆、河北、贵州、陕西、福建、浙江 6 地农村外出劳动力规模集中在 399.48 万~456.99 万人;云南、甘肃、辽宁、山西 4 地农村外出劳动力规模集中在 194.57 万~266.19 万人;黑龙江、吉林、内蒙古农村外出劳动力规模集中在 75.41 万~95.72 万人;青海、宁夏、北京、新疆、上海、海南、天津、西藏等地农村外出劳动力规模都在 54 万人以下。

表 4-1　2006 年全国农村按户籍统计的农村迁移劳动力规模

类别	地区	规模(万人)
第一类	四川、河南、安徽、湖南	1001.26~1286.60
第二类	江苏、湖北、山东、广东、广西、江西	648.57~967.53
第三类	重庆、河北、贵州、陕西、福建、浙江	399.48~456.99
第四类	云南、甘肃、辽宁、山西	194.57~266.19
第五类	黑龙江、吉林、内蒙古	75.41~95.72
第六类	青海、宁夏、北京、新疆、上海、海南、天津、西藏	14.03~53.75

从迁移的相对量看,安徽、江西、重庆、四川、湖北、湖南 6 地农村

---

① 指农村住户户籍从业人员中,2006 年到本乡镇行政管辖区域以外从业 1 个月及以上的人员。

外出劳动力占户籍劳动力资源的比例最高，主要集中在29.01%~33.36%之间；江苏、广西、福建、青海4地农村外出劳动力占户籍劳动力资源的比例集中在24.19%~27.69%之间；广东、贵州、陕西、宁夏、河南、北京、浙江、甘肃、上海9地农村外出劳动力占户籍劳动力资源的比例集中在17.11%~20.40%之间；山东、辽宁、山西、河北、云南、海南6地的农村外出劳动力占户籍劳动力资源的比例集中在10.19%~14.58%之间；西藏、吉林、黑龙江、内蒙古、天津和新疆等地农村外出劳动力占户籍劳动力资源的比例集中在6.60%~9.68%之间。安徽、江西、重庆、四川、湖北、湖南、广西是主要的农村劳动力迁出地区，新疆、西藏、海南、天津等地农村劳动力迁出规模和迁出率都比较低。

（2）农村迁移劳动力结构特征：青年劳动力成为迁移的主体

据2006年全国第二次农业普查统计，全国按户籍外出农村劳动力就业人员约有1.32亿人，其中男性劳动力为8438.05万人，女性劳动力为4747.31万人，所占比例分别为63.98%和36.02%。2013年全国农民工监测报告统计，全国农民工总量为2.69亿人，较去年增长2.4%。

从年龄结构看，2006年，全国按户籍外出农村劳动力就业人员中年龄在20岁以下的所占比例为16.16%，年龄在21~30岁之间的所占比例为36.47%，年龄在31~40岁之间的所占比例为29.49%，年龄在41~50岁之间的所占比例为12.76%，年龄在51~60岁之间的所占比例为4.42%，年龄在60岁以上的所占比例为12.76%。2013年全国农民工监测报告统计，"80后""90后"新生代农民工占农民工总量的46.6%。综合来看，全国外出就业的农村劳动力以青壮年为主。

就各地区农村外出就业劳动力的年龄构成看，30岁以下的"80后"青年劳动力占外出就业人员总数比例最高的地区主要集中在海南、广西、云南、西藏、贵州、广东6个省份，所占比例在62.48%~70.87%之间，上海、江苏、浙江、重庆、天津5地所占比例最低，在36.84%~40.60%之间。除重庆外，其他几个地区都属于东部地区。可见，各地区农村外出劳动力的年龄构成差距比较明显，但主体为青壮年劳动力。从四大地带看，东部、东北部、中部、西部地区之间农村外出劳动力的年龄构成没有表现出明显差异。

（3）农村迁移劳动力质量：受教育水平明显提升，但劳动技能欠缺

从受教育水平构成看，2006年，农村外出劳动力受教育水平以初中为主，所占比例为70.06%，小学及以下者所占比例为19.95%，高中水平者所占比例为8.72%，大专及以上者所占比例为1.27%。2013年，在外出农村劳动力中，初中以下文化程度者仅占6.1%，初中者占60.6%，高中者占20.5%，大专及以上文化程度者占12.8%。分地区来看，2006年，高中及以上受教育水平者占地区农村外出劳动力总量比例最高的是北京和上海，分别为44.95%和33.07%，比例最低的为西藏和贵州，分别为1.06%和4.05%。从四大地带看，东部、东北部、中部、西部农村外出劳动力整体受教育水平表现出逐级递减的趋势。

从技能培训的情况看，2013年监测数据显示，32.7%的农村外出劳动力接受过技能培训，较上年提高了1.9个百分点，但大多数没有接受过任何形式的培训。农村外出劳动力受教育水平有了明显改善，尤其是高中及以上受教育水平的劳动力占外出劳动力总数的比例有了一定提高，但外出劳动力的技能素养仍然较低。

二 农村迁移劳动力的资本禀赋：就业特征与权益保障

（1）就业结构：以第二、第三产业为主

就全国而言，2006年农村外出劳动力主要分布在第二和第三产业，三产就业结构为2.74∶56.77∶40.49。从各地区来看，除新疆外，其他地区农村外出劳动力的就业结构比较类似，外出劳动力的就业结构与区域产业结构布局有着密切的关系。新疆是粮棉种植大省，农村外出就业人员主要流向第一产业和第三产业，其三产就业结构为47.50∶9.63∶42.87。从四大地带农村外出劳动力就业结构看，仍以第二和第三产业为主，东北地区第一产业和第三产业就业结构稍高于东、中、西三大地带，第二产业就业结构略低于东、中、西三大地带。

（2）行业分布：制造业和建筑业、服务业具有较强吸纳优势

2006年，全国按户籍统计的农村外出劳动力主要集中在制造业、

建筑业，所占比例分别为32.23%和21.74%，居民服务及其他服务业和其他行业所占比例分别为12.61%和14.03%，交通运输、仓储和邮政业占3.72%，批发零售业占5.28%，住宿餐饮业占4.85%，农业内部转移占2.74%。2009年，农村外出劳动力中，从事制造业的所占比例最大，为39.1%，其次是建筑业，占17.3%，服务业占11.8%，住宿餐饮业和批发零售业各占7.8%，交通运输仓储邮政业占5.9%。从行业分布看，制造业、建筑业和服务业是农村外出劳动力的主要流向。

（3）就业形式：以受雇为主，自营为辅

从就业形式看，2013年，在农村外出劳动力中，83.5%的农民工为受雇就业，16.5%的农民工为自营就业。受雇就业农民工65%从事第二产业；自营就业农民工82.1%从事第三产业。

（4）从业时间：专职打工趋势增强，超时工作比重提高

从外出就业时间看，2006年全国外出半年以下的农村劳动力占外出总数的比例为16.17%，外出半年以上的劳动力所占比例为83.93%，农村劳动力外出就业时间较长，可以看出，农村外出劳动力专职务工的趋势增强。从各地区来看，外出半年以上农村劳动力占地区外出人员总数的比例最高的是上海、广东、广西、北京、重庆、四川、贵州等地区，所占比例都在90%以上。青海、新疆和宁夏3个地区所占比例较低，分别为38.93%、42.45%和43.49%。从四大地带看，东、中和西部外出半年以上的劳动力占地区劳动力比例较为接近，分别为84.58%、83.38%和85.26%，东北地区外出半年以上的劳动力占地区劳动力比例较低，为66.94%。2013年，农民工监测调查结果显示，外出农民工年从业时间平均为9.9个月，月从业时间平均为25.2天，日从业时间平均为8.8个小时。与上年相比，超时工作农民工所占比重有所上升。

（5）务工收入：收入水平小幅增长，收入的结构性差距明显

2013年，外出农民工人均月收入（不包括吃住）2609元，比上年增加319元，增长13.9%。从行业看，制造业人均月收入2537元，建筑业2965元，批发和零售业2432元，交通运输、仓储和邮政业

3133元，住宿和餐饮业2366元，居民服务、修理和其他服务业2297元。收入水平有所增加，但收入的结构性差异明显。

农民工人均月生活消费支出892元，比上年增加159元，增长21.7%，比收入增长幅度高7.8个百分点。其中，人均月居住支出453元，比上年增长27%。外出农民工中，租房居住（与人合租及独立租赁）的农民工占36.7%，比上年提高3.5个百分点，在单位宿舍居住的农民工所占比重比上年下降3.7个百分点。农民工务工所在城市规模越大，越依靠租房方式解决居住问题。

从雇主或单位得到免费住宿的农民工所占比重为46.9%，比上年下降2.6个百分点；从雇主或单位得到住房补贴的农民工所占比重为8.2%，比上年下降1个百分点。

(6) 权益保障：有一定改善，整体水平较低

据2013年农民工监测调查报告显示，外出农民工被拖欠工资的比重为0.8%，比上年上升0.3个百分点。目前农村外出劳动力拖欠工资的情况仍未能明显改善，一些行业拖欠农民工工资的现象仍然存在，主要集中在建筑业和制造业。

与雇主或单位签订了劳动合同的农民工比重为41.3%，比上年下降2.6个百分点。其中，签订无固定期限劳动合同的农民工比重下降了3.5个百分点，签订一年以下劳动合同的农民工比重与上年基本一致，签订一年以上劳动合同的农民工比重增加了1个百分点。

外出农民工参加社会保障比例继续上升。其中，参加养老保险的比重比上年提高1.4个百分点，参加工伤保险的比重提高4.5个百分点，参加医疗保险和失业保险的比重均提高0.7个百分点，参加生育保险的比重提高0.5个百分点。农村外出就业劳动力参加社会保险的水平总体较低，中、西部地区农村外出就业人员参保比例明显低于东部地区。从输入地看，不同地区的农村劳动力社会保障状况差异较大。中、西部地区的农村外出劳动力参保比例比较接近，但明显落后于东部地区。不同行业农村外出劳动力的社会保障水平差异较大，建筑业农村务工劳动力的社会保障状况需要重点关注。同时养老保险、医疗保险和失业保险的比例也显著低于其他行业。可见，现阶段我国

农村外出劳动力的权益保障还有待进一步加强,尤其要加强工伤风险较高的建筑业、制造业等行业农村劳动力的社会保障监管力度。

第二节 中国农村劳动力迁移的空间模式特征

一 历年农村劳动力城乡迁移与区域迁移特征

从空间分布来看,农村劳动力迁移主要表现为城乡迁移和区域迁移。

(1) 农村劳动力城乡迁移态势分析

城乡预期收入差距是农村劳动力城乡迁移的主要动因,城乡迁移成为中国农村劳动力迁移的主要模式之一。20世纪90年代以后,随着城市化的快速发展,农村劳动力城乡迁移的规模和强度都有所扩大。从农村迁入城镇的净迁移人口变动规模看,大体分为三个阶段(表4-2):

表4-2　　　　历年农村劳动力城乡迁移变动情况

年份	城镇总人口（万人）	农村迁入城镇人数（万人）	占城镇总人口的比例（%）	对城镇新增人口的贡献率（%）
1990	30195	346.90	1.15	52.96
1991	31203	706.35	2.26	70.07
1992	32175	669.33	2.08	68.86
1993	33173	696.20	2.10	69.76
1994	34169	677.54	1.98	68.03
1995	35174	689.62	1.96	68.62
1996	37304	1819.77	4.88	85.43
1997	39449	1811.50	4.59	84.45
1998	41608	1829.21	4.40	84.72
1999	43748	1820.87	4.16	85.09

续表

年份	城镇总人口（万人）	农村迁入城镇人数（万人）	占城镇总人口的比例（%）	对城镇新增人口的贡献率（%）
2000	45906	1826.39	3.98	84.63
2001	48064	1838.95	3.83	85.22
2002	50212	1837.99	3.66	85.57
2003	52376	1862.23	3.56	86.05
2004	54283	1599.55	2.95	83.88
2005	56212	1609.27	2.86	83.43
2006	57706	1197.20	2.07	80.13

资料来源：许抄军、罗能生：《中国的城市化与人口迁移——2000年以来的实证研究》，《统计研究》2008年第2期。

平稳过渡期（1990~1995年）：由农村迁往城镇的净迁入人口由1990年的346.90万人增加到1991年的706.35万人，1991~1995年基本稳定在687.81万人。农村净迁入人口占城镇总人口的比例基本保持在2%左右，对城镇新增人口的平均贡献率约为66%。

快速增长期（1996~2003年）：1996年以后，农村迁往城镇的净迁入人口规模迅速增加，由1995年的689.62万人增加到1996年的1819.77万人，迁移总人口增长了1.64倍，每年迁入城镇的农村净迁入人口平均为1830.86万人，占城镇总人口的比例由前一阶段的2%增加到4.13%，对城镇新增人口的平均贡献率达到85.15%。这一阶段是农村劳动力迁移最活跃的时期。

急剧变动期（2004年至今）：2004年以后，农村迁往城镇的净迁入人口规模开始减少，占城镇总人口的比例降至2.63%，对城镇新增人口的平均贡献率降至82.48%。

出现这种变动趋势的可能原因：一方面，人口再生产类型的转变致使劳动力资源总量和结构发生了变化。进入90年代以后，随着计划生育政策的稳步推行，我国人口生育水平逐步降低，已经低至更替水平以下，到2000年第五次人口普查时，普查登记的妇女总和生育率为 1.22①，考虑漏报、瞒报等因素后，重新估算的妇女总和生育率也只是在 1.8 左右。与出生率和死亡率的快速降低相伴而生的是人口年龄结构的转变，随着出生人口的减少和老年人口的增加，劳动年龄人口占总人口的比重将会减少，也会加剧劳动年龄人口的高龄化，这将直接影响到现阶段以及未来时期总人口中的劳动力资源总量的供给，也会对农村外出劳动力规模产生一定的影响。另一方面，21世纪初，东南沿海地区出现的"民工荒"也是造成农村净迁移人口迅速减少的另一个要因。有一点可以肯定，"民工荒"的出现在很大程度上并不是因为农村劳动力资源总量供给不足造成，其实质是因为农村外出劳动力低技能不能满足市场用工需求的"技工荒"。当然，"民工荒"的产生还会受到劳动力市场供求趋势、工资水平、用工制度的不完善等经济环境的影响，因而对第三阶段农村净迁入人口的迅速降低的解释性更强。

2008 年，由美国次贷危机引发的全球性金融危机，对我国农村劳动力迁移规模产生了很大的影响，出现了短暂的农民工"返乡潮"，但这种短暂性的"返乡潮"并没有从根本上影响农村劳动力继续迁移的愿望，危机过后，农村劳动力外出规模又有了一定的回升。诸多现象表明，只要存在着城乡收入差距以及可得性就业机会，就会有劳动力源源不断地从农村流向城镇。

（2）农村劳动力迁移的区域特征

农村劳动力迁移受迁移成本、迁移距离以及个人的社会网络关系的影响。就全国范围而言，受地区间经济发展不平衡的影响，农村外出劳动力主要从中、西部向东部迁移。

改革开放以来，人口迁移表现出明显的区域性特征（表 4-3）。从东、中、西三大地带人口迁移分布来看，三大地带基本以区域内迁移为主，东部地区省内迁移特征最为明显，呈逐年递增的趋势；中、西部地区区域内迁移的比例低于东部地区，东部地区表现出较强的内外部吸引力。同时，在跨省市人口迁移中，接壤省市的人口迁移所占

---

① 国家统计局：《2000 年中国人口普查资料》，中国统计出版社 2003 年版。

比例表现出逐年递减的态势。从人口迁移分布看，地区之间的距离和迁移成本对迁入地的选择都有重要影响。排除区域发展差距极化效应的影响，同等条件下，地域邻近省市的空间距离短，迁移成本相对较低，因此成为农村劳动力跨省（市）迁移的首要选择。

表4-3　　　　　　改革开放以来中国人口区域迁移　　　　单位：%

年份	东部地区内部	东部地区跨省迁入	中部地区内部	中部地区跨省迁入	西部地区内部	西部地区跨省迁入	接壤省市迁移
1982~1985	87.88	52.0	82.73	24.6	85.67	23.3	61.11
1985~1990	94.32	—	68.72	—	76.88	—	50.33
1990~1995	93.67	—	67.91	—	76.21	—	43.85
1995~2000	94.22	75	65.44	10.0	75.94	15.3	36.59
2000~2005	92.13	84.6	64.11	5.5	70.32	10.0	40.71

资料来源：李培：《中国城乡人口迁移的时空特征及其影响因素》，《经济学家》2009年第1期和林玲、彭连清：《我国东、中、西三地区人口迁移特征分析》，《北方经济》2008年第6期的相关数据。

据历次人口普查和人口抽样调查数据显示，改革开放以来的人口迁移中，我国农村迁移人口占迁出总人口的比例基本保持在60%以上，因此，表4-3中的人口迁移也能大致反映出农村劳动力的迁移情况。从三大地带跨省迁移来看，东部地区仍然是主要的人口迁入地。1982~1987年东部地区迁入人口占全国跨省迁移人口总数的52.0%，并且一直呈快速上升态势，到2000~2005年达到84.6%；中部地区1982~1987年迁入人口占全国跨省迁移人口总数的比例为24.6%，此后一直呈下降趋势，到2000~2005年更达到5.5%；西部地区迁入人口占全国跨省流动人口的比例也很低，1982~1987年为23.3%，2000~2005年降至10%。从历年人口迁移流向看，自1987年以后，中、西部地区跨省迁移人口主要流入东部地区。

据2009年国家统计局对全国31个省（市、区）农民工监测调查报告统计，当前我国农村劳动力迁移模式有了一些新变化。

从输出地看，2009年东部地区农村外出劳动力总量为10017万人，与2008年相比增长3.1%，东部地区农村外出劳动力占全国农村外出劳动力总量的比例为43.6%；中部地区农村外出劳动力为7146万人，同比增长0.9%，占全国农村外出劳动力总量的比例为31.1%；西部地区农村外出劳动力为5815万人，同比增长1.2%，占全国农村外出劳动力总量的比例为25.3%。东部地区较中、西部地区农村劳动力迁移总量要高。

从输入地看，2009年在东部地区务工的农村劳动力为9076万人，比2008年减少888万人，下降8.9%，占全国农村外出劳动力总数的62.5%，比上年降低8.5%；在中部地区务工的农村劳动力为2477万人，比上年增加618万人，增长33.2%，占全国农村外出劳动力总数的17%，比上年提高3.8%；在西部地区务工的农村外出劳动力为2940万人，比上年增加775万人，增长35.8%，占全国农村外出劳动力总数的20.2%，比上年提高4.8%。调查表明，在东部地区务工的农村劳动力相对减少，农村外出劳动力开始由东部向中、西部地区转移。

从跨省迁移看，在省外务工的农村劳动力为7441万人，比上年减少43万人，减少0.6%，占全国农村外出劳动力的比例为51.2%；在省内务工的农村劳动力为7092万人，比上年增加535万人，增长8.2%，占全国农村外出务工劳动力的比例为48.8%。在省内务工的比例比2008年上升2.1个百分点，占全国外出务工的比例为48.8%，主要是省内就近转移的劳动力数量增加。分地区看，东部地区仍以省内务工为主，中、西部地区大多数在省外务工，但中、西部地区在省内就近务工的比例有所增加。

从就业地点看，2009年外出的农村劳动力中，在直辖市务工的所占比例为9.1%，在省会城市务工的占19.8%，在地级市务工的占34.4%，在县级市务工的占18.5%，在建制镇务工的占13.8%，在其他地区务工的占4.4%。在地级以上大中城市务工的占63.3%，比上年略降0.3个百分点。农村外出劳动力主要选择地级以上大中城市作为迁入地。

二 全国各地区农村劳动力迁移模式分析

为了更清楚地了解我国农村劳动力迁移模式，本书利用 2006 年全国第二次农业普查相关数据对各地区农村劳动力迁移模式进行了描述性分析。

(1) 全国各地区按户籍所在地分农村劳动力迁移模式

从迁移模式来看，全国省内迁移劳动力占农村迁移劳动力总数的比例为 52.50%，省外迁移所占比例为 46.96%，其他形式（迁往港澳台地区和国外）的迁移所占比例为 0.53%。就全国范围而言，省内、省外农村劳动力迁移规模数量相差不多。

分地区来看，农村劳动力迁移表现出明显的非平衡性。就迁移模式而言，北京、天津、上海、浙江、广东 5 省（市）表现出极强的外部吸引力，由省外迁入 5 省（市）的农村劳动力占地区农村迁移劳动力总量的比例达到 79.31%，其中以上海居首，所占比例达到 95.01%。同时，江苏和福建也表现出较强的外部吸引力，外省迁入的农村劳动力占地区迁移劳动力总数的比例分别为 45.78% 和 50.52%。京津两地，以上海为中心，包含江、浙两省全境的泛长江三角洲地区以及广东全境的珠江三角洲地区，依然是省外农村劳动力迁移的强吸引中心。

从省内迁移来看，除上海、北京、广东、浙江、天津、福建、江苏等地外，其他地区均以省内迁移为主，尤其是黑龙江、吉林、四川、安徽、江西等地省内迁移农村劳动力占地区迁移人口的比例达到 90% 以上。

从四大地带来看，东部地区农村劳动迁移总量最多，主要以省外迁入为主。中、西、东北三大地带基本以省内迁移为主，外省迁入的农村劳动力比例相对较低。东部地区仍是吸纳农村迁移劳动力的重心。

(2) 全国各地区农村户籍外出劳动力迁移模式

就全国而言，农村劳动力省内和省外迁移的比例相差不多，均占 50% 左右，迁往港澳台地区和国外的农村劳动力所占比例较低，为 0.41%。

表 4-4 2006 年全国各地区按户籍所在地划分的农村劳动力迁移模式 单位：万人,%

	迁移总量	迁移人口占劳动力人口的比例	县内迁移	县外市内	市外省内	外省	其他
全国总计	3774.63	7.11	34.45	7.46	10.58	46.96	0.53
北京	162.61	41.64	10.88	4.37	0.13	84.53	0.09
天津	26.52	9.36	24.69	6.14	0.66	68.10	0.40
河北	95.81	2.60	57.01	15.75	6.25	20.16	0.82
山西	101.73	7.15	62.00	16.72	8.60	11.80	0.89
内蒙古	75.66	8.47	43.01	19.23	26.73	10.41	0.62
辽宁	159.28	10.41	55.43	13.81	9.54	20.84	0.37
吉林	50.57	5.39	66.80	14.74	10.31	7.54	0.60
黑龙江	71.94	6.67	60.79	15.07	17.45	6.10	0.58
上海	206.12	53.65	4.10	0.00	0.84	95.01	0.04
江苏	376.42	12.30	30.73	5.02	18.09	45.78	0.38
浙江	585.28	25.99	21.90	3.11	4.59	70.27	0.14
安徽	78.19	3.19	72.44	10.66	7.87	8.19	0.84
福建	203.88	14.53	34.79	5.52	8.77	50.52	0.40
江西	50.71	3.29	68.62	14.92	7.37	7.99	1.10
山东	186.50	3.84	56.84	10.65	16.95	14.81	0.75
河南	75.94	1.65	62.26	14.55	11.87	9.98	1.34
湖北	89.67	4.48	69.04	11.00	9.91	8.68	1.37
湖南	46.11	1.80	56.25	14.21	15.10	13.35	1.08
广东	667.62	20.66	7.44	1.34	12.33	78.66	0.22
广西	42.58	2.09	44.97	20.72	20.46	11.99	1.87
海南	6.92	2.45	51.60	9.11	13.63	23.90	1.76
重庆	34.20	3.14	60.72	24.98	1.23	12.22	0.86
四川	75.63	2.37	64.21	12.13	14.78	7.61	1.27
贵州	61.95	3.82	55.07	13.74	16.40	13.90	0.89
云南	81.96	3.80	52.69	12.77	16.63	15.67	2.24
西藏	3.56	2.56	56.94	12.71	8.22	19.45	2.68
陕西	68.94	4.16	46.19	15.54	18.68	18.79	0.80
甘肃	26.83	2.17	62.96	9.96	11.85	13.48	1.75
青海	9.53	4.69	53.87	12.32	15.29	16.15	2.38

续表

	迁移总量	迁移人口占劳动力人口的比例	县内迁移	县外市内	市外省内	外省	其他
宁夏	12.79	5.69	44.84	10.29	23.18	19.25	2.44
新疆	39.16	5.71	60.60	7.80	5.42	25.54	0.64
东部地区	2517.69	12.70	22.29	4.04	9.37	64.02	0.29
中部地区	442.34	3.03	65.48	13.65	9.84	9.94	1.10
西部地区	532.80	3.52	53.24	14.91	16.37	14.20	1.28
东北地区	281.79	7.94	58.84	14.30	11.70	14.69	0.47

注：2006年全国第二次农业普查中四大地带的划分分别为：东部地区包括北京、天津、河北、上海、江苏、浙江、福建、山东、广东、海南10省（市）；中部地区包括山西、安徽、江西、河南、湖北、湖南6省；西部地区包括内蒙古、广西、重庆、四川、贵州、云南、西藏、陕西、甘肃、青海、宁夏、新疆12省（市、区）；东北地区包括辽宁、黑龙江和吉林3省。

从各地区来看，广东、西藏、辽宁、新疆、青海等地的农村劳动力主要以省内迁移为主，所占比例在60%~82%之间。江西、贵州、广西、湖南、重庆、湖北、四川、天津、河南等地省内迁移所占比例较低。迁往港澳台地区和国外的农村劳动力数量较多的地区主要集中在吉林、福建、黑龙江、辽宁和浙江，其他地区迁往港澳台地区和国外的农村劳动力数量较少。从四大地带看，东部和东北部地区以省内迁移为主，港澳台地区和国外迁移的比例较高；中、西部地区以省外迁移为主，港澳台地区和国外迁移的比例较低。

从省内迁移来看，各地区农村劳动力乡外县内迁移所占比例较低，主要以县外市内、市外省内迁移为主。就县外市内迁移看，北京和西藏所占比例最高，分别为46.33%和45.0%；其次为辽宁、吉林、青海、山西、黑龙江、新疆、内蒙古、河北、河南、天津、福建等地；上海、贵州、江西、安徽、四川、广西、湖北、河南、湖南等地所占比例较低。

从市外省内迁移看，广东、上海、江苏、新疆、青海等地以市外省内迁移为主，所占比例较高，尤其是广东的市外省内迁移更为明显，所占比例达到65.38%，其他几个地区的比例在31%～41%之间；北京、天津、重庆、江西、贵州、安徽、广西、湖北等地市外省内迁移比例最低。

表4-5　　　　　全国各地区按外出地点划分农村
户籍外出就业人员所占比例　　　　单位:%

	乡外县内	县外（地）市内	市外省内	外省	港澳台	国外
全国总计	19.18	13.76	17.65	49.01	0.09	0.32
北京	0.20	46.33	0.13	1.01	0.01	0.04
天津	0.11	23.84	0.61	11.35	0.02	0.45
河北	1.16	24.22	12.13	30.07	0.05	0.10
山西	0.70	25.68	17.39	9.75	0.01	0.00
内蒙古	0.16	24.97	18.00	29.11	0.08	0.13
辽宁	0.47	34.52	26.29	7.28	0.06	1.32
吉林	0.16	30.73	18.19	21.83	0.19	3.82
黑龙江	0.15	25.63	25.18	26.82	0.10	2.02
上海	0.14	0.26	40.81	1.52	0.04	0.72
江苏	1.79	14.85	35.68	24.38	0.08	0.61
浙江	1.30	19.13	18.24	18.14	0.10	1.07
安徽	0.79	6.86	6.08	77.65	0.03	0.07
福建	0.73	21.63	25.77	24.57	0.67	3.20
江西	0.59	5.86	4.11	77.84	0.05	0.05
山东	2.19	19.08	25.89	16.69	0.08	0.25
河南	1.43	12.38	12.19	58.78	0.09	0.09
湖北	0.59	9.78	11.46	69.07	0.06	0.05
湖南	0.95	10.14	8.32	68.90	0.12	0.07
广东	1.01	15.19	65.38	0.82	0.15	0.12
广西	0.39	8.91	8.23	75.13	0.05	0.03
海南	0.06	24.13	31.72	18.23	0.32	0.17
重庆	0.44	18.69	0.90	67.59	0.04	0.03
四川	1.37	8.17	13.45	64.19	0.06	0.08
贵州	0.26	4.70	5.96	81.58	0.05	0.02

续表

	乡外县内	县外（地）市内	市外省内	外省	港澳台	国外
云南	0.48	19.07	26.30	29.97	0.09	0.71
西藏	0.03	45.00	26.16	0.36	0.03	0.14
陕西	0.75	19.72	18.48	37.99	0.09	0.07
甘肃	0.38	13.45	19.43	47.06	0.08	0.03
青海	0.09	28.57	31.12	17.36	0.05	0.03
宁夏	0.17	15.36	23.73	17.12	0.05	0.02
新疆	0.12	25.51	34.68	2.15	0.09	0.40
东部地区	8.70	18.42	33.10	17.81	0.15	0.69
中部地区	5.05	9.91	9.03	67.40	0.07	0.07
西部地区	4.65	12.34	12.79	59.51	0.06	0.10
东北地区	0.78	31.45	24.22	15.40	0.10	2.05

从全国以及各地区农村劳动力迁移模式来看，东部地区对省外劳动力的吸引力仍然较强，中、西部地区相对而言吸引力较弱，尤其是省外迁入的规模较少。四川、河南、安徽、湖南4地为典型的农村劳动力迁出大省，北京、天津、上海、浙江、广东5省（市）为典型的农村劳动力迁入地。

在不同经济动因的驱动下，劳动力由不同地区的农村涌向不同地区的城镇（市），或是由不同地区的农业流向不同地区的非农行业，不断地迁移、回流，再迁移、再回流……我国农村劳动力跨地区迁移形式如此多样，除了受劳动力禀赋水平制约外，是否有更深层次的因素影响着农村劳动力的跨地区迁移？随着农村劳动力迁移主体的年轻化，这种大规模的、形式多样的迁移流动，又将会给迁出地和迁入地带来怎样的影响？这些都是值得我们深入研究的问题。

在此，笔者将利用相关数据，构建区域农村劳动力禀赋竞争力指标体系，对各地区农村劳动力禀赋竞争力进行客观评价，从宏观上把握农村劳动力跨地区迁移行为与区域农村劳动力禀赋竞争力的内在关系，以期对第一个问题做出解释。

第三节 农村劳动力禀赋竞争力及其评价体系的构建

一 劳动力禀赋竞争力的内涵

劳动力禀赋既可作为个体概念也可作为群体概念,如果从一个国家或地区来看,劳动力禀赋就是一个总量的概念。如果劳动力个体与个体之间、群体与群体之间进行比较的话,就会产生劳动力禀赋优势。劳动力禀赋优势是指劳动力在竞争过程中表现出来的独有的通过能力禀赋、资本禀赋和资源禀赋体现出来的差异。这种禀赋优势只是相对于其他的个体或群体而言,只有在个体与个体之间、群体与群体之间的相互比较、相互竞争中才能体现出来。

按《现代汉语词典》的解释,竞争是指"双方或多方之间,为了各自的利益,通过自身力量的相互较量来争夺胜利"。竞争力是一个相对的概念,指"参与竞争的能力",就其本质而言是竞争主体在竞争过程中所表现出来的能力差距。区域人力资源竞争力是指一个区域在其所从属的大区域中对人力资源要素的优化配置能力,也就是区域在大区域中对人力资源要素的吸引力和市场争夺力。[1] 陈明立教授在界定区域人口竞争力时指出,"人口竞争力是指一定时间内,一个国家或地区的人口状况在国际或国内社会经济活动中所处的地位并与其他国家或地区人口发展随竞争变化中所表现出来的生存与可持续发展的能力,其状况的好坏、地位的高低和能力的强弱,通过人口数量、人口质量、人口结构、人口分布与流动,以及人口与资源环境的关系等一系列要素及其相互之间的有机联系表现出来"[2]。可以说,对人口竞争力概念的表述不仅体现了人口自身的能力,也涵盖了人口与社会

---

[1] 陆晓芳、王川等:《人才要素区域竞争力评价模型》,《吉林大学学报(工学版)》2003年第3期。

[2] 陈明立、谭远发:《我国东中西部三大区域人口竞争力实证比较研究》,《经济学家》2007年第2期。

经济发展的可持续能力。

参照人口竞争力的解释，笔者对劳动力禀赋竞争力进行界定："劳动力在参与市场竞争的过程中所表现的差异性能力，并通过劳动力禀赋构成所体现，综合表现为劳动力的禀赋优势或劣势。"

社会系统是一个包括政治文化因素、社会经济因素、自然地理因素和资源环境因素的复杂系统，劳动者为了生存、发展就必须使自己的行为不断地适应外界环境的变化。这从客观上要求劳动者应具有对自身所拥有的各种禀赋资源，如教育、技能、职业等有效配置、整合，形成有机整体，以适应外部环境的变化，进而得到获取最大生存和发展的能力。

劳动力禀赋竞争力还可以进一步理解为，"劳动力在为生存、发展创造最大机会的内在动力驱动下，在资源有限、竞争对手众多、机会有限的条件下，通过竞争，寻找有利的契机，不断地对自身禀赋要素进行优化配置，从而获取更多发展空间的能力"。

对于区域而言，区域劳动力禀赋竞争力是指区域对其内部劳动力资源禀赋进行整合优化的能力，体现为劳动力资源禀赋的相对优势。它既可以表现为对区域内部劳动力资源禀赋水平的提升，也包含了区域对外部劳动力资源的吸引。

由此可以看出，劳动力禀赋竞争力既不同于综合竞争力，也不同于经济竞争力，同时也有别于人口竞争力，它是一个较人口竞争力含义更具体的概念。劳动力禀赋竞争力的差异，既源于劳动者参与竞争时所具有的禀赋异质性，同时也受外部劳动力市场供求状况、宏观政治经济体制等制度环境的影响。禀赋优势强的劳动力在市场竞争中所获得的相关用工信息、环境适应能力、社会交往能力等方面更具有优势，这些禀赋优势最终决定了农村迁移劳动力实现稳定就业的能力。

基于上述对竞争力概念的理解以及对劳动力禀赋竞争力的分析，本书对劳动力禀赋优势的概念界定如下：

劳动力禀赋优势是劳动者通过自身拥有的一系列独特的能力禀赋、资本禀赋和资源禀赋，在参与劳动力市场竞争过程中表现出来的支撑劳动者持久生存与发展的能力。它囊括了两层含义；第一，劳动力的禀赋优势体现为参与市场竞争过程中所拥有的独特的优势性竞争能力，即劳动者具备的禀赋优势资源能够占据更大的生存发展空间；第二，能力禀赋、资本禀赋、资源禀赋具有持续的增值空间，以支撑劳动力参与市场竞争的过程中始终保持竞争优势。因此，取别人之长补己之短，保持劳动力禀赋优势的可持续性是提升其禀赋竞争力的关键。

二 劳动力禀赋竞争力的基本特征

劳动力禀赋竞争力作为一种生存和发展的能力，受劳动力个体拥有禀赋水平的不同而表现出很大的差异性，由劳动力禀赋的异质性表现出来的禀赋优势，决定了劳动力禀赋竞争力的强弱。同时，劳动力禀赋竞争力作为一种能力，它是一个动态的发展过程，并不拘泥于某一静止时点。作为一个整体概念来讲，劳动力禀赋竞争力体现了一个系统性问题，表征了一个国家或地区劳动力资源禀赋优势。通过上述分析，劳动力禀赋竞争力的特征如下：

（1）系统性

劳动力禀赋竞争力受社会、经济、文化、制度因素的影响，不同的地区劳动力禀赋受到区域内社会结构、经济结构、地区经济水平和文化习俗的影响。区域劳动力禀赋对地区经济结构、产业结构有着重要的影响，这些禀赋要素体现在竞争中则表现为区域人力资源、社会经济结构、产业结构、就业结构、城乡结构的发展优势，以及区域对劳动力资源优化配置的比较优势。可以说，劳动力禀赋竞争力不仅体现了"人的能力"的竞争，也体现了区域间社会经济发展的相关程度。

（2）动态性

劳动力禀赋竞争力会随着内外部环境的变化而变化，如通过教育培训能够增强劳动力的能力禀赋，受劳动力市场和经济环境影响，劳动力的资本、资源禀赋又会随之改变。特别是宏观经济环境和社会环境，以及科学技术的应用程度，都直接影响劳动力禀赋水平，进而直接影响劳动力参与市场竞争的能力。

（3）相对性

劳动力禀赋竞争力是一个相对的概念，是劳动力个体以及劳动力群体之间进行比较测度的相对指标。针对劳动力禀赋优势而言，劳动者参与社会生产的过程就是参与竞争的过程，禀赋优势的强与弱体现在竞争中则表现为优胜劣汰。只有从相对概念的角度出发，研究劳动力禀赋才具有现实意义。

三 劳动力禀赋竞争力指标体系的构建

（1）劳动力禀赋竞争力的框架体系

劳动力禀赋竞争力指标体系构建应从竞争力的表现形式、形成方式、决定因素与动态特征等方面进行。劳动力在特定的市场竞争中，必须努力寻找与建立相对有利的竞争地位，谋取竞争优势，才能在竞争中取得胜利。因此，劳动力禀赋竞争力主要体现为能力禀赋、资本禀赋和资源禀赋综合能力的竞争，并取决于这三种禀赋要素的组合和优化。具体的构建路径可参见图4-1。

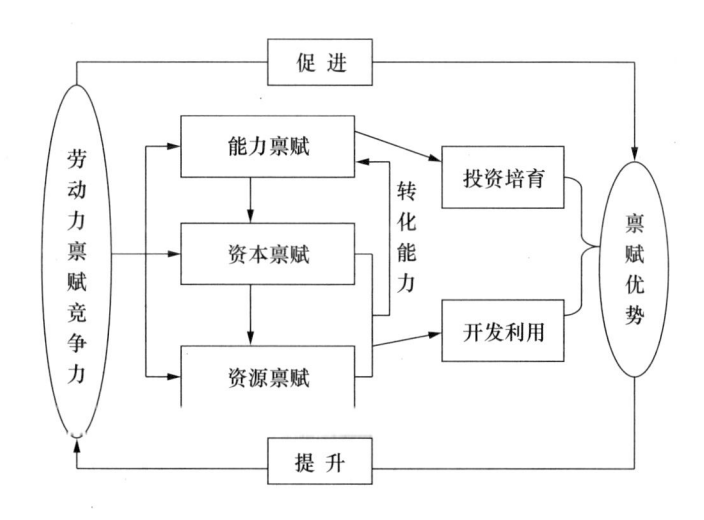

图4-1 劳动力禀赋竞争力结构图

从图4-1中可见，农村劳动力禀赋竞争力共由三个依次相关却不可相互替代的要素构成。它的外层是劳动力禀赋竞争力的外显特征——禀赋优势，这直接体现了劳动力禀赋竞争力的比较优势，中心层是劳动力禀赋优势实现方式，里层是竞争资源要素与能力，这是劳动力禀赋竞争力的主体结构。同时，一些外部环境对劳动力禀赋竞争力也有着一定的影响。劳动力禀赋优势能够提升其竞争能力，继而竞争力的提升又会进一步促进劳动力禀赋的优化组合。这也说明，劳动力禀赋竞争力既是一个相互依存的整体，又要着重突出某一个优势特征，才能保持竞争力的长久性。

（2）劳动力禀赋竞争力的指标体系的构建

农村劳动力禀赋竞争力评价指标有别于现有的人口竞争力以及国民素质竞争力的指标，由于目前统计年鉴中关于劳动力统计指标并不能直接反映劳动力禀赋构成，本书从竞争力评价角度出发，本着科学性、代表性、系统优化性和易操作性的原则，结合统计年鉴中现有的与劳动力禀赋相关的统计指标，建立劳动力禀赋竞争力评价体系。

根据指标选取原则，结合劳动力禀赋的定义，笔者认为，劳动力禀赋竞争力的指标体系由3个层次、3个大类和若干个具体指标组成，见表4-6。

表4-6 劳动力禀赋竞争力指标体系构建

A层	B层	C层
劳动力禀赋竞争力指标体系	能力禀赋	劳动力数量	劳动力资源总量
			经济活动人口总量
		劳动力资源结构	劳动力资源的年龄结构
		劳动力资源质量	劳动力资源的体能
			劳动力资源的文化素质
			劳动力资源的技能水平
	资本禀赋	经济资本	劳动力资源的货币收入
			社会经济结构
		社会资本	亲属关系
			社会关系网络
	资源禀赋	自然资源	土地资源享有量
			水资源享有量
			矿产资源享有量
			森林资源享有量

续表

A层	B层	C层
劳动力禀赋竞争力指标体系	资源禀赋	交通便利度
		文教卫生基础设施享有量
	社会环境资源	通信外向度
		住房资源占有量
		居住环境类型

①劳动力能力禀赋指标：数量、结构、质量

劳动力数量指标：一定规模的劳动力资源是劳动力禀赋竞争力形成的基础，不同的劳动力资源总量和增长速度直接影响社会经济活动人口的规模。国家或区域间竞争力不仅靠经济特征来体现，作为社会生产主体的劳动力资源也是关键因素之一，地区劳动资源的多少，直接决定地区产业结构、就业结构的布局以及经济发展程度。

劳动力资源结构指标：人口的自然结构包括人口性别结构、年龄结构，劳动力结构尤其是年龄结构对地区现在的经济发展以及未来的经济发展影响重大。随着我国老龄化进程的加快，农村老龄化日益严峻，人口老龄化不仅会导致劳动力人口内部高龄化，也会对社会经济发展产生不利影响，制约经济发展的后劲，都将对区域劳动力禀赋竞争力产生不利影响。

劳动力资源质量指标：人口质量，是反映人口内在质的规定性的范畴。它同人口数量相对应，它反映人口的另一个基本方面即质的规定性①，也可以称为人口素质。人口素质最根本的内容包括人口的身体素质、科学文化素质和思想道德素质三部分。当今各国、各地区间的竞争力，更多地表现为人口素质竞争力，素质的高低主要通过劳动力体能和技能两个方面来体现，这也是提升劳动力禀赋优势的核心力量。

②劳动力的资本禀赋：经济资本、社会资本

---

① 李竞能：《人口理论新编》，中国人口出版社2001年版，第98页。

地区间社会、经济、文化发展有着很大的差异，决定了区域内社会结构和经济结构的不同。劳动力参与社会经济活动主要表现为就业的行业、职业分布，并通过自己的劳动获得工资收入，成为维持和保持劳动力生存和发展的经济资本，这也最能体现劳动力禀赋水平高低的一个重要指标。不同地区间、城乡间、产业间的结构和工资水平有着很大的差别，为了获取更大的生存空间，劳动力还需靠流动、迁移来实现自己的目标。换言之，地区之间劳动力资本禀赋的差异可以通过区域社会结构、经济结构来体现。当然一些无形的社会关系和社会资本也是表征区域劳动力资本禀赋的重要指标，但这些资本禀赋很难量化。

③劳动力资源禀赋：人均自然资源占有量、人均社会环境资源享有量

人口作为社会经济活动中最活跃的因素，社会经济发展程度将会对人口发展产生重要影响。区域劳动力禀赋竞争力评价的最终目的是提高农村劳动力的禀赋水平，改善其生活质量和生存环境。不同地区有着不同的区位条件，形成了独特的自然地理风貌，决定了区域内资源禀赋丰裕度。不同的自然资源禀赋和区位条件对区域经济发展、产业结构产生重大影响，进而影响着区域内劳动力资源禀赋的不同。人均自然资源占有量和社会环境资源享有量是最能体现劳动力禀赋资源的指标。

第四节　中国省级区域农村劳动力禀赋竞争力的比较研究

鉴于劳动力禀赋竞争力的可量化特征，本书对全国31个省（市、区）级区域农村劳动力禀赋竞争力进行评价。

一　农村劳动力禀赋竞争力的评价方法

对竞争力评价的方法有很多，既有定性研究方法，也有定量研究方法。其中最常用的一种综合评价方法就是层次分析法。层次分析法

(AHP) 是由美国运筹学家 T. L. Saaty 教授于 20 世纪 70 年代提出的一种系统分析方法①,是一种新的将人的主观判断用数量形式表达和处理的定性分析与定量分析相结合的系统分析方法,简称 AHP (the Analytic Hierarchy Process) 法。层次分析法是把复杂问题分解成各个组成因素,然后根据对某一客观事物的判断,就每一层次的相对重要性做出定量表示,即构造"比较判断矩阵",通过两两比较的方式确定各个因素的相对重要性,以这个矩阵的最大特征值及其相应的特征向量,在通过一致性检验的前提下,确定每一层次中各元素的相对重要性次序的权重;通过对各层次的分析,进而导出对整个问题的分析,然后综合决策者的判断,确定决策方案相对重要性的总排序。运用层次分析法进行系统分析、设计、决策时,可分 4 个步骤进行:

(1) 分析系统中各因素之间的关系,建立系统的递阶层次结构。通过对问题的详尽分析,构造出一个层次清晰的结构模型。

(2) 对同一层次的各元素关于上一层中某一准则的重要性进行两两比较,构造两两比较的判断矩阵。

(3) 由判断矩阵计算被比较元素对于该准则的相对权重。

(4) 计算各层元素对系统目标的合成权重,并进行排序。

权重的计算方法有多种,包括算术平均法、几何平均法、特征根法和对数最小二乘法等,可根据不同的分析目的选取不同的计算方法。

二 中国省级区域农村劳动力禀赋竞争力评价指标体系构建

(1) 指标选取的说明

为了全面、科学地分析比较我国省级区域农村劳动力禀赋竞争力,本着科学性、可比性、系统优化性、可操作性以及彰显地区农村劳动力禀赋优势的原则,选取指标如下:

①能力禀赋指标:由于各地区行政区划面积和人口总量不同,直接用各地区农村劳动力资源数量为指标不能反映各地区劳动力资源的规

---

① Saaty, T. L., The Analytic Hierarchy Process: Planning, Priority Setting, Resource Allocation, New York: MC Graw – Hill, 1980.

模优势。因此，我们以各地区农村人口占全国农村人口的比重以及各地区农村从业人口占农村劳动力资源的比重作为区域劳动力数量指标。

人口自然结构应包括性别结构和年龄结构，本着指标简化的原则，年龄结构更能体现区域潜在的劳动力资源供给优势。一般而言，劳动力资源中低龄人口所占比例越大，表明该地区劳动力资源越具有活力，更能够转化为地区经济可持续性发展的动力。本书选取15~39岁劳动力数量占15~64岁劳动力总量的比重表示地区劳动力年龄结构。

质量指标一般用受教育程度表示农村劳动力素质。同时，本书引入农业技术人员占从业人员的比重作为衡量区域农村劳动力资源质量的指标。农业技术人员数量多，不仅代表农村地区劳动力资源的基础能力，同时也能反映农村劳动力资源的专业技能水平。

②资本禀赋指标：资本禀赋既包括农村劳动力经济资本，又包括反映社会经济结构特征的社会资本。因此，本书选取农民人均纯收入、地区人均GDP指标代表地区农村劳动力的经济资本。诸如表示农村劳动力个体的亲情关系、社会网络等虚拟资本很难进行量化，所以本书只选取了代表地区社会经济结构特征指标，如参加养老保险率、农村劳动力迁入率、城乡结构、农村第三产业就业结构等指标。

③资源禀赋指标：资源禀赋主要包括农村劳动力享有的自然资源和社会资源。以人均耕地面积表示农村劳动力享有的自然资源，人均耕地面积的多少既能反映出农村劳动力占有农业生产资料的多少，也能反映一个地区土地资源禀赋的丰裕度。人均住房面积能体现农村劳动力占有的社会资源空间，也能反映出农村劳动力的生活质量。社会资源主要包括农村劳动力享有的社会基础设施建设，本书用地区交通条件便利度、文教卫生基础设施建设表示。

在竞争力研究中还应包括一些软指标的选取，软指标具有时效性强但不易量化的特点。由于获得数据的局限性，本书未能将这些软指标纳入指标体系中。

（2）指标体系构建

竞争力是一个复杂的系统，要对其完全准确地描述是极其困难的。在上述指标选取的基础上，结合层次分析法（AHP）的原理，将指标分解为三个层次：目标层（A 层）、准则层（B 层）和指标层（C 层），然后结合指标选取原则，筛选出 18 项主要指标。目标层是指中国省级农村劳动力禀赋竞争力评价这一总目标，包括劳动力能力禀赋、资本禀赋、资源禀赋三大要素。准则层是这三大要素的进一步细化，这些指标的有机结合构成了农村劳动力禀赋竞争力评价指标体系和层次结构。

本书的指标值主要根据 2006 年全国第二次农业普查数据、2007 年《中国统计年鉴》数据整理计算而得。由于各指标测度值分别表示不同的含义，不能直接用于计算，需要进行无量纲化处理。根据各指标对农村劳动力禀赋竞争力强弱的影响方向把指标分别划分为正向和反向两类。把正向指标称为效益型指标，指标测度值越大越好；把反向指标称为成本型指标，指标测度值越小越好。本研究主要选用极值法对各指标数据进行标准化，将各个具体指标数值转化到 0~1 的范围内，具体计算过程略。按照农村劳动力的能力禀赋、资本禀赋以及资源禀赋三个方面选取相应的指标，建立农村劳动力禀赋竞争力指标评价体系。

按照上述计算权重的方法，我们对区域农村劳动力禀赋竞争力三个准则层和 18 个因子层的权重分别进行了计算，具体计算结果如下：

A→B 的特征值：0.649　0.279　0.072

CI = 0.032　RI = 0.580　CR = 0.055 < 0.1，通过一致性检验。

B1→C 的特征值：0.345　0.274　0.186　0.110　0.054　0.030

CI = 0.092　RI = 1.240　CR = 0.074 < 0.1，通过一致性检验。

B2→C 的特征值：0.437　0.255　0.160　0.081　0.043　0.024

CI = 0.118　RI = 1.24　CR = 0.095 < 0.1，通过一致性检验。

B3→C 的特征值：0.435　0.251　0.151　0.092　0.047　0.025

CI = 0.1　RI = 1.240　CR = 0.081 < 0.1，通过一致性检验。

从计算结果看，各层指标值都分别进行了一致性检验，说明利用 AHP 法对全国各地区农村劳动力禀赋竞争力的评价结果较为科学，结果见表 4-7。

表 4-7　　中国省级农村劳动力禀赋竞争力指标体系

目标层(A)	准则层（B）		因子层（C）	方向	权重1	权重2
中国省级区域农村劳动力禀赋竞争力评价	能力禀赋	劳动力数量	区域农村人口/全国农村总人口（%）	正向	0.030	0.050
			农村就业人口/农村劳动力资源总量（%）	正向	0.054	0.016
		劳动力资源结构	15~39岁劳动力数量/15~64岁劳动力总量（%）	正向	0.110	0.060
			劳动力/总劳动力资源（%）	正向	0.186	0.098
		劳动力资源质量	农村劳动力平均受教育年限（年）	正向	0.345	0.282
			农业技术人员/从业人员总量（%）	正向	0.274	0.163
	资本禀赋	经济资本	农村居民人均纯收入（元）	正向	0.437	0.102
			第一产业产值构成（%）	负向	0.255	0.061
		社会资本	农村参加养老保险人数比重（%）	正向	0.160	0.045
			农村劳动力迁入率（%）	正向	0.081	0.023
			城乡结构（%）	正向	0.043	0.012
			第三产业就业结构（%）	正向	0.024	0.007
	资源禀赋	自然资源	人均耕地面积（亩）	正向	0.251	0.021
		社会环境资源	人均住房面积（平方米）	正向	0.435	0.035
			距离车站码头3公里以内村的比例（%）	正向	0.151	0.013
			有卫生室村的比例（%）	正向	0.092	0.008
			有幼儿园、托儿所村的比例（%）	正向	0.047	0.004
			有体育健身场所村的比例（%）	正向	0.025	0.002

三　中国省级区域农村劳动力禀赋竞争力的比较分析

（1）全国省级区域农村劳动力禀赋竞争力评价与分类

按照上述指标权重，我们对各地区农村劳动力禀赋竞争力得分进行了计算，结果见表 4-8。

表 4-8　　　　中国各地区农村劳动力禀赋竞争力评价

	综合竞争力		能力禀赋竞争力		资本禀赋竞争力		资源禀赋竞争力	
	得分	排名	得分	排名	得分	排名	得分	排名
北京	0.79	2	0.84	1	0.74	2	0.50	4
天津	0.63	4	0.73	4	0.49	4	0.34	14
河北	0.44	12	0.45	16	0.18	10	0.34	16
山西	0.42	13	0.47	14	0.14	15	0.28	20
内蒙古	0.42	15	0.49	10	0.17	11	0.35	12
辽宁	0.46	9	0.49	9	0.25	9	0.36	9
吉林	0.42	14	0.48	11	0.17	13	0.34	15
黑龙江	0.47	8	0.56	6	0.17	12	0.46	5
上海	0.79	1	0.74	3	0.99	1	0.74	1
江苏	0.50	7	0.45	17	0.41	5	0.51	3
浙江	0.69	3	0.82	2	0.53	3	0.62	2
安徽	0.34	25	0.37	29	0.09	22	0.30	19
福建	0.51	5	0.59	5	0.29	7	0.43	6
江西	0.38	19	0.42	22	0.13	18	0.36	7
山东	0.45	10	0.45	18	0.28	8	0.35	10
河南	0.44	11	0.48	12	0.12	19	0.32	17
湖北	0.37	21	0.39	27	0.14	14	0.35	11
湖南	0.39	18	0.40	24	0.13	17	0.36	8
广东	0.50	6	0.51	8	0.36	6	0.26	24
广西	0.38	20	0.44	20	0.08	25	0.27	22
海南	0.39	17	0.47	13	0.13	16	0.19	27
重庆	0.30	29	0.32	31	0.10	21	0.34	13
四川	0.34	24	0.39	28	0.09	23	0.31	18
贵州	0.30	28	0.40	26	0.00	31	0.18	29
云南	0.34	26	0.44	19	0.04	29	0.23	26
西藏	0.19	31	0.35	30	0.05	28	0.07	31
陕西	0.37	22	0.42	23	0.06	27	0.26	23
甘肃	0.31	27	0.40	25	0.03	30	0.19	28
青海	0.29	23	0.44	21	0.06	26	0.13	30
宁夏	0.35	30	0.46	15	0.09	24	0.27	21
新疆	0.4	16	0.54	7	0.12	20	0.24	25

注：本书只对中国31个省级行政区农村劳动力禀赋竞争力进行了评价，其中不包含港、澳、台三个地区。

从中国省级区域农村劳动力禀赋竞争力得分情况看，上海、北京、浙江、天津等地区农村劳动力禀赋竞争力表现出很强的优势。而贵州、重庆、宁夏、西藏等西部地区省份则表现出弱竞争趋势。在此，我们根据各地区农村劳动力禀赋竞争力得分，将全国31个省区市农村劳动力禀赋竞争力划分为四个等级，分别用A、B、C、D表示，并分别代表高水平、中高水平、中等水平和低水平四个等级。

表4-9　　　　全国各地区农村劳动力禀赋竞争力比较

类别	地区
A类（Ⅰ类地区）	上海 北京 浙江 天津
B类（Ⅱ类地区）	福建 广东 江苏 黑龙江 辽宁 山东 河南 河北
C类（Ⅲ类地区）	山西 吉林 内蒙古 新疆 海南 湖南 江西 广西 湖北 陕西
D类（Ⅳ类地区）	宁夏 四川 安徽 云南 甘肃 贵州 重庆 青海 西藏

A类地区：农村劳动力禀赋竞争力高水平类型。包含上海、北京、浙江和天津4个地区。这些地区农村劳动力禀赋竞争力在全国范围内处于领先地位，无论是从能力禀赋、资本禀赋还是从资源禀赋来看，都表现出强竞争优势。这些地区的经济水平以及国际知名度也是最高的。

B类地区：农村劳动力禀赋竞争力中高水平类型。包括福建、广东、江苏等8个省份。就全国水平而言，这些地区农村劳动力禀赋竞争力是比较高的。除河南外，这些省份都属于东部地区。

C类地区：农村劳动力禀赋竞争力中等水平类型。包括山西、吉林、内蒙古等10个省区，这些地区主要是中、西部地区的省份。

D类地区：农村劳动力禀赋竞争力低水平类型。包括宁夏、四川、安徽等9个省市区，这些地区基本都是西部地区的省份。

从上述分类看，农村劳动力禀赋竞争力的评价等级与原有东、中、西部的划分存在不同。但从总体分类看，东部地区农村劳动力禀赋竞争力仍具有很强的比较优势，中、西部地区相对较弱。为了较为清晰、直观地反映各地区农村劳动力禀赋竞争力分布，我们绘制了全国各地区农村劳动力禀赋竞争力分布图。

第四章　中国农村劳动力迁移行为及其禀赋竞争力的宏观态势

类别	地区
A类（Ⅰ类地区）	上海　北京　浙江　天津
B类（Ⅱ类地区）	福建　广东　江苏　黑龙江　辽宁　山东　河南　河北
C类（Ⅲ类地区）	山西　吉林　内蒙古　新疆　海南　湖南　江西　广西　湖北　陕西
D类（Ⅳ类地区）	宁夏　四川　安徽　云南　甘肃　贵州　重庆　青海　西藏

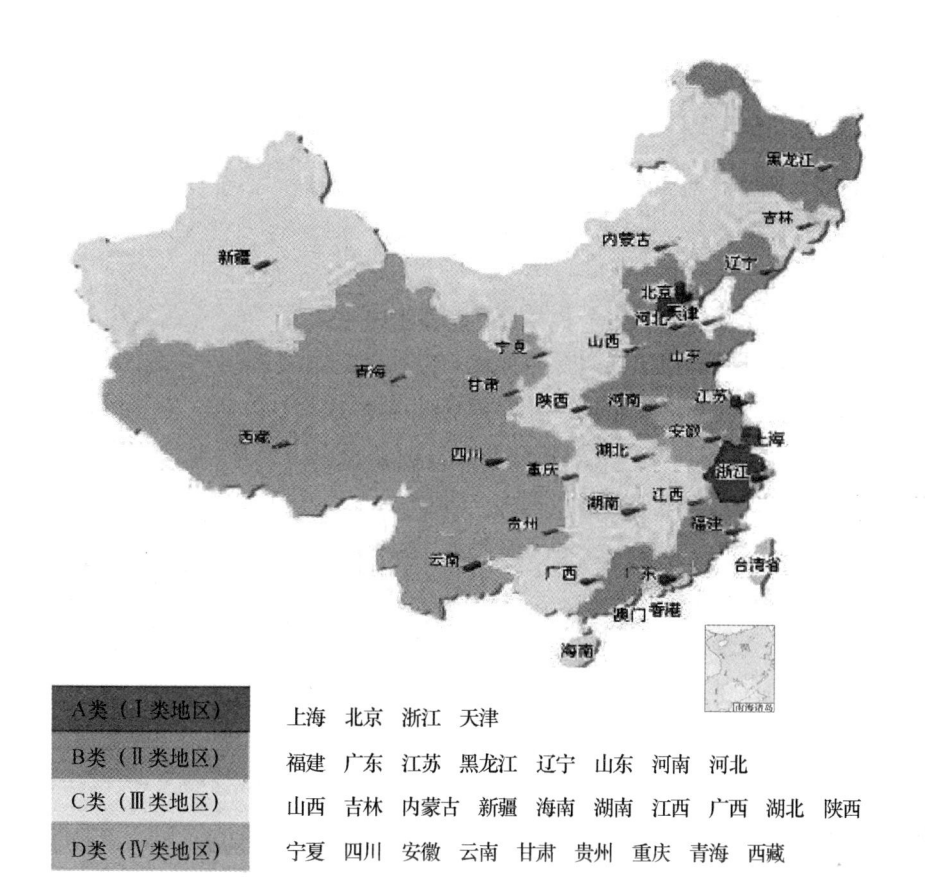

图4-2　中国省级区域农村劳动力禀赋竞争力分类

从图4-2来看，农村劳动力禀赋竞争力最强的地区主要分布在东北（A类）地区和东南（B类）地区。

A类地区（东北地区）：以北京、天津为核心向东北和东南方向辐射，往北包括辽宁和黑龙江，往南辐射河北、山东和河南。东部竞争力核心区包括首都北京和直辖市天津，共同构成了京津冀环渤海经济区。辽宁、黑龙江、山东和河南都是沿海或沿江省份，交通便利、经济发达，为农村劳动力发展提供了很好的环境条件。

B类地区（东南地区）：以上海和浙江为核心向西北和西南两极辐射，西北极包括江苏，西南极包括福建和广东两地，且东南部地区基本都是沿海省份，经济发展水平高，农民生活比较富裕，相应拥有的各种禀赋资源较为充裕。

C类地区：包括了中部大部分地区和西部地区。从地域位置看，除新疆外，吉林、内蒙古、山西、陕西、湖北、湖南、广西和海南基本构成了连片发展区。

D类地区：除安徽外，宁夏、四川、重庆等几个地区构成了连片发展，并包含了我国西部地区大多数省份。

整体来看，各地区农村劳动力禀赋竞争力表现出由东部→中部→西部逐级递减的趋势，这一趋势变动与地区经济水平的变动有很大的相似性。

（2）中国省级区域农村劳动力能力禀赋竞争力比较分析

从农村劳动力能力禀赋竞争力分类看，北京、浙江、上海、天津仍然处于第Ⅰ类型中，表现出很强的比较优势。福建、黑龙江、新疆和广东4个地区处于第Ⅱ类型中，竞争力水平高于全国大多数省份。第Ⅲ类地区中包含了辽宁、内蒙古、吉林等15个省区，江苏省也包含在第Ⅲ类中。第Ⅳ类地区包含了宁夏、四川、安徽等9个省区，除安徽外，其他8个省区均是西部地区的省份（见表4-10）。在能力禀赋竞争力评价中，新疆、重庆两地农村劳动力能力禀赋竞争力划分变动较大，原属于西部地区的新疆排在第Ⅱ类中，而作为直辖市的重庆却处于全国最低水平。在此，我们对这两个地区分类的原因进行分析。

表4-10　　全国各地区农村劳动力能力禀赋竞争力比较

类别	地区
A类	北京　浙江　上海　天津
B类	福建　黑龙江　新疆　广东
C类	辽宁　内蒙古　吉林　河南　海南　山西　宁夏　河北　江苏　山东　云南　广西　青海　江西　陕西
D类	湖南　甘肃　贵州　湖北　四川　安徽　西藏　重庆

从农村劳动力能力禀赋的指标分析看，2006年新疆农村劳动力平均受教育年限为7.78年，在全国范围内处于中等水平，农业技术人

员占农村就业人员比重在全国范围内处于中上等水平，居全国第8位；农村劳动力占总劳动力比例居全国第5位，劳动力素质是比较高的。从结构看，新疆农村劳动力年龄结构较为年轻，15~39岁的中青年劳动力占农村劳动适龄人口的比例较大，仅次于西藏。从规模看，农村人口相对量在全国范围内处于中低水平，而农村劳动力就业人员相对量位居全国第5位。在农村劳动力能力禀赋中，劳动力素质指标权重较大，相应地，新疆农村劳动力能力禀赋竞争力在全国范围内较强。

2006年，重庆农村劳动力平均受教育年限为7.10年，在全国范围内处于中等水平，农业技术人员占农村就业人员比例在全国范围内处于中低水平，农村整劳动力占总劳动力比例居全国最末位，所占比例为74.58%，低于西藏的82.22%，可见重庆农村劳动力身体素质较低。从农村劳动力年龄结构看，15~39岁的中青年劳动力占农村劳动适龄人口的比例为67.18%，年龄结构日趋老化。从规模看，农村人口相对量在全国范围内处于高水平，占全国农村人口的比例为2.1%，就业人口占农村劳动力资源比例为92.61%，处于中高水平。劳动力素质作为劳动力能力禀赋的核心部分，农村劳动力素质低和结构老化严重制约了重庆农村劳动力能力禀赋竞争力的提升，这也是重庆农村劳动力禀赋竞争力较低的主要原因。

(3) 中国省级区域农村劳动力资本禀赋竞争力比较

农村劳动力资本禀赋竞争力的分类中，第Ⅰ类地区基本没有变动，包括上海、北京、浙江和天津，只是这4个地区排名稍有改变。第Ⅱ类地区包括江苏、广东、福建、山东和辽宁5个地区，这几个地区都属于沿海地区，区位条件优越，经济外向度广，经济水平较高，农村劳动力享有的各种资本禀赋相对较多，竞争力也比较强。第Ⅲ类地区包括河北、内蒙古、黑龙江等10个地区，这些地区主要位于我国中东部地区。第Ⅳ类地区包括新疆、重庆等12个省市区，除安徽外，其他地区均属于西部地区省份（见表4-11）。在农村劳动力资本禀赋竞争力排名中，贵州的排名最为落后，从代表农村劳动力资本禀赋的各指标看，2006年贵州人均GDP以及农民纯收入分别为5787

元和1984.62元,都是全国水平最低的。从农村劳动力迁移、城乡结构和就业结构看,贵州是全国水平比较低的。贵州农村劳动力净迁入率仅为0.43%。城乡结构和农村第三产业就业结构比例也是比较低的,分别为27.46%和8.26%。

表4-11　　　　全国各地区农村劳动力资本禀赋竞争力比较

类别	地区
A类	上海　北京　浙江　天津
B类	江苏　广东　福建　山东　辽宁
C类	河北　内蒙古　黑龙江　吉林　湖北　山西　海南　湖南　江西　河南
D类	新疆　重庆　安徽　四川　宁夏　广西　青海　陕西　西藏　云南　甘肃　贵州

(4) 中国省级区域农村劳动力资源禀赋竞争力比较

由于各地区地形地貌不同,自然资源禀赋也存在很大的差距,受地区社会经济发展水平的影响,各地区农村劳动力资源禀赋竞争力表现出很大差异。

从农村劳动力资源禀赋竞争力划分来看,第Ⅰ类型包括上海、浙江、江苏、北京等6个地区,除北京、黑龙江外,其他4个地区都属于东南沿海省区,社会经济水平较高。第Ⅱ类包括江西、湖南、辽宁等13个地区。第Ⅲ类地区包括山西、宁夏、广西等7个地区,第Ⅳ类地区包括海南、甘肃、贵州、青海、西藏5个地区(见表4-12)。农村劳动力禀赋竞争力强弱与各地区社会经济和地区资源禀赋有着密切关系。天津农村劳动力的能力禀赋、资本禀赋竞争力都处于全国前列,但农村劳动力资源禀赋竞争力却处于中高水平。重庆农村劳动能力禀赋竞争力居于全国低水平行列,但农村劳动力资源禀赋竞争力在全国范围内处于中高水平。

表4-12　　　　全国各地区农村劳动力资源禀赋竞争力比较

类别	地区
A类	上海 浙江 江苏 北京 黑龙江 福建
B类	江西 湖南 辽宁 山东 湖北 内蒙古 重庆 天津 吉林 河北 河南 四川 安徽
C类	山西 宁夏 广西 陕西 广东 新疆 云南
D类	海南 甘肃 贵州 青海 西藏

通过建立农村劳动力禀赋竞争力指标体系，对各地区农村劳动力禀赋竞争力进行比较分析，旨在从整体上把握各地区农村劳动力现在和未来的发展潜力。劳动力资源是地区进行经济产业结构规划的依据和基础，因此，了解和把握地区农村劳动力资源禀赋优势，不仅对现在和未来农村经济发展、农业产业结构调整升级提供了理论依据，而且可以依据区域农村劳动力数量、质量和结构调控区域之间农村劳动力迁移流量，从而为区域社会经济发展规划提供参考。

第五节　农村劳动力迁移分布与劳动力禀赋竞争力的关系探析

综合对比农村劳动力迁移分布与各地区农村劳动力资源禀赋竞争力评价，发现两者存在明显的相关性。

从分地区农村劳动力迁移选择看，北京、天津、上海、浙江、广东、江苏、福建7省（市）表现出极强的吸引力，尤其是前5省（市），省外迁移农村劳动力占本地农村迁移劳动力总量的比例达到79.31%以上。这些地区分别构成了京津都市圈，以上海为中心，包含江、浙两省全境的泛长江三角洲和广东全境的珠江三角洲经济带，仍是吸引农村劳动力迁移的强吸引中心。从迁出地来看，安徽、江西、河南、湖北、湖南、广西、重庆、四川、贵州9省（市）农村劳动力主要以省外迁移为主，占农村地区迁移劳动力总量的比例达到60%~82%，构成了中、西部主要输出地区。从三大地带划分来看，东部地区对农村劳动力具有很强的吸引力，而中、西部地区则相对较弱。

从各地区农村劳动力禀赋竞争力来看，保持极强（第Ⅰ类）农村劳动力禀赋竞争力的地区主要为北京、上海、浙江和天津 4 地，第Ⅱ类地区基本包括了整个东部地区的其他省份，如福建、广东、江苏、黑龙江、辽宁、山东和河北。竞争力较弱的第Ⅲ类和第Ⅳ类地区则主要包括了西部大部分省份，尤其是第Ⅳ类中的四川、安徽、重庆和贵州等地。

区域农村劳动力禀赋竞争力与农村劳动力迁移流向形成了鲜明对照。即中、西部地区中越是经济水平欠发达、劳动力数量较多的省（市）越容易流向东部地区中经济发达的省（市）。在地区经济发展差距吸引以及为了谋求更大生存空间的刺激下，农村劳动力从中、西部地区不断流向东部发达地区，且净迁移趋势明显，没有形成对流迁移趋势。由此可见，我国农村劳动力迁移选择很大程度上受区域经济发展水平不平衡的吸引。为了改善自身落后的禀赋水平以及获得较高经济收入，农村劳动力充分发挥有限认知能力，综合考虑内外部环境，做出相对满意的迁移选择。

第六节　本章小结

本章从全国范围对农村劳动力迁移行为进行了宏观描述，主要有以下特点：随着农村劳动力迁移总量逐年增长，年龄结构越趋年轻化，受教育水平较之以前也有了明显改善，以初中、高中受教育水平的青年劳动力为主体。虽然受教育水平整体提高，但大部分农村外出劳动力仍缺乏劳动技能，经济型迁移占据主导地位。通过 2013 年农民工监测调查数据和 2006 年第二次农业普查数据的对比分析，可以看出，我国农村迁移劳动力的禀赋水平较之前有了很大提升。

从迁移流向看，经过近几年的发展，东部地区仍然是主要迁入地，中、西部地区仍然是主要迁出地。从跨省迁移看，东部地区本省内迁移特征明显，中西部地区以省外迁移为主。从迁入地选择看，农村外出劳动力主要流向地级以上大中城市。可见，经济发达地区依然是农村劳动力迁移的最大吸引力。

近几年来，随着政府对农民工问题的重视，农村外出就业劳动力的相关权益保障有了明显改善，但仍面临一些突出问题。如劳动力合同签订率、参保率仍然很低，尤其是诸如建筑业等高风险的行业，企业或用工单位为农村劳动力缴纳工伤保险的比例较低，需要引起相关部门的重视。

在劳动力禀赋概念的基础上，本书提出了农村劳动力禀赋竞争力的概念，依据现有社会经济统计指标建立了劳动力禀赋指标体系。同时，本书利用现有统计数据对中国省级农村劳动力禀赋竞争力进行了评价，研究得出，我国各地区农村劳动力禀赋竞争力存在很强的地区聚集性，东部地区具有明显的比较优势，中、西部地区相对较弱，这一变动趋势与区域间农村劳动力迁移流向呈明显的逆向变动关系。由此可以看出，区域间经济发展差距是影响农村劳动力跨地区迁移的主要动力因素。

第五章 农村劳动力迁移行为的中观分析

人口迁移行为既是人类社会活动的基本形式之一，也是社会经济发展的必然趋势。本章借鉴人口学、人口地理学、区域经济学等学科的相关理论，以河北为例，从区域角度对农村劳动力迁移行为进行分析。

第一节 河北人口与社会经济发展概况

一 河北人口、经济和区位条件分析

（1）河北人口现状

河北是一个人口大省，据 2000 年第五次人口普查统计，总人口规模已达到 6744 万，较 1990 年"四普"时增加 636 万人，占全国总人口的比重为 5.32%，位居全国第六位，仅次于河南、山东、广东、四川和江苏。2000 年，河北人口出生率、死亡率和自然增长率均已降至低水平，基本实现了人口再生产类型的转变，65 岁及以上的老年人口占总人口的比例达到 7.05%，开始步入老龄化社会。到 2007 年，河北人口总量达到 6943 万，占总人口的比例为 5.25%，较 2000 年稍有降低，但总人口规模仍位居全国第六位，充足的劳动力资源为河北

社会经济发展注入了活力。[①]

(2) 独特的"两环"区位优势

河北地处中国东部沿海,在北纬 36°05′至 42°37′、东经 113°11′与 119°45′之间,位于华北平原,兼跨内蒙古高原。地势由西北向东南倾斜,西北部为山区、丘陵和高原,其间分布有盆地和谷地,中部和东南部为广阔的平原。区位条件独特,位于环渤海地区的中心地带,环绕首都北京和天津北方重要商埠两大都市,与日本、韩国隔海相望,是中国东北地区与国内其他省区联系的通道和西北诸省区的北方出海通道。河北与北京、天津两大都市经济相互辐射和渗透,构成了京津冀环渤海经济区,具有较强的经济发展潜力。

(3) 便捷的交通和通信条件

河北位于首都北京连接全国各地的交通枢纽地带,独特的区位条件构筑了便捷的交通和通信条件。经过多年的建设与发展,现已初步形成了陆、海、空综合交通运输网。境内有 15 条主要干线铁路和 17 条国家干线公路通过,便利的海运条件,自北向南,有秦皇岛港、京唐港、天津港等较大出海口岸,石家庄民航机场是国家批准的国际口岸机场,北京首都机场、天津国际机场也可为河北利用。发达、便捷的交通条件,把河北与世界各地紧密联系在一起,进一步拓宽了河北发展的外向度。

(4) 经济发展状况

据统计,2000 年河北 GDP 产值达到 5088.96 亿元,三产产值构成比为 16.2∶50.3∶33.5,人均 GDP 为 7663 元,居全国第 11 位。农民人均纯收入为 2478.86 元,高于全国水平的 2253.42 元,其中工资性收入占农村纯收入的比例为 38.29%。2007 年河北 GDP 达到 13709.5 亿元,较 2000 年增长了 1.69 倍,三产产值构成为 13.2∶52.8∶34,人均 GDP 为 19877 元,较 2000 年增长了 1.59 倍。农民人均纯收入达到 4293.43 元,较

[①] 除特别说明外,中观分析中关于河北相关统计数据主要来源于河北历年统计年鉴,1990 年河北第四次人口普查,2000 年河北第五次人口普查,2000 年河北人口普查 1‰抽样调查的原始数据和 2006 年河北第二次农业普查数据。

2000年增长73.20%。

独特的区位优势、丰裕的自然资源禀赋、巨大的经济发展潜力和广阔的发展空间为实现区域内以及区域间农村劳动力迁移奠定了良好的物质基础。正是因为河北区位条件的独特性，以河北为例，研究区域农村劳动力迁移行为更具有典型的代表意义。

二　数据的来源与说明

本书所用数据主要来源于2000年河北省第五次人口普查1‰抽样调查原始数据和2006年河北省第二次农业普查相关数据。由于2000年人口普查数据是在调查数据基础上汇总好的结果，其中涉及的人口迁移并没有分城乡，鉴于本书的研究目的——农村劳动力迁移行为，需要对2000年1‰抽样调查的原始数据进行处理。

按照2000年人口普查调查表的问题设计，本书共选取了两个样本数据，样本数据选取原则如下：第一个样本按照调查表中"R7"（户口性质）选出具有农业户口的样本，再根据劳动力人口的"R4"（年龄）选出15~64岁人口样本，最后根据调查问卷中"R9"（何时来本乡镇街道居住）中选项，删除选项1"出生后一直在本乡镇街道居住"的样本，得到的样本数据即为具有农业户口并发生迁移行为的劳动力数据，共计样本7816个。

在第一个样本选取的基础上，将选择"R9"中选项2"1995年10月31日以前来本乡镇街道居住"的样本剔除，得到剩余样本数为1924个。第二个样本就是1995年10月31日以后发生迁移行为的农村劳动力。

从两个样本数据选取原则来看，第一个样本数据中包含的是1995年10月31日以前发生迁移行为的农村劳动力，没有明确的时间界限；第二个样本数据中包含1995年10月31日以后常住在本地、户口在外地的农村劳动力，属于1995年11月1日到2000年普查标准时点累积迁移人口。如此来看，样本二中的数据更能反映近期的农村劳动力迁移情况。因此，在迁移动机（原因）的分析中，所用数据主要来源于第二个样本中的数据。

第二节 河北农村迁移劳动力的禀赋特征

农村迁移劳动力禀赋特征可以通过能力禀赋、资本禀赋和资源禀赋来体现。在此，本书利用 2000 年河北省人口普查 1‰抽样调查原始数据以及 2006 年河北省第二次农业普查中关于外出就业劳动力禀赋相关数据对农村迁移劳动力的禀赋特征进行分析。

一 农村迁移劳动力的能力禀赋特征

（1）农村劳动力迁移的规模

据 2000 年河北 1‰抽样调查统计，河北省内迁移（乡外县内、县外市内、市外省内）以及外省迁入河北的农村劳动力共计 7816 人，占调查样本总数的 11.88%。其中，省内迁移人口数为 7359 人，外省迁入河北的农村劳动力人口数为 452 人。2006 年第二次农业普查数据统计，河北按户籍统计的农村劳动力共计 3822.26 万人，农村常住劳动力为 3679.09 万人，两者之差（河北净迁出农村人口）为 203.17 万人。

（2）农村迁移劳动力的年龄分布

在迁移的农村劳动力中，女性劳动力为 6370 人，男性劳动力为 1446 人，所占比例分别为 81.5% 和 18.5%，河北省内迁移的劳动力以女性为主。从劳动力的年龄构成来看，劳动力迁移曲线为典型的"波峰"式，即低龄劳动力和高龄劳动力发生迁移行为的比例较低，而处在黄金年龄段的劳动力迁移比例最高。如图 5—1 所示，2000 年河北迁移农村劳动力的峰值年龄集中在 30~39 岁之间，年龄中位数为 37.44 岁；2006 年，河北省迁移农村劳动力的峰值年龄集中在 20~29 岁之间，年龄中位数为 30.73 岁。相对于 2000 年而言，2006 年农村迁移劳动力的年龄中位数缩短了 7 岁，青年劳动力逐渐成为迁移的主体。

（3）农村迁移劳动力的受教育水平

劳动力素质是能力禀赋的核心构成，也是影响农村劳动力迁移选择的重要变量。从 2000 年 1‰人口抽样调查数据来看，河北农村迁移劳动力受教育水平整体偏低，以初中和小学文化水平者为主，占迁移

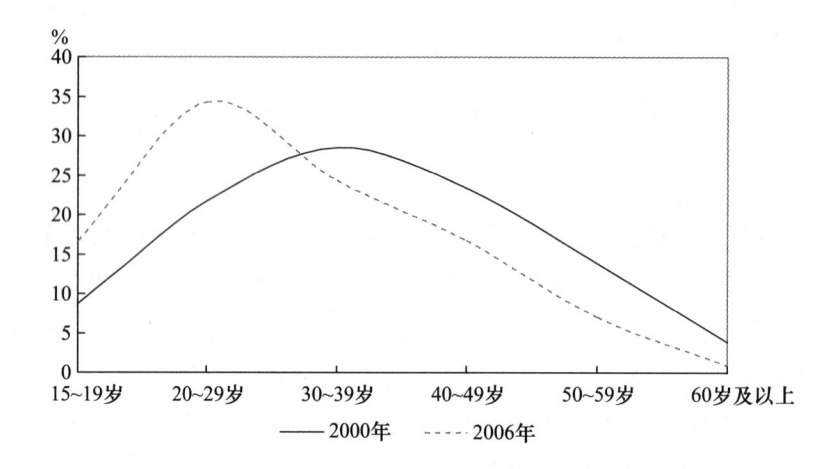

图 5-1 河北农村迁移劳动力的年龄分布

劳动力总数的比例为 42.69%，小学文化水平所占比例为 37.85%，高中水平者所占比例为 12.90%，而大专及以上水平者所占比例仅占 0.36%。2006 年第二次农业普查时，农村迁移劳动力的整体受教育水平有所提高，以初中文化水平为主，所占比例达到 75.82%，小学文化水平和高中及以上文化水平者分别占 13.89% 和 10.29%（见图 5-2）。

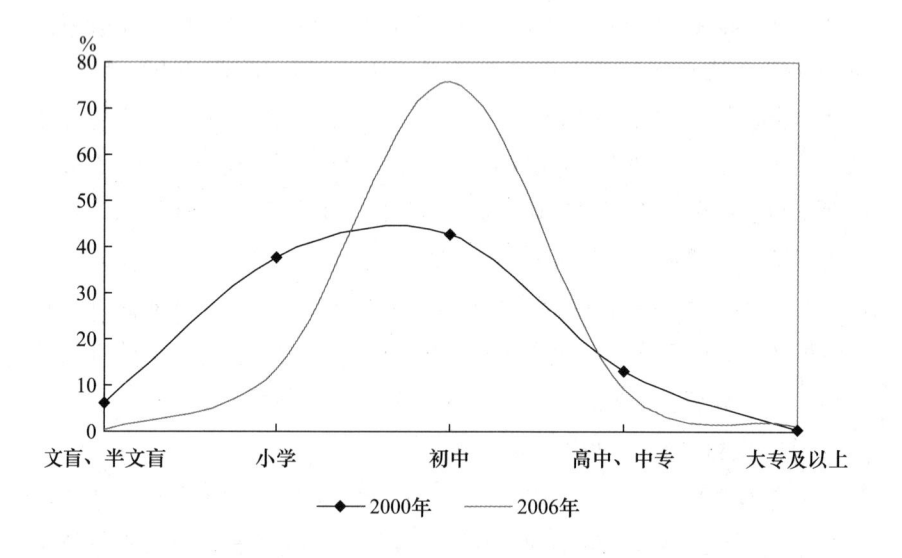

图 5-2 河北农村迁移劳动力的受教育水平

本章利用2000年河北省人口普查1‰抽样调查数据对年龄和受教育水平进行了交叉分析。从分析汇总结果看，45—65岁之间的劳动力文化水平偏低，以小学、文盲、半文盲为主，初中水平的农村劳动力主要为20~40岁之间的中青年劳动力，高中及以上文化水平者主要集中为18~20岁之间的青年劳动力。可见，农村迁移劳动力代际间的受教育水平差距较大，新一代农村迁移劳动力的受教育水平较上一代有了很大的提高（见图5-3）。

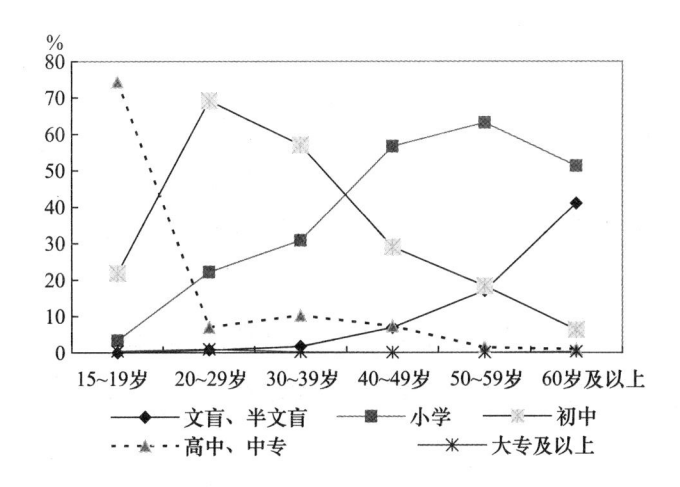

图5-3 河北农村迁移劳动力年龄与受教育水平分布

二 农村迁移劳动力的资本禀赋特征

资本禀赋体现为劳动力拥有的经济资本、社会资本等，是劳动力作为社会经济活动参与者所具备的经济属性和社会属性以及体现出来的经济社会结构、关系的总称。按照这一解释，我们可以从家庭、婚姻、社会活动（工作）等方面分析农村迁移劳动力的资本禀赋特征。

（1）农村迁移劳动力的家庭结构类型

家庭结构是衡量劳动力家庭规模的重要指标。一般而言，家庭规模越大，家庭劳动力数量越多，其迁移的可能性就越大。为了便于分析比较，本章对调查样本的家庭类型进行划分：家庭人口数在1~4人的家庭称为核心家庭，5~10人的家庭称为复合家庭，11人及以上的家庭称为联合大家庭。从第五次人口普查1‰抽样调查数据来看，所调查的农村迁移劳动力以核心家庭为主，核心家庭、复合家庭和联合大家庭所占的比例分别为62.01%、35.26%和2.73%。

不同年龄结构劳动力的家庭结构也是有差别的。从年龄与家庭结构的交叉分析来看，15～19岁低龄劳动力以复合家庭为主，这一阶段的劳动力人口还未进入婚育阶段，一般仍和父母居住；20～65岁的劳动力则以核心家庭为主，同时复合家庭也占有一定的比例，但联合大家庭所占比例很小。随着劳动力进入婚育年龄，一般都成立了自己的家庭，或自己居住，或与父母同住。

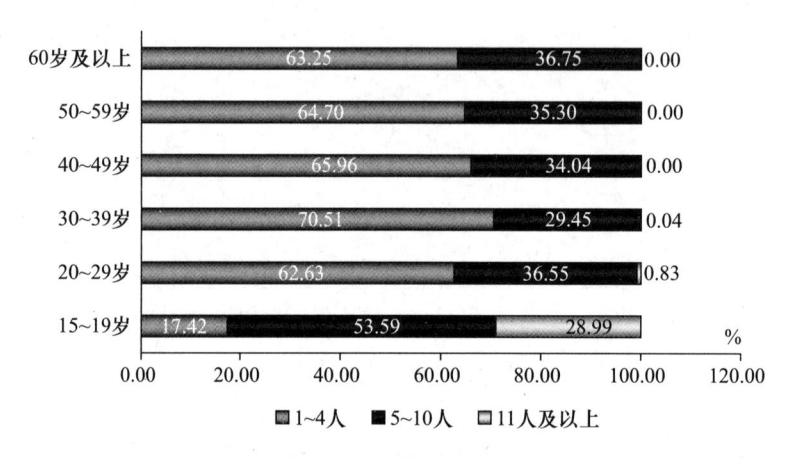

年龄段	1~4人	5~10人	11人及以上
60岁及以上	63.25	36.75	0.00
50~59岁	64.70	35.30	0.00
40~49岁	65.96	34.04	0.00
30~39岁	70.51	29.45	0.04
20~29岁	62.63	36.55	0.83
15~19岁	17.42	53.59	28.99

图5-4 河北农村迁移劳动力的家庭结构（%）

在所调查样本（4685个）中，没有生育子女的样本所占比例为4.03%，有1个孩子的家庭所占比例为32.04%，有两个孩子及以上的家庭所占比例为63.94%，平均来看，大多数家庭拥有两个孩子。

（2）农村劳动力的民族、婚姻状况

据河北第五次人口普查1‰抽样调查统计，迁移的农村劳动力中有94.5%的是汉族人口，少数民族人口占5.5%。从婚姻状况看，有12%的人未婚，82.2%的初婚有配偶，3%的再婚有配偶，0.3%的离婚，2.5%的丧偶。

（3）农村劳动力迁移的就业情况

①是否有工作

迁移的劳动力中有56%的人有工作，20.3%的人在职培训、在职休假、季节性歇业未工作，有23.7%的人没有工作。其中未工作的劳动力中男性所占比例为20.77%，女性所占比例为79.23%。这部分群体主要为在校学生和料理家务的妇女。

②就业的行业分布

按照国家统计局所划分的19个行业类型中，河北5962个迁移就业的农村劳动力共涉及16个行业。从就业行业的集中趋势看，以采矿业和制造业为主，所占比例分别为74.89%和10.52%；其次为批发和零售业、住宿和餐饮业、信息传输、计算机服务和软件业；其他行业就业比例相对较低（见表5-1）。

表5-1　2000年河北农村迁移劳动力分年龄、行业就业分布

单位：岁；%

	15~19	20~29	30~39	40~49	50~59	60岁及以上	合计
采矿业	0.37	15.31	24.39	21.62	11.09	2.11	74.89
制造业	0.96	4.33	2.99	1.69	0.45	0.10	10.52
电力、燃气及水的生产和供应业	0.00	0.05	0.10	0.02	0.00	0.00	0.17
建筑业	0.08	0.55	0.45	0.22	0.07	0.02	1.39
交通运输、仓储和邮政业	0.08	0.32	0.49	0.29	0.07	0.00	1.24
信息传输、计算机服务和软件业	0.05	0.62	0.89	0.44	0.08	0.02	2.10
批发和零售业	0.17	1.12	1.88	0.81	0.30	0.03	4.31
住宿和餐饮业	0.34	1.01	0.64	0.25	0.15	0.00	2.38
金融业	0.00	0.12	0.02	0.07	0.00	0.00	0.20
科学研究、技术服务和地质勘查业	0.08	0.32	0.25	0.17	0.07	0.02	0.91
水利、环境和公共设施管理业	0.03	0.07	0.05	0.00	0.00	0.00	0.15
居民服务和其他服务业	0.00	0.02	0.02	0.00	0.00	0.00	0.03
教育业	0.02	0.02	0.00	0.07	0.00	0.00	0.10
卫生、社会保障和社会福利业	0.00	0.13	0.08	0.02	0.03	0.02	0.29
文化、体育和娱乐业	0.03	0.17	0.37	0.25	0.12	0.03	0.97
公共管理和社会组织	0.00	0.07	0.12	0.10	0.07	0.00	0.35

③工作时间

从 2000 年 10 月 25 日至 31 日从事有收入的工作时间看，4378 个有效样本中，平均工作时间为 5.80 天。一周工作 7 天的农村劳动力所占比例达到 59.52%，一周工作 6 天者所占比例为 6.78%，一周工作 5 天的劳动力所占比例为 11.51%（见图 5-5）。综合来看，河北农村迁移劳动力的工作时间都比较长。

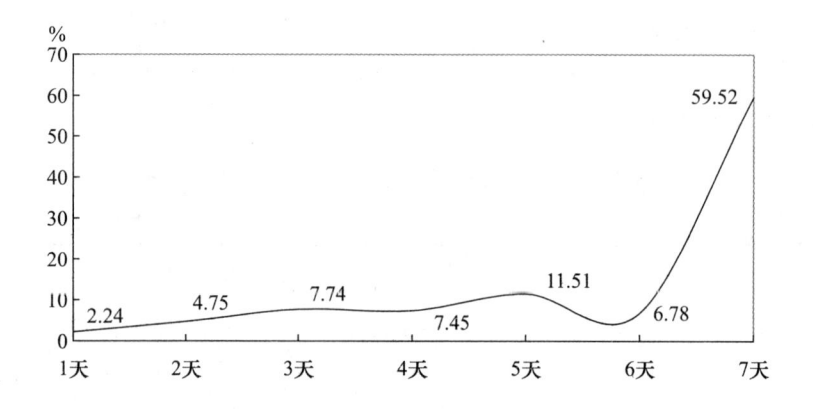

图 5-5 河北农村迁移劳动力的就业时间分布

三 农村迁移劳动力的资源禀赋特征

受数据所限，2000 年人口普查登记表涉及迁移人口资源、资本等信息量较少。为了充分反映河北省农村迁移劳动力的禀赋特征，本章主要用拥有住房情况表征农村迁移劳动力资源禀赋，进一步衡量农村迁移劳动力所拥有的资源禀赋水平。

（1）住房来源

根据 2000 年河北省第五次人口普查 1‰抽样调查统计，回答住房来源的 6911 个农村劳动力中，"自建住房"所占比例为 87.43%；"租住公有住房和商品房"所占比例为 5.70%；"购买商品房和经济适用房"所占比例为 5.09%；其他形式住房所占比例为 1.78%。农村迁移劳动力的住房来源以自建住房为主，其次为租房。

（2）人均住房面积

人均住房面积 10 平方米以下的占有效样本（7065 人）的比例为 6.82%，人均住房面积在 10~20 平方米所占比例为 38.92%，人均住房面积在 20~30 平方米所占比例为 31.10%，人均住房面积在 30~40 平方米所占比例为 13.72%，人均住房面积在 40~60 平方米所占比例为 7.37%，人均住房面积在 60 平方米以上所占比例为 2.07%。

（3）住房的费用

住房费用的分析包含两方面：自有住房和租房费用。从构建住房费用看，住房费用在 1 万元以下的所占比例为 41.05%，1 万~2 万所占比例为 28.37%，2 万~3 万所占比例为 15.87%，3 万~5 万所占比例为 9.43%，5 万元以上所占比例为 5.27%。

从租房费用看，月租房费用在 20 元以下所占比例为 11.93%，20~50 元所占比例为 17.77%，50~100 元所占比例为 27.41%，100~200 元所占比例为 23.10%，200 元以上所占比例为 19.80%。

第三节　河北农村劳动力迁移动机分析

人的动机性行为是内在需要和外在条件刺激交互作用、相互影响的结果[①]，劳动力迁移则是劳动力自身主观需要和外在环境的共同作用下产生的一种社会行为。一般而言，学术界主要从获得较高的经济收入来解释农村劳动力从农业向非农业迁移或城乡迁移。然而，在现实生活中，迁移行为的发生并不是以获取经济收入作为唯一动机，还包含其他方面的迁移，如婚姻迁移、工作调动、学习培训、拆迁移民等，既有经济性的也有非经济性的，既有自愿性迁移也有非自愿性迁移，可以说，迁移动机具有多元性和多面性。多样性的迁移动机是在劳动力所拥有内在禀赋水平和外在环境综合作用下形成的，正是由于禀赋的差异性，才会产生不同的迁移动机，作用于行为主体上才会做出不同的迁移选择。在此，本章从能力禀赋、资本禀赋和资源禀赋特

---

① 韦复生：《劳动力迁移的行为区位分析》，《广西民族学院学报》1997 年第 3 期。

征对2000年人口普查调查表中农村劳动力迁移的9种原因进行分析。

一 农村劳动力能力禀赋与迁移动机

在回答迁移原因的1924个样本中,27.1%的人因"务工经商"而迁移,0.9%的人因"工作调动"而迁移,1%的人因"分配录用"而迁移,25.1%的人因"学习培训"而迁移,3.6%的人因"拆迁搬家"而迁移,29.1%的人因"婚姻迁入"而迁移,5.2%的人因"随迁家属"而迁移,3.8%的人因"投亲靠友"而迁移,有4.2%的人因"其他"原因发生迁移。

(1) 分年龄农村劳动力的迁移动机

因"务工经商"而迁移的农村劳动力中,20~29岁的青年劳动力占大多数,所占比例为48.18%;其次为30~49岁的中青年劳动力,所占比例为32.63%;15~19岁的青年劳动力以及50岁及以上的高龄劳动力所占比例较低,分别为15.36%和3.84%。

因"工作调动"、"分配录用"而迁移的农村劳动力年龄主要集中在20~29岁以及30~39岁之间,其他年龄段所占比例较低甚至为零。

因"学习培训"而迁移的农村劳动力中,主要集中在15~19岁的青年劳动力中,也是劳动力学习和培训的最佳时期,20~29岁年龄段也占较少一部分,其他年龄段所占比例为零。

除60岁及以上的农村劳动力因"拆迁搬家"发生迁移外,其他年龄段分布的比例比较均匀。

因"婚姻迁入"的农村劳动力在各个年龄阶段均有出现,20~29岁是婚育的最佳年龄,主要集中在这一年龄阶段;在30~39岁年龄阶段有11.25%的人因婚姻而迁移,其他年龄阶段发生的比例较低。

因"随迁家属"、"投亲靠友"以及"其他"原因迁移的农村劳动力中,以15~39岁的青壮年劳动力为主,中青年以及老年劳动力迁移的比例较低。

表 5-2　　　　　　　　农村劳动力年龄与迁移动机　　　　单位：岁；%

	15~19	20~29	30~39	40~49	50~59	60 岁及以上	合计
务工经商	15.36	48.18	24.18	8.45	2.88	0.96	100
工作调动	5.88	76.47	11.76	5.88	0.00	0.00	100
分配录用	25.00	60.00	15.00	0.00	0.00	0.00	100
学习培训	95.02	4.98	0.00	0.00	0.00	0.00	100
拆迁搬家	8.70	21.74	28.99	20.29	20.29	0.00	100
婚姻迁入	0.18	83.57	11.25	3.04	1.61	0.36	100
随迁家属	15.84	41.58	26.73	6.93	5.94	2.97	100
投亲靠友	12.33	31.51	13.70	19.18	15.07	8.22	100
其他	35.80	27.16	11.11	16.05	7.41	2.47	100

总体来看，不同年龄阶段的劳动力有着不同的迁移动机，青年（15~29 岁）劳动力迁移率较高，中青年（30~49 岁）劳动力迁移率次之，中老年（50~65 岁）劳动力迁移率相对较低。

(2) 分性别迁移动机

劳动力的家庭生活周期一般经历婚前、婚后、抚养子女、子女脱离这四个阶段，婚姻促使劳动力迁移是引起社会迁移的外在因素，而婚姻和生养子女是属于增强迁移的重要事件。[1] 在我国，受传统婚育文化影响，谈婚论嫁的男女一般都遵循"女嫁男家"传统婚嫁模式，尤其是农村社会，婚姻引起了女性的迁移行为，因而它提高了女性的迁移率。从分性别农村劳动力迁移原因来看，男性劳动力以"务工经商"和"学习培训"为主，所占比例分别为 42.07% 和 33.12%。女性劳动主要以"婚姻迁入"为主，所占比例为 44.58%，其次以"学习培训"和"务工经商"为主，所占比例分别为 19.38% 和 16.55%。

---

[1] 韦复生：《劳动力迁移的行为区位分析》，《广西民族学院学报》1997 年第 3 期。

表5-3　　　　　　　分性别农村劳动力迁移动机　　　　　　单位:%

	务工经商	工作调动	分配录用	学习培训	拆迁搬家	婚姻迁入	随迁家属	投亲靠友	其他	合计
男	42.07	1.89	1.39	33.12	3.78	5.67	3.02	4.16	4.91	100
女	16.55	0.18	0.80	19.38	3.45	45.58	6.81	3.54	3.72	100

（3）教育水平与农村劳动力迁移动机

受教育水平是劳动力能力禀赋的重要指标，表5-4为劳动力受教育水平与迁移动机的交叉表，从表中可见，受教育水平不同劳动力迁移动机也是有差别的。

"务工经商"的农村劳动力受教育水平以初中为主，其次为小学和高中，小学以下、中专及以上所占比例都比较低。

"工作调动"的农村劳动力受教育水平以初中为主，其次为中专，小学和高中所占比例均较低。

"分配录用"的农村劳动力受教育水平以初中、中专为主，其次为高中，再次为大学。

"学习培训"的农村劳动力受教育水平以高中为主，其次为中专、大学，小学、初中所占比例极低。

因"拆迁搬家"、"婚姻迁入"、"随迁家属"、"投亲靠友"而迁移的农村劳动力中以初中、小学为主，其他受教育水平所占比例都比较低。在未注明迁移原因的农村劳动力中则以初中和高中水平为主。

从受教育水平的划分来看，小学以下文化水平的农村劳动力因各种原因发生迁移的比例非常低；小学、初中文化水平的劳动力则以"务工经商""婚姻迁入"为主；高中及以上文化水平的劳动力以"学习培训"为主。

表5-4　　　　农村劳动力受教育水平与迁移动机　　　　　　单位:%

	未上过学	扫盲班	小学	初中	高中	中专	大学专科	合计
务工经商	0.77	0.58	21.88	69.29	7.10	0.38	0.00	100

续表

	未上过学	扫盲班	小学	初中	高中	中专	大学专科	合计
工作调动	0.00	0.00	5.88	70.59	5.88	17.65	0.00	100
分配录用	0.00	0.00	0.00	50.00	10.00	35.00	5.00	100
学习培训	0.00	0.00	0.21	1.87	92.12	3.32	2.49	100
拆迁搬家	0.00	0.00	26.09	50.72	21.74	1.45	0.00	100
婚姻迁入	1.61	0.00	20.71	70.54	5.36	1.43	0.36	100
随迁家属	7.92	0.00	35.64	48.51	7.92	0.00	0.00	100
投亲靠友	6.85	2.74	38.36	43.84	6.85	1.37	0.00	100
其他	7.41	0.00	9.88	41.98	35.80	4.94	0.00	100

二 农村劳动力资本禀赋与迁移动机

从迁移动机看，因"务工经商"而迁移的农村劳动力主要来自核心家庭和复合家庭，二者所占比例为95.40%，11人及以上的联合大家庭所占比例较小。

因"工作调动"而迁移的农村劳动力主要来自核心家庭，所占比例为88.24%，11.76%的劳动力来自复合家庭。

因"分配录用"和"学习培训"而迁移的农村劳动力主要来自复合家庭，所占比例分别为80%和61.83%，"学习培训"中有35.89%的劳动力来自联合大家庭。

在因"拆迁搬家"、"婚姻迁入"、"随迁家属"、"投亲靠友"以及"其他"原因迁移的农村劳动力中，主要来自核心家庭，所占比例在56%~86%之间，其次来自复合家庭的比例较大，只有因"其他"原因迁移的农村劳动力来自联合大家庭的比例较高，为19.75%（见表5-5）。

表5-5　　　　　家庭人口数与迁移动机　　　　单位：人；%

	1~4人	5~10人	11人及以上	合计
务工经商	64.11	31.29	4.61	100
工作调动	88.24	11.76	0.00	100

续表

	1~4人	5~10人	11人及以上	合计
分配录用	20.00	80.00	0.00	100
学习培训	2.28	61.83	35.89	100
拆迁搬家	69.57	30.43	0.00	100
婚姻迁入	60.71	39.29	0.00	100
随迁家属	86.14	13.86	0.00	100
投亲靠友	78.08	21.92	0.00	100
其他	55.56	24.69	19.75	100

三 农村劳动力资源禀赋与迁移动机

住房是农村劳动力空间迁移行为的出发点和联结点，住房的变换与工作岗位变更，学习地点变化，日常生活的供应中心以及附近的生态环境与迁移行为的发生都有密切联系。因此，不同的住房条件会对劳动力的空间迁移模式产生影响，在不同迁移动机支配下，随着劳动力的迁移，其行为空间也会发生变化。一般而言，越拥有稳定的住房或居住地点，迁移行为模式越不容易改变；反之，居住地点越不稳定，迁移行为模式越容易改变。

（1）住房来源与农村劳动力迁移动机

从住房来源看，因"务工经商"的农村劳动力主要以租住商品房为主，所占比例为48.86%，14.02%的劳动力租住公有住房，二者合计比例为62.88%；有13.26%的劳动力是自建住房；购买商品房、经济适用房和原公有住房的合计比例为6.44%；其他住房来源所占比例为17.42%（见表5-6）。

因"工作调动"而迁移的农村劳动力中主要以自建住房、租住公有住房和租住商品房为主，购买商品房、经济适用房和原公有住房的比例合计为20%，其他住房来源所占比例为13.33%。在因"分配录用"、"学习培训"、"拆迁搬家"、"婚姻迁入"、"投亲靠友"以及"其他"原因迁移的农村劳动力中，以自建住房为主，少部分人购买了住房或租房。因"随迁家庭"而迁移的农村劳动力中，自建住房所占比例为 20.83%，购买商品房、经济适用房、原公有住房的比例合计为 22.92%，租住公有住房、商品房的比例合计为 45.83%，其他住房来源的比例为 10.42%。

表 5-6　　　　　　　　　住房来源与迁移动机　　　　　　　　单位:%

	自建住房	购买商品房	购买经济适用房	购买原公有住房	租住公有住房	租住商品房	其他	合计
务工经商	13.26	3.41	2.65	0.38	14.02	48.86	17.42	100
工作调动	26.67	6.67	6.67	6.67	20.00	20.00	13.33	100
分配录用	66.67	16.67	0.00	0.00	0.00	16.67	0.00	100
学习培训	100.00	0.00	0.00	0.00	0.00	0.00	0.00	100
拆迁搬家	49.28	34.78	2.90	7.25	4.35	1.45	0.00	100
婚姻迁入	95.68	1.26	1.08	0.36	0.36	0.36	0.90	100
随迁家属	20.83	15.63	4.17	3.13	16.67	29.17	10.42	100
投亲靠友	48.57	10.00	7.14	7.14	7.14	11.43	8.57	100
其他	51.61	9.68	8.06	3.23	8.06	9.68	9.68	100

从不同的迁移原因看其住房来源，因"务工经商""工作调动"和"随迁家属"迁移的农村劳动力主要以租房为主，所占比例在 40%~63% 之间；因"分配录用""学习培训""婚姻迁入""投亲靠友"以及"其他原因"而迁移的农村劳动力则以自建住房为主，所占比例在 49%~100% 之间；只有因拆迁搬家的农村劳动力以自建住房和购买住房为主。可见，经济性的不固定迁移以租房为主，诸如务工经商、工作调动等；而非经济迁移、强制性迁移以自建住房或购买商品房为主，住房比较稳定。

（2）住房费用与迁移动机

按照住房来源分，一部分为自建住房费用，另一部分为租房费用。从统计结果来看，迁移的农村劳动力中共有 817 人回答了自建住房费用问题。其中，因"婚姻迁入"而迁移的农村劳动力占据大多数，所占比例达到 66.95%，因"拆迁搬家""务工经商""投亲靠友""随迁家属"和"其他"原因而迁移的劳动力分别占 7.96%、

6.36%、6.24%、5.14%和5.5%，因"工作调动""分配录用""学习培训"迁移的农村劳动力回答此问题的比例非常少，三者合计比例为1.84%。

从不同的迁移动机来看，因"务工经商"而迁移的农村劳动力自建住房费用主要集中在3万元以下，所占比例达到80.77%，3万元以上所占比例较小；因"工作调动"而迁移的农村劳动力自建房费用主要集中在3万~5万元，其次为1万~3万元和5万元以上；因"分配录用"和"婚姻迁入"而迁移的农村劳动力自建房费用主要集中在1万~3万元；因"拆迁搬家"而迁移的农村劳动力自建住房费用在5万元以上的比例较高。总体来看，农村迁移劳动力自建住房费用以3万元以下为主，5万元以上占有一定的比例（见表5-7）。

表5-7　　　　　不同迁移动机与自建住房费用情况　　　　单位：%

	1万以下	1万~3万元	3万~5万元	5万以上	合计
务工经商	36.54	44.23	1.92	17.31	100
工作调动	0.00	28.57	42.86	28.57	100
分配录用	20.00	60.00	20.00	0.00	100
学习培训	66.67	0.00	33.33	0.00	100
拆迁搬家	9.23	24.62	21.54	44.62	100
婚姻迁入	34.00	51.55	10.24	4.20	100
随迁家属	28.57	28.57	9.52	33.33	100
投亲靠友	39.22	39.22	3.92	17.65	100
其他	24.44	33.33	8.89	33.33	100

从抽样调查情况来看，共有249人回答了租房费用问题。其中因"务工经商"迁移的农村劳动力所占比例为66.67%，其次因"婚姻迁入"的农村劳动力所占比例为17.67%。可以说，月租房费用支付主要反映了因"务工经商"农村劳动力的月租房费用情况。从不同迁移动机来看，农村劳动力支付的月租房费用主要集中在50~200元，其中因"务工经商""工作调动""分配录用""随迁家属"和"投

亲靠友"中月租房费用以 50~200 元所占比例较大（见表 5-8）。

表 5-8　　　　　　不同迁移动机与月租房支付费用情况　　　　单位:%

	20~50元	50~200元	200~500元	500元以上	合计
务工经商	15.06	57.23	22.89	4.82	100
工作调动	16.67	83.33	0.00	0.00	100
分配录用	0.00	100.00	0.00	0.00	100
拆迁搬家	25.00	25.00	50.00	0.00	100
婚姻迁入	75.00	25.00	0.00	0.00	100
随迁家属	31.82	59.09	4.55	4.55	100
投亲靠友	15.38	69.23	7.69	7.69	100
其他	36.36	63.64	0.00	0.00	100

（3）住房面积与迁移动机

回答"住房面积"的被调查者共有1530人，以"婚姻迁入"为主，所占比例为49.61%，其次为"务工经商"，所占比例为23.66%，"工作调动""分配录用""学习培训"所占比例合计为1.70%，"拆迁搬家""随迁家属""投亲靠友"和"其他"原因迁移的农村劳动力所占比例合计为25.02%。整体来看，迁移农村劳动力人均居住面积以10~20平方米为主，部分因"工作调动"、"拆迁搬家"、"婚姻迁入"和"投亲靠友"而迁移的农村劳动力人均居住面积在40平方米以上。可见，迁移的农村劳动力人均住房面积分布并不均衡（见表5-9）。

表 5-9　　　　　　　　人均居住面积与迁移动机　　　　　　　　单位:%

	务工经商	工作调动	分配录用	学习培训	拆迁搬家	婚姻迁入	随迁家属	投亲靠友	其他
10平方米以下	28.18	13.33	12.50	33.33	5.38	1.71	26.09	7.92	16.22
10~20平方米	54.70	33.33	12.50	33.33	24.73	31.62	38.26	35.64	41.89

续表

	务工经商	工作调动	分配录用	学习培训	拆迁搬家	婚姻迁入	随迁家属	投亲靠友	其他
20~30平方米	4.42	20.00	37.50	33.33	23.66	20.42	9.57	10.89	13.51
30~40平方米	3.04	0.00	12.50	0.00	12.90	13.18	6.09	13.86	8.11
40平方米以上	9.67	33.33	25.00	0.00	33.33	33.07	20.00	31.68	20.27

综上所述，河北农村劳动力迁移动机主要体现为"婚姻迁入"、"务工经商"和"学习培训"，在调查的7816人中，三者所占比例分别为29.1%、27.1%和25.1%。因"学习培训"而迁移的农村劳动力主要是在校学生，主要集中在15~19岁，且大都具有高中及以上学历。在迁移动机中，作为非自愿性"拆迁搬家"、"随迁家属"的农村劳动力也占有一定比例。此外，因"投亲靠友"迁移的农村劳动力也占一席之地。可见，河北农村劳动力迁移动机复杂多样，不同年龄阶段的劳动力的迁移动机呈现多样性。

第四节 河北农村劳动力迁移的区域选择分析

劳动力空间位移的目的指向性以及空间位移行为轨迹共同构成了不同的迁移空间模式，这种空间行为模式既包含了空间距离的位置移动，又包含了时间维度在内。在具体的迁移过程中，劳动力迁移模式则表现为不同的区域选择。换言之，不论劳动力采取何种迁移模式：近距离迁移、远距离迁移、本地迁移、外地迁移，都是以劳动力迁移的始点和终点作为参照点进行描述的。为了从静态角度分析区域人口迁移的空间模式，本章将利用截面数据对河北农村劳动力的空间迁移模式进行分析。

一 人口迁移圈——区域农村劳动力迁移的空间模式

农村劳动力迁移行为的空间模式最终体现为迁入地的选择。照此推论，空间位置的改变具有相对性，即相对于出发地向目的地位移的过程，这一过程中包含了三个最基本的要素：迁移的起点、终点和目标指向性。只有包含这三个要素才能称为完整的迁移。在此，本章提出了以区域为中心，表征区域人口迁移空间模式的概念——人口迁移圈。

（1）人口迁移圈的内涵

关于人口迁移圈，就现有文献成果来看，学术界尚未有一个明确的界定。有学者利用 1985~1990 年省级人口迁移数据，采取因子分析法，按照省际迁移人口的迁入地和迁出地将全国 29 个省区划分成 6 大迁移圈和两个迁移副圈，并确定了迁移重心地，对全国省级人口的地理分布进行了整体描述。[①] 但美中不足的是并没有对人口迁移圈的概念进行说明，且文中提到的人口迁移圈是相对于多区域人口迁移而言，形成的以迁移重心地为主体的区域分布。具体到单区域人口迁移分析中，并不能很好地解释区域人口迁移的空间分布特征。因此，本章以单区域为视角，借用数学中有关圆的概念对人口迁移圈的概念进行界定：人口迁移圈是以某一迁移中心地为圆心、以带有指向性的空间位移为半径所形成的不同迁移轨迹。

本章中的人口迁移圈是用来描述由人口空间位移而形成的人口在一定区域空间分布或聚集状态的轨迹。从定义来看，人口迁移圈的构成首先要选定一个迁移中心地作为原点，立足于迁移中心地，外加带有迁移指向性的箭头，按照不同的迁移距离形成不同的迁移轨迹。原则上称为人口迁移圈，但迁移圈通常并不是以圆圈的形式表现，而是由同一个迁移中心和许多从迁移中心地发散出来的迁移半径组成，并按照迁移半径的长短将迁移距离划分成不同的圈层，形象地称为迁移圈。可以说，人口迁移的最远空间距离决定了迁移半径的长短，同时也表征了区域人口空间的最远位移。为了便于分析，本章对迁移圈的三个构成要素进行简要说明。

①迁移中心地：人口迁移圈的形成必须有一个迁移中心地，它是迁移人口的始点或终点，也是人口迁移圈构成的核心要素。迁移中心地即为选定研究的目标区域，迁移中心地的选择既可以是一个国家，也可以

---

① 王桂新：《中国省际人口迁移地域结构探析》，《中国人口科学》1996 年第 1 期。

是一个地区。选取的迁移中心地不同，将会形成不同的迁移圈。

②迁移半径：是指迁移人口在迁入地和迁出地之间位移的空间距离。迁移半径不同于数学意义上的圆的半径，它具有指向性，这里的指向性是以迁移中心地为参照系的人口迁移的空间位移指向。即不论是由迁移中心迁出，还是由外地迁入迁移中心地，它都表明了人口迁移的方向和距离。

③迁移圈层：也称迁移轨迹，是指由若干个以迁移中心地为圆心，按照不同指向性、不同距离的迁移半径所形成的迁移圈而组成的迁移圈层。由于迁移半径的指向性以及人口迁移产生的空间距离差异，人口迁移轨迹最终会形成不同的迁移圈层。最外层迁移圈与迁移中心地的距离代表了迁移最远空间活动距离，而最近一层的迁移圈与迁移中心地的距离代表了迁移最近空间活动距离（不包含中心地内部的人口迁移活动）。按照常理而言，距离越远，人口迁移的概率越小；距离越近，人口迁移的概率越大，迁移的活动越频繁。因此，最外层迁移圈迁移人口的密集度可能要比临近圈层低。

但很多时候，由于地区经济发展的不平衡性，使得以单区域为中心地形成的迁移圈层并不是按照迁移距离来界定的。此时，可以采用人口迁移聚集度指标来代替，人口迁移聚集度高的地区可称为临近圈层，聚集度适中的地区可称为中间圈层，聚集度低的地区可称为边缘圈层。

(2) 人口迁移圈的理论模型——蛛网形模式、扇形模式

迁移中心地、迁移距离和迁移轨迹三个因素共同构成了人口迁移圈。选择不同迁移中心地、不同的迁移距离以及迁移的指向性则会形成不同的人口迁移圈，也就是不同的人口迁移空间模式。人口迁移圈为分析区域人口迁移的空间分布提供了方便，它能够很好地反映出一个区域人口迁移的广度和聚集度。广度可以用两地之间的空间距离衡量，聚集度可以用迁移的人口数量衡量。现代绘图技术的发展为绘制人口迁移圈提供了便捷的绘图工具，我们可以用不同形式的同心圆表示一个地区人口迁移圈的广度和聚集度，便可在地图上绘制单区域人口迁移圈。

一般而言，人口迁移圈很多时候并不表现出圆形轨迹，受地域地

貌特征的影响，迁移中心地与其他地区间的呈现并不是由中心向四周等距扩散的，很可能表现出非等距的迁移，呈蛛网形扩散、扇形模式扩散。因此，在选定迁移中心地的基础上，把各个目标区域以坐标形式标志于蛛网中，按照迁移距离的相似性（不同的迁移圈层）绘制出迁移轨迹，并将相似距离的目标区域相连，即可得到区域人口迁移圈。在此，本书给出了人口迁移圈的一个基本模式——蛛网形模式，具体可以表示为图5-6。

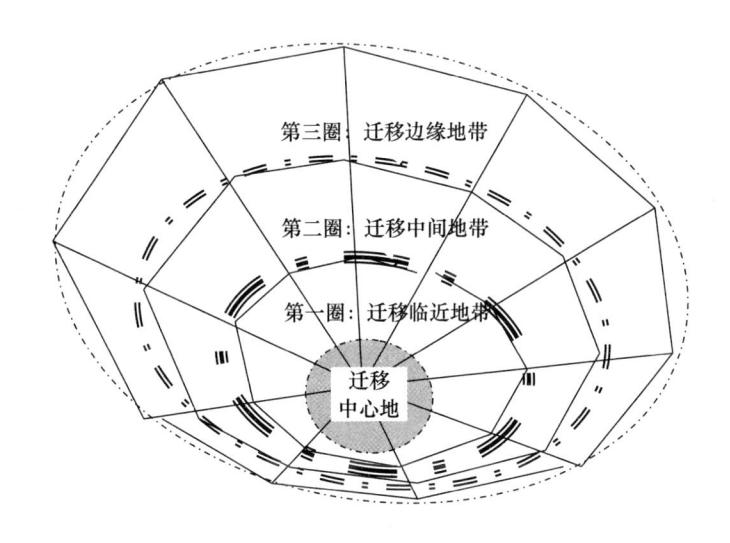

图5-6 人口迁移圈——蛛网形模式

图5-6即为人口迁移圈的蛛网形模式。蛛网经线与纬线的交叉点——节点表示目标区域，经线之间的距离为两个目标区域的空间距离。按照人口迁移半径的长短，将人口迁移圈分成若干个圈层来表示目标区域与迁移中心地的空间接近度。圈层的划分是就空间距离而言的，按照迁移中心地与目标区域之间距离的远近划分，依次为核心圈层、中间圈层和边缘圈层。迁移中心地内部的人口迁移可称为核心圈层；临近圈层是由地理位置毗邻或距离非常近的区域组成的；中间圈层指目标区域与中心圈层地域不相邻，且有一定距离的圈层；边缘圈层是由目标区域与中心圈层地域之间距离跨度非常大的圈层组成。

当然，人口迁移圈不仅能反映人口迁移分布的空间模式，还能体现出迁移中心地对人口迁移的吸引力以及对周围区域的辐射力，同时也能反映区域的开放度以及信息扩散度等。综合而言，人口迁移圈是行为个体在有限理性约束下，地区经济发展差距等外在条件刺激下进行迁移选择决策的结果。因此，人口迁移圈不仅体现了区域经济发展水平对内外部人口的吸引力，同时也是迁移个体有限理性迁移选择结果的体现。

二 河北农村劳动力迁移的空间模式

（1）河北各市农村劳动力省内迁移的空间分布

按照2000年1‰人口抽样调查数据统计，河北于1995年11月1日以后发生迁移的农村劳动力共计1923人，其中各市内迁移所占比例为53.98%（1038人），市外省内迁移所占比例为23.56%（453人），省外迁移所占比例为22.46%（432人），以省内迁移为主。劳动力迁移与地区经济发展有着密切的关系。从各市的迁移情况来看，石家庄、保定和唐山农村劳动力迁移数量较多，这三个地区的经济发展水平在河北也是最高的，衡水和承德农村劳动力迁移规模较小。

表5-10　　　　河北各市农村劳动力迁移　　　　单位:%

	市内迁移	市外省内迁移	省外迁移	占全省的比例
石家庄	14.64	21.19	18.06	16.95
唐山	10.98	12.36	12.50	11.65
秦皇岛	7.03	12.14	6.02	8.01
邯郸	8.19	7.28	7.18	7.75
邢台	12.14	7.28	3.70	9.10
保定	18.11	11.70	14.58	15.81
张家口	6.55	8.83	3.94	6.50
承德	5.49	6.18	3.70	5.25
沧州	7.32	7.06	9.26	7.70
廊坊	3.95	2.87	17.36	6.71
衡水	5.59	3.09	3.70	4.58

从迁移方向来看，各地区主要以市内迁移为主。保定市内农村劳动力迁移比例最高，占迁移人口的比例为18.11%；石家庄、邢台和唐山次之；邯郸、沧州、秦皇岛水平相当；张家口、衡水、承德和廊坊所占比例最低，其中廊坊在全省的比例最低。从市外省内迁移看，石家庄所占比例最高，为21.19%，唐山、秦皇岛、保定次之，除廊坊和衡水在全省所占比例最低外，其他市农村劳动力市外省内迁移所占比例接近。从省外迁移来看，石家庄和廊坊从省外迁入的农村劳动力所占比例最高，分别为18.06%和17.36%，其次为保定和唐山，沧州、邯郸、秦皇岛水平相当，邢台、张家口、承德和衡水所占比例最低。

按照河北省各市对市外农村劳动力的吸引力强弱，将其划为三类：

第一类：农村劳动力吸引力较强区，包括石家庄、唐山、保定和廊坊。

石家庄作为省会城市，对省内和省外的农村劳动力都有很大的吸引力，其市内和市外（含省外）迁移所占比例分别为46.63%和53.37%。

唐山地处环渤海湾中心地带，南临渤海，北依燕山，东与秦皇岛市接壤，内与北京、天津毗邻，是连接华北、东北两大地区的要地和极其重要的走廊。作为河北的沿海重工业城市，经济实力雄厚，外加独特的环渤海区位优势，对市外（含省外）农村劳动力有着较强的吸引力，迁移的农村劳动力占总数的比例在全省也是非常高的，位居全省第二位。

保定地处京、津、石三角腹地，市中心北距北京140公里，东距天津145公里，西南距河北省会石家庄125公里，直接可达首都机场、正定机场及天津、秦皇岛、黄骅等海港。保定的经济和社会各项事业取得了长足发展，人民生活水平迅速提高，目前已形成了以汽车制造、机电、纺织、食品、建筑建材和信息产品制造等行业为主的工业生产体系。对市内和市外（含省外）农村劳动力的吸引力较强。

廊坊地处京津两大城市之间，环渤海腹地，北临京都，东与津门交界，受北京大都市经济发展的影响，对外省农村劳动力吸纳能力较强，迁移的农村劳动力所占比例在全省范围内也是很高的。

第二类：农村劳动力吸引力中强区，包含秦皇岛、沧州、邯郸三地。

秦皇岛和沧州濒临海域，海运条件优越，邯郸属于工业城市，三个地区的交通条件便捷，对市外农村劳动力吸纳能力较强，但不及石家庄、唐山、保定等地。

第三类：农村劳动力吸引力较弱区，包括邢台、张家口、承德和衡水。

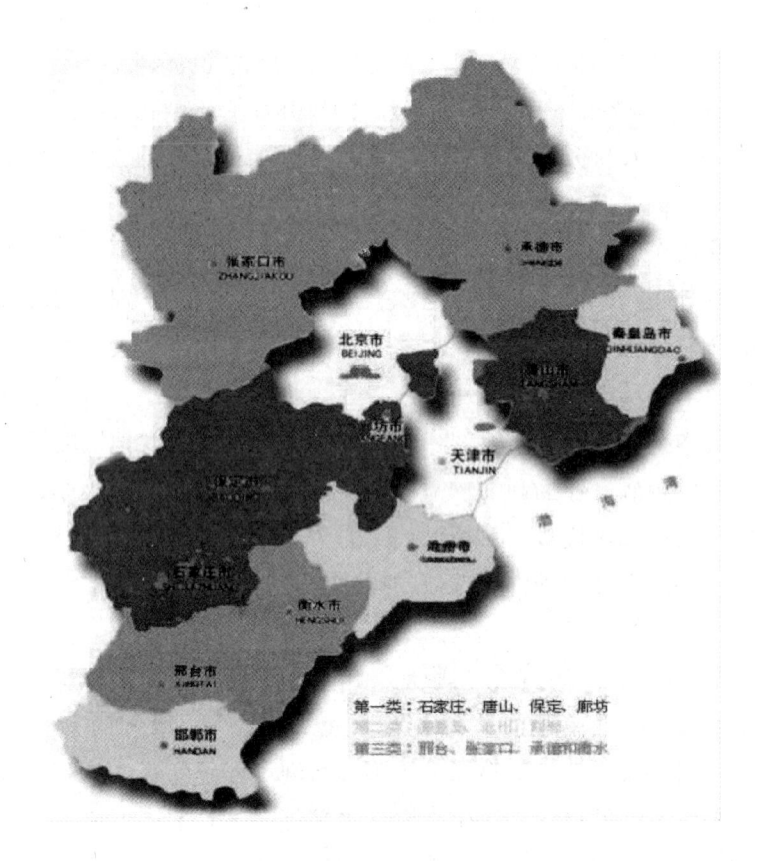

图5-7 河北各市农村劳动力迁移的空间分布模式

张家口、承德两地属于半山区，邢台和衡水虽属华北平原，但这几个地区的经济发展水平相对较低，对农村劳动力的吸引力不强。

交通的便利度、区域经济的辐射力和区位条件的优势对省外农村劳动力有着很大的吸引力。河北各市对省外劳动力吸引力较强的地区主要沿京津石、京津唐的主干线分布，及贯穿河北东北部至西南部的交通干线，与河北"一线两厢"的战略模式类似。[①]

（2）河北农村劳动力的省际迁移空间分布

就全国范围而言，以河北作为迁入地的外省（市）农村劳动力分别来自北京、天津、山西、山东、内蒙古、辽宁、吉林、黑龙江等27个省（市、区）。

从迁移的原因来看，经济动机是吸引省外农村劳动力迁移的主要原因。从迁移动机与区域选择的交叉分析来看，因"务工经商"迁移的农村劳动力共计521人，其中省外农村劳动力因"务工经商"迁入河北所占比例为80.61%。可见，经济动机是吸引外省农村劳动力来河北的最主要原因。具体省际农村劳动力迁移分布见表5-11。

表5-11　　2000年河北农村劳动力省内迁移和省际迁移分布

地区	人口（人）	地区	人口（人）
北京	6	河南	60
天津	1	湖北	45
河北	453	湖南	7
山西	22	广东	5
内蒙古	39	广西	5
辽宁	15	海南	1
吉林	16	重庆	7
黑龙江	36	四川	58
江苏	3	贵州	9
浙江	17	云南	5
安徽	30	陕西	6
福建	6	甘肃	4
江西	1	宁夏	1
山东	25	新疆	2

---

① 河北"一线两厢"发展战略的核心是：依据各市地理位置、资源条件和经济基础的不同实际，以石家庄、保定、廊坊、唐山、秦皇岛5市为中间一线，全面提升整体经济规模、素质和水平，建设全省经济发展的隆起带；以邯郸、邢台、衡水、沧州4市为"南厢"，打造新的经济增长极；以张家口、承德2市为"北厢"，大力改善基础设施建设，努力实现新跨越。

据抽样调查的原始数据统计，外省迁入河北的农村劳动力数量相对较少，河北农村劳动力的迁移主要以省内迁移为主，占农村迁移劳动力总数的51.19%，这也符合东部地区以省内迁移为主的特征。由外省迁入河北的农村劳动力中，河南、四川、湖北、内蒙古、黑龙江、安徽、山东以及山西迁入河北所占比例较大，天津、江西、海南、宁夏迁入河北所占比例较低，其他一些省市也有部分农村劳动力迁入河北，但所占比例都不高。从抽样调查数据来看，河北对省外农村劳动力的吸引力并不强。其原因主要为：

①河北位于环渤海经济发展带的中心位置，区位条件优越，但受北京和天津两个特大级城市辐射性影响强烈，一些资金、人才资源被京津两个特大城市所吸引，在这种经济辐射下，河北对省外农村劳动力的吸纳力颇显薄弱。

②产业结构与就业结构不协调，极大地削弱了对省外农村劳动力的吸引力。据2007年统计，河北三产就业结构为41.73∶32.20∶26.07，从经济结构来看，第二产业是推动河北经济发展的支柱产业，也是主导力量，第三产业是推动经济发展的重要支撑，第一产业优势则略显不足。产业结构和就业结构的严重滞后抑制了河北对省外农村劳动力的吸引力。

（3）河北农村劳动力省际迁移的空间模式

按照人口迁移圈的构成要素，本章以河北为迁移中心地，绘制各地区农村劳动力人口迁移圈，如图5-8所示。

从迁移人口的聚集度看，河北对周围相邻省份如山西、山东的吸引力不强，对西南地区的四川，东北地区的黑龙江、吉林，东南地区的安徽，中南地区的湖北农村劳动力有着较强的吸引力。从整体来看，河北对外省人口的吸引力由中心向四周逐级递减的规律性不明显。根据各地区迁入河北的人口数量，按照人口圈层的划分标准，将其分为三个圈层：

临近圈层（30~60人）：河南、湖北、四川、内蒙古、黑龙江、安徽。

中间圈层（10~30人）：山西、辽宁、吉林、浙江、山东。

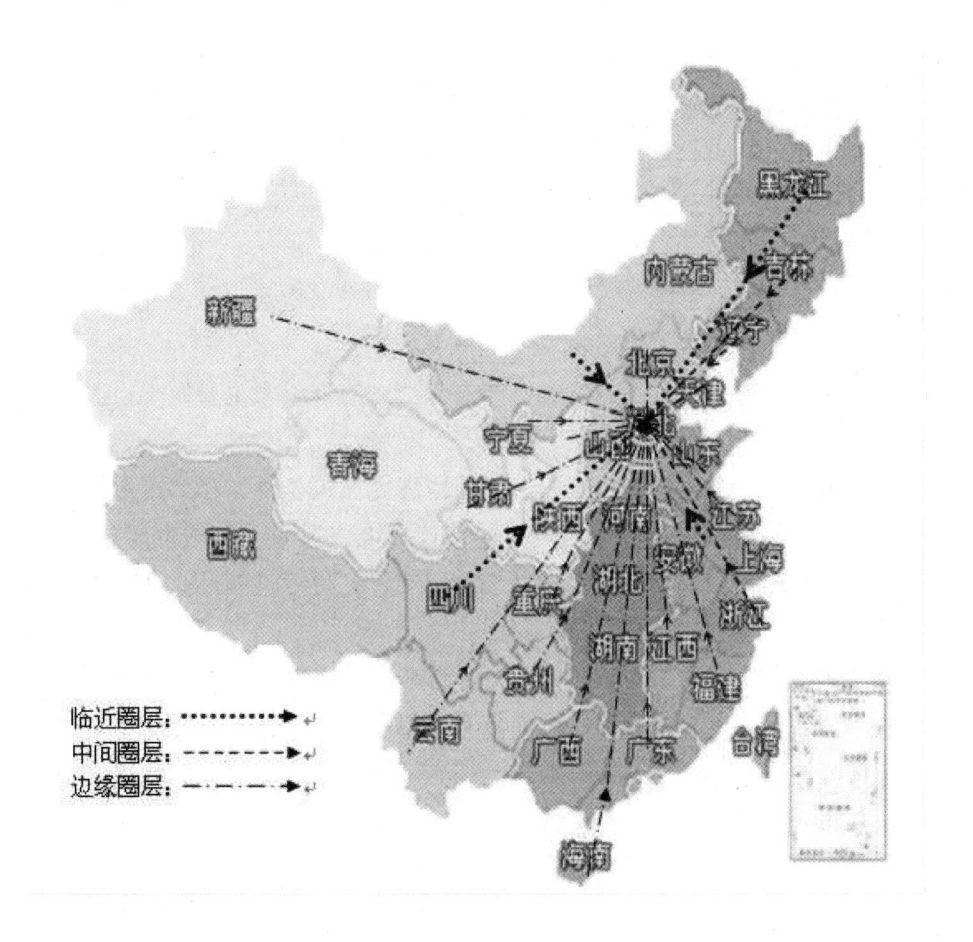

图 5-8 河北省际农村劳动力迁移圈

边缘圈层（10 人以下）：北京、天津、江苏、福建、江西、湖南、广东、广西、海南、重庆、贵州、云南、陕西、甘肃、宁夏、新疆。

由图 5-8 可见，河北对外省市农村劳动力辐射力东北方向最远为黑龙江，最南方延伸至海南，西北方最远至新疆，西南方最远至云南。

从圈层划分来看，河北对外省（市、区）农村劳动力的吸引力一方面受两地空间距离的影响，另一方面与地区经济发展水平有着密切关系。诸如临近圈层包含的地区中，除河南、内蒙古与河北毗邻外，湖北、四川、黑龙江以及安徽4地并未与河北毗邻，且距离较远。从各地区经济发展水平看，据2000年统计数据，河北人均GDP为7663元，河南为5444元，内蒙古为5872元，湖北为7188元，四川为4784元，黑龙江为8562元，安徽为4867元。除黑龙江人均GDP高于河北外，其他地区人均GDP都低于河北。由此可见，除了受地区经济发展差距的影响外，获得较好的生存和发展机会也是河北吸引东部地区（包括黑龙江）农村劳动力来河北的主要原因。

通过上述分析，区域对农村外来劳动力的吸引力主要源于以下几方面：

①区域间空间位置的毗邻。主要体现为区位条件，相邻区域的劳动力迁移的频率较高，劳动力在迁移选择上主要表现为短距离迁移，这种就近迁移的成本也相对较低，跨省迁移劳动力"就近迁移"的特征明显。

②便捷的交通条件。主要是指为劳动力迁移提供交通工具的便捷度。从前面分析可以看出，河北具有其他省份所不具备的"两环"区域优势，且交通发达，拥有通过全国各地便捷的交通网，成为河北吸引远距离劳动力的又一关键因素。

③较高的经济发展水平。就全国水平而言，河北经济发展水平处于中上游，对经济发展落后地区的农村劳动力具有较强的吸引力。河北属于东部地区，与京津两地相比，工资水平和消费水平较低，且宜居程度较高，这也成为河北吸引外省农村劳动力的优势。

三 影响农村劳动力迁移选择因素的实证分析

制约农村劳动力迁移的因素很多，不同的禀赋因素对农村劳动力区域选择有着不同的影响。以河北为例，本章将农村劳动力迁移分为省内迁移和省外迁移两类，并利用离散变量模型从实证角度对农村劳动力迁移区域选择的禀赋因素进行分析。

（1）模型变量的选取

从前面人口迁移的区域选择和迁移原因的交叉分析可知，除了"学习培训"和"婚姻迁入"外，河北农村劳动力迁移主要以"务工经商"为主。为了简化数据以及与后面迁移行为经济效应分析保持一致性，本章截取以"务工经商"为迁移原因的农村劳动力数据，并以此对农村劳动力迁移的区域选择进行分析，共计样本量521个。

按照2000年人口普查长表中的相关问题设计，本章以农村劳动力的区域选择作为因变量，其中省内迁移记为1，省外迁移记为0，即农村劳动力迁移的区域选择是一个[0，1]变量。同时，选取农村劳动力的能力禀赋（劳动者的年龄、文化水平）、资本禀赋（家庭人口数、职业类型、工作时间、地区人均GDP）和资源禀赋（居住地类型）等相关指标作为解释变量，对农村劳动力的迁移区域选择进行分析，具体变量及其解释如下：

因"务工经商"迁移的农村劳动力中，省内迁移所占比例为51.6%，外省迁入河北的农村劳动力所占比例为48.4%。受教育水平以初中水平为主，所占比例为69.3%。从迁移农村劳动力的年龄分布来看，主要集中在20～29岁和30～39岁两个年龄组，所占比例分别为48.2%和24.2%，二者合计为72.4%，其他年龄段所占比例较低。从婚姻状况来看，已婚迁移人口占多数，所占比例为60.5%。家庭人口数以2～5人为主，所占比例为78.12%。

从就业情况来看，按照国家统计局对国民经济行业分类的19个大类中，河北迁移农村劳动力的行业分布共涉及16个大类，以制造业为主，所占比例为45.3%。其次主要分布在信息传输、计算机服务和软件业、批发零售业和住宿餐饮业三大行业中，所占比例分别为11.1%、12.3%、14.4%，其他行业中分布的比例较低。从事有收入的工作时间一周以7天为主，所占比例为83.1%。

从各地区经济水平来看，2000年河北人均GDP为7366元，人均GDP最高是北京，为22460元，最低是甘肃，为3838元。

（2）模型的建立与回归结果分析

按照上述指标的选取，本章采用二元离散变量模型（Probit, Logit）对农村劳动力选择省内迁移和省外迁移的影响因素进行分析，建立模型如下：

Probit模型：

$Y^* = \beta_0 + X_1\beta_1 + X_2\beta_2 + X_3\beta_3 + X_4\beta_4 + X_5\beta_5 + X_6\beta_6 + X_7\beta_7 X_8\beta_8 + X_9\beta_9 +$

§, $y = 1 \, if \, y^* > 0$ (5 - 1)

Logit 模型：

$$P_i = E(Y_i = 1/X_i) = \frac{1}{1 + e^{-z_i}} \quad (5-2)$$

$Z_i = \beta_0 + X_1\beta_1 + X_2\beta_2 + X_3\beta_3 + X_4\beta_4 + X_5\beta_5 + X_6\beta_6 + X_7\beta_7 X_8\beta_8 + X_9\beta_9 + \varphi$

其中：

y^* 表示迁移方向，是一个取值为 [0，1] 的虚拟变量，省内迁移设为 1，省外迁移设为 0。

x_1 为迁移者的性别，为虚拟变量，男 = 1，女 = 0。

x_2 为实际年龄，分布在 15 ~ 64 岁之间。

x_3 为迁移者的受教育水平，为虚拟变量，共划分为三类：小学及以下、初中、高中和中专。基准组为小学及以下。

x_4 为迁移者的婚姻状况，为虚拟变量，未婚 = 1，已婚、再婚、丧偶 = 0。

x_5 为迁移者的民族状况，是一个取值为 [0，1] 的虚拟变量，汉族 = 1，少数民族 = 0。

x_6 为家庭人口数。

x_7 为就业的产业分布，将 14 种产业划分为第二和第三产业，基准组：第三产业。

x_8 为一周内有收入的工作时间。

x_9 为各地区人均 GDP 水平，在具体的回归过程中取了对数。

x_{10} 为迁出地类型，基准组为本乡镇街道。

具体模型回归结果如下：

表 5 - 12   河北农村劳动力跨省迁移的影响因素分析

	模型 1（Probit）	模型 2（Logit）
能力禀赋		
性别 x_1	-0.2920**	-0.4562**
	(-2.1469)	(-1.9952)
年龄 x_2	-0.0014	-0.0033
	(-0.1614)	(-0.2220)

续表

	模型 1（Probit）	模型 2（Logit）
初中 x_{3-1}	0.5152***	0.8604***
	(3.1787)	(3.1058)
高中 x_{3-2}	0.3642	0.6275
	(1.3740)	(1.4024)
资本禀赋		
婚姻 x_4	0.3667**	0.5898**
	(2.0709)	(1.9718)
民族 x_5	-1.3809***	-2.3644***
	(-3.6465)	(-3.1286)
家庭人口 x_6	-0.1427***	-0.2348***
	(-4.7542)	(-4.6068)
第二产业 x_7	-0.2415**	-0.4118**
	(-1.8194)	(-1.8371)
工作时间 x_8	-0.1558**	-0.2711**
	(-2.0086)	(-2.0274)
Ln（人均 GDP）x_9	1.6600***	3.0322***
	(6.5903)	(6.3029)
资源禀赋		
镇的居委会 x_{10-1}	0.6130	1.0170
	(1.3035)	(1.1977)
镇的村委 x_{10-2}	-0.2202*	-0.3968*
	(-1.6660)	(-1.7754)
街道 x_{10-3}	-0.3779	-0.6777
	(-1.2381)	(-1.3369)
常数项	-11.7969	-21.8064
	(-4.9990)	(-4.8756)
观测值	500	500

注：1. 括号中为标准差。2. * 代表在临界值为 10% 下显著，** 代表在临界值为 5% 下显著，*** 代表在临界值为 1% 下显著。

从模型回归结果来看，能力禀赋、资本禀赋和地区经济发展水平

对农村劳动力的迁移行为有着显著影响,具体分析如下:

能力禀赋中,性别、受教育水平对农村劳动力迁移选择影响显著。性别对农村劳动力的迁移选择有着显著负影响,相对于男性而言,女性劳动力更倾向于省外迁移。初中文化水平的劳动力更倾向于选择省内迁移,高中及中专文化水平对劳动力的迁移选择没有显著影响。

资本禀赋中,婚姻、民族、家庭规模、就业状况对农村劳动力迁移选择均有着显著影响。未婚的农村劳动力相对于已婚的农村劳动力更倾向于选择省内迁移。少数民族农村劳动力倾向于省外迁移。家庭人口数量越多,劳动力越倾向于省外迁移。外省迁入河北的劳动力主要分布在第二产业中,如制造业和建筑业,这与河北的产业布局有着密切关系。相对于省内迁移而言,外省迁入的农村劳动力一周工作的时间更长。

资源禀赋中,从迁出地类型来看,相对于迁出地类型为"乡"的劳动力而言,从镇的村委会迁出的劳动力更倾向于选择省外迁移。

从区域经济吸引力来看,地区人均GDP对农村劳动力迁移选择有着显著正影响,且在0.01的水平上显著,说明地区经济水平对农村劳动力可产生正向吸引力。地区经济水平越高,农村劳动力越倾向于区域内迁移;区域经济水平越低,农村劳动力越倾向于向经济水平高的地区迁移。可见,区域经济差距是吸引农村劳动力跨省迁移的重要影响因素。

第五节 农村劳动力迁移行为的效应分析

生产要素尤其是劳动力资源在不同区域间的流动,已经成为世界经济和区域经济发展的不可阻挡之势,也为实现区域经济全面协调发展提供了劳动力资源保障。农村劳动力区域间流动无疑产生了很多效应,既包括经济效应也包括社会效应。如何正确地看待和发挥劳动力流动效应是合理规划、引导劳动力有序转移的根本。本书立足于区域，从理论上对农村劳动力的迁移效应进行归纳。

一 农村劳动力迁移的要素禀赋聚集效应

聚集效应是一种常见的社会经济现象，是由于各种生产要素在特定空间状态的变化引起的某种生产要素在一定空间内的聚集和增长。就此来看，聚集效应可以通过两个方面产生，一是作为社会生产主体的人，二是作为社会生产物质基础的物。

一般而言，聚集效应是通过资本、劳动力资源流动引起的，这些空间要素的集聚，既可包含区域内的，也可以包含区域外的。经济活动主体与要素聚集之间存在密切关系，首先，劳动是最重要的空间要素之一，作为劳动载体的劳动力（人）便具有生产要素和经济活动主体的双重属性，劳动力流动可以带动生产要素流动，并通过流动实现要素聚集；其次，经济活动主体——劳动力的选择行为对空间要素聚集具有重要的决定作用，聚集过程中的流入、流出是区域经济活动主体进行区位或区域选择的结果；最后，要素聚集是聚集的最终表现形式，要素是经济活动主体进行经济活动的对象，任何经济活动的结果都将伴随特定的空间要素数量和结构的变化。[①] 劳动力的迁移流动，在流入效应的作用下将使流入地的空间要素数量增加，会改变空间要素结构，从而对流入地产生正向聚集效应，主要体现为区域的分工和专业化效应、经济效应、市场效应以及外部效应。需要说明的是，本书所指的劳动力聚集效应是以适度迁移为前提的。

（1）分工和专业化效应，是指由于要素聚集给区域经济活动主体带来的分工与专业化方面的影响。分工与专业化作为近代经济增长的一种生产方式，是推动经济增长的重要力量之一。分工和专业化需要相应的外在环境和条件，农村劳动力的迁移行为改变了区域空间要素的组合状态，使得某类要素数量增加，从而产生聚集效应。从农村劳动力的产业分布来看，主要集中于第二产业和第三产业，第二产业主要集中在加工制造业、建筑业中，第三产业主要分布在与人们生活息息相关的餐饮服务业、居民服务业、商品零售和批发行业等。劳动力的聚集

---

① 参见郝寿义《区域经济学原理》，上海人民出版社2007年版，第178页。

将会增加这些行业的要素增量,在这些行业中形成聚集经济。而第二、第三产业的聚集发展又是城市化、经济现代化的必然趋势。分工的专业化促进产业结构优化升级,从而更有利于促进区域经济的发展。

(2)经济聚集效应,是指由于人口聚集导致经济规模增加而给区域发展带来的有利影响。区域经济发展需要靠人才聚集实现,劳动力迁移繁荣了城市非正规就业,增强了城市乃至流入地经济的发展动力。尤其是跨省迁移的劳动力往往流入大中城市,通过人口聚集也增强了大城市自身经济的凝聚力,通过大城市的经济辐射带动周边地区的成长,乃至推动整个区域经济发展。

(3)市场效应,劳动力聚集会引发市场需求扩张和市场供给能力增强,拓展了市场的发展空间。区域空间内聚集大量人口,带来巨大的市场需求,这种需求一方面表现为消费者个体需求,另一方面表现为企业为保障生产和再生产所需的原材料、能源、设备以及人力需求。需求是拉动区域经济增长的驱动力,聚集也会带来市场供给能力的增强,使得生产者、消费者以及具有内在联系的经济活动主体之间空间距离拉近,在发生经济联系或进行交易时可节省时间和交易费用。

(4)外部效应,是指由于聚集给区域内的经济活动主体带来的外部经济。外部性的产生与人类经济活动的相互作用有关,也是聚集效应产生的原因。一方面,使经济活动主体能够更好地获得信息和技能,大量经济活动聚集在一起,可促进区域资源优势互济,实现区域优势资源的利益共享。另一方面,通过劳动力要素聚集产生的经济聚集效应能够提高区域的整体福利水平,从而有利于提高区域内个人的社会福利水平。

二 农村劳动力迁移的禀赋优化效应

劳动力迁移的过程即是资源有效配置的过程,也是劳动力实现自身禀赋优化的过程。通过流动,农村劳动力的能力禀赋得到提升,相应的,劳动力获取资本和资源禀赋的能力也随之增强,其生存发展的空间也进一步拓宽。主要体现为微观和中观两个层面。

(1)微观层面:其一,农村劳动力迁移是为了获得经济利益或实现自身发展为动机的迁移。迁移就业将会增加劳动力个人和家庭的经济收入,改善其生存和发展环境,迁移就业给劳动力带来的经济效益是非常明显的。其二,优胜劣汰的市场竞争机制,要求劳动力必须掌握一定的职业技能,才能在劳动力市场中占有一席之地。竞争机制迫使劳动力在寻求就业过程中通过不断的学习和培训提高自身禀赋水平。随着禀赋水平的优化,劳动者也将会寻求新的岗位。在农村劳动力迁移过程中,通过不断的学习使得职业技能得到提升,同时其思维方式以及各项思考的能力也会增强,即劳动力禀赋水平不断优化。可见,迁移的过程对劳动力个体而言就是使劳动力禀赋得到优化提升的过程。

(2)中观层面:农村劳动力个体迁移提升了区域间劳动力资源的禀赋水平,缩小了城乡间、地区间差距,有利于提高劳动力资源配置效率。劳动力的技能和素质具有异质性,在完全竞争市场下,边际收益等于边际成本的原则能够诱导劳动力从低收入地区(行业)流向较高收入的地区(行业)。① 在劳动力迁移流动过程中,一方面,通过迁移缩小了城乡、地区差距。尽管学术界对这一结论仍存在争议,但大部分学者认为农村劳动力迁移对地区差距具有收敛的影响,在一定程度上抑制了城乡及地区差距的扩大。② 另一方面,通过迁移提高了人力资源的配置效率,促进了区域经济发展。诸如第二、第三产业,具有门类广、行业多、劳动密集型、技术密集型和资本密集型产业并存的独特优势,大量不同层次的农村劳动力的涌入,有利于调节迁入地劳动力市场供需,实现劳动力资源的合理配置。与此同时,对于迁入地而言,农村劳动力的流入能够增加地区劳动力资源存量。农村迁移劳动力主要以青壮年劳动力为主,且这些处在黄金年龄阶段的劳动力受教育水平较高。无疑这些农村中的"精英"流入城市,必然对拉动城市经济增长发挥重要作用。由此可见,劳动力迁移对区域经济增长产生了双向驱动力,并通过劳动力迁移流动取得迁入地和迁出地禀赋水平提升的"双赢"硕果。

---

① 毕先萍:《劳动力流动对中国地区经济增长的影响研究》,《经济评论》2009年第1期。
② 李实:《中国农村劳动力流动与收入增长和分配》,《中国社会科学》1999年第2期。

三 农村劳动力迁移的统筹城乡发展促进效应

农村劳动力的迁移流动加快了城市化的步伐，同时也加快了城乡二元结构的转型。① 大量农村劳动力流入城镇，部分农村劳动力人口已成为"市民"，推动了城市化进程。同时，随着大量农村劳动力从第一产业向第二、第三产业迁移流动，第一产业从业人员越来越少，第二、第三产业从业人员越来越多，也不断推动区域就业结构的优化升级。综合而言，劳动力迁移流动无论对城市还是农村都具有促进作用。就农村而言，富余的农业劳动力通过迁移就业获得一定的经济收入，提高了农村消费水平和储蓄，刺激了市场需求；通过转移就业使劳动力积累了一定的资金、技术，一些劳动力带着资金技术回乡创业，在一定程度上带动了农村经济发展。就城市而言，大量不同阶层的农村劳动力流入城市，填补了城市岗位的空缺，繁荣了市场，增强了城市的凝聚力。可见，农村劳动力迁移为发展农村经济、增加农民收入、繁荣城市经济做出了重要贡献。

四 农村劳动力迁移的文化融合效应

劳动力迁移不仅只是以获得经济性收入为目的的空间位移，同时也是知识、文化相互交融的过程。文化交融使不同的生活习俗、语言文字、知识技能相互渗透影响、互通有无、取长补短、优势共济，从而推动了科技水平的快速发展。这种文化融合效应主要体现在以下几个方面：

迁入地与迁出地之间的文化融合。我国国土幅员辽阔，地区间社会经济发展水平、地貌特征、人文习俗、饮食文化等都存在诸多的不同。农村劳动力本身就是具有地区文化属性的人口，这些区域性文化习俗将会随着劳动力与迁入地人口的交融而逐渐同化。例如，中、西部农村劳动力向东部迁移，迁移的时间越长，这种文化交融程度就越深。劳动力经过长时间在迁入地的居住，一些饮食习惯、思维习惯都会受迁入地人口的影响，这在一定程度上促进了外来人口与本地人口的文化融合。

---

① 盛来运：《农村劳动力流动的经济影响和效果》，《统计研究》2007年第10期。

区域间的优势互济。任何国家或地区的经济发展都是多种文化交流的结果，面对经济全球一体化，劳动力的迁移流动，必然会带来各种文化的流动。这种文化的流动不仅包括一般意义上的语言文字、风俗习惯，而且也包含了作为劳动者就业所必需的劳动技能。劳动力从农业向非农产业的转移以及农业产业内部转移，这种生产技能的融合与发展无处不在。例如，农业内部转移，具有农业生产技能的新型劳动力，将现代农业技术应用到生产中，利用科学技术改造农业生产，发展生态农业、观光农业以及农副产品深加工等，这种农业内部的迁移流动也加速了区域间的农业技术交流和传播，对先进农业技术推广和普及起着扩散性作用，从而促进了农业科技的进步。

农村劳动力迁移也存在一些负效应。一旦出现无序的状态，形成一种"逆效应"，会产生很多负面的影响：一是农村劳动力的过度流出，直接损害了流出地的农业生产，并把各种社会负担转嫁给未流出人口，从而导致持续不断的外流潮；二是农村劳动力一旦无序外流，往往与流入地的人口产生社会经济上的摩擦，酿成社会不稳定因素。例如给城市社会安全带来隐患，造成迁入地整体福利水平下降，流动人口管理问题等。但只要规范合理引导，充分发挥正效应，降低负效应，对统筹城乡发展才真正具有促进意义。

第六节 本章小结

本章以河北省为例，利用2000年人口普查1‰抽样调查原始数据从中观层面对河北省农村劳动力迁移行为进行了理论和实证研究，分析了区域农村劳动力迁移行为及其禀赋影响因素，重点探讨了农村劳动力迁移的空间分布模式。

立足于区域视角，界定了单区域人口迁移圈的概念，并对其内涵进行了详细阐述。根据区域社会经济发展对劳动力的吸引力以及区域辐射力，按照区域对外来人口吸引的空间特征，将人口迁移圈分为蛛网形、扇形模式。通过实证研究发现，河北作为东部地区之一，在独特区位优势、经济快速发展推动下，对外来农村劳动力的吸引力不强，主要以省内迁移为主。其原因主要是北京、天津两个特大级城市的辐射以及河北产业结构和就业结构不协调。

人口迁移圈的界定对研究区域人口迁移分布有着重要的借鉴意义。一是迁移半径能够直接体现区域人口迁移流动的最远空间活动距离；二是能直观地表现区域人口迁移的流量和流向，有利于从整体上把握区域人口的迁移态势；三是人口迁移圈体现了区域社会经济整体实力对周围区域人口的吸引力和辐射力，从另一方面反映了区域经济实力和外向度。

从中观层面总结了农村劳动力迁移产生的四种效应：要素禀赋聚集效应、劳动力禀赋优化效应、统筹城乡发展的促进效应和文化融合效应。迁移是一种必然趋势，应充分发挥农村劳动力迁移过程中的正效应，最大限度降低其"逆效应"，实现区域劳动力资源整体禀赋水平的提升。

第六章 农村劳动力迁移行为的微观研究

从现有研究成果来看，一般认为，大多数迁移人口为了更高的收入而产生流动；但也有学者认为，是流入地更好的生存环境吸引了人口的流动；还有一部分学者认为是家庭收益最大化影响着人们的迁移决策。[①] 在农村人口受教育水平的提高、农村产业结构的调整、新农村建设的逐步推进等诸多因素作用下，哪些因素影响着我国农村劳动力的迁移选择？在不同的迁移选择下又会表现出怎样的迁移特征？不同的迁移行为将会产生怎样的迁移效应？本章将利用全国部分地区的问卷调查数据对这些问题进行解答。

第一节 农村迁移劳动力的禀赋特征

本次调查共发放问卷600份，经过对问卷信息的仔细校对、核实，共获得有效问卷513份，回收率为84.67%。其中发生迁移的劳动力占80.31%，未发生迁移的劳动力占19.69%。本书的研究对象是发生迁移行为的劳动力，未发生迁移行为的劳动力样本不作为本书的研究对象。从调查地点来看，包括河北省的11个市和省外部分地区，省外包括河南、吉林、长春和陕西等地，其中省内调查的样本量为281份，省外调查样本的合计量为131份，合计样本量412份。调

---

① 段平忠：《我国流动人口行为的影响因素分析》，《中国地质大学学报》（社会科学版）2008年第1期。

查对象为 15~64 岁的农村迁移劳动力，调查问卷的发放主要委托某高校本科生和研究生利用假期社会实践调查进行。从初步统计来看，跨省迁移的农村劳动力主要分布在河北、山西、内蒙古、辽宁、吉林、江西、山东、河南、湖北、陕西、甘肃、广西 12 个省区。尽管样本量较少，但涉及的地区范围较广，能够反映出农村劳动力迁移行为的一般特征。

一 农村迁移劳动力能力禀赋特征

（1）农村迁移劳动力的性别、年龄和体能特征

在所调查的 412 个迁移样本中，男性所占比例为 63.8%，女性为 36.2%。其中身体健康的劳动力所占比例为 96.6%，身体状况欠佳的劳动力所占比例为 3.4%。从分性别劳动力的年龄分布来看，迁移劳动力的年龄主要集中在 20~29 岁，所占比例分别为 47.53% 和 48.99%；30~39 岁和 40~49 岁两个年龄段所占比例较高，合计比例分别为 39.54% 和 34.90%；15~19 岁和 60~64 岁两个年龄段迁移劳动力所占比例较低。迁移劳动力的年龄中位数为 29 岁，以青年劳动力为主，呈现明显的"两头低、中间高"的波峰形式（图 6-1）。

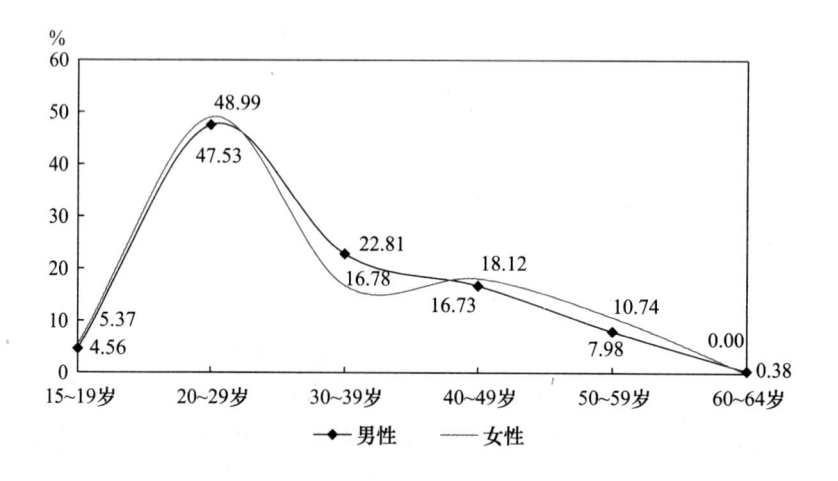

图 6-1　农村迁移劳动力的年龄曲线

（2）农村迁移劳动力的受教育水平和技能

从受教育水平来看，迁移劳动力受教育水平以初中为主，所占比例为48.1%；其次为高中，所占比例为28.2%；大专和小学所占比例分别为8.0%和15.8%。迁移劳动力的平均受教育水平为9.76年，① 介于初中和高中水平之间。

从劳动力的分年龄受教育水平来看，15~19岁初中和高中学历劳动力所占比重相当，20~29岁青年劳动力的受教育水平普遍较高，具有初中和高中学历的劳动力分别占调查样本总数的19.4%和18.20%，30岁以上劳动力受教育水平均以初中为主。随着我国农村义务教育的发展，现阶段农村青壮年劳动力文化水平较过去有了很大提高，尤其是"80后"（15~29岁）劳动力的文化水平提高得很快，与上一代相比，新生代农村劳动力的教育水平有了明显改善（图6-2）。

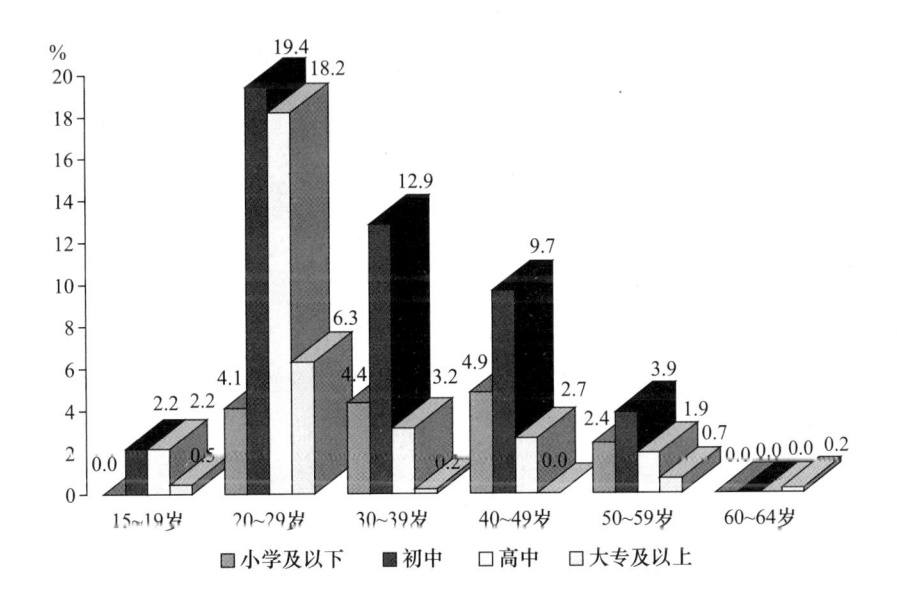

图6-2 河北分年龄农村迁移劳动力的受教育水平

从劳动力掌握的技能情况来看，调查样本中没有任何技能的劳动

---

① 本书的受教育年限计算按照小学以下3年、小学6年、初中9年、高中12年、大专及以上15年乘以相应教育程度人口数再相加，并与总人口相除得到。

力所占比例为39.6%，掌握技能的劳动力所占比例为60.4%。从掌握技能种类来看，以工匠（电工、瓦工、修理等）、驾驶技术和烹饪为主，分别占有技能劳动力总数的32.13%、28.92%和16.87%；从掌握技能劳动力的年龄构成来看，20~39岁中青年劳动力中掌握各种技能的比例较高，占调查样本数据的比例在62%以上，其他年龄阶段掌握各种技能的比例也在5.5%~5.8%之间，各年龄阶段掌握技能的比例差距不大。

（3）农村迁移劳动力就业能力评价

从调查情况来看，有7.04%的农村劳动力认为外出找工作很难，32.77%的认为较难，46.60%的认为一般，9.47%的认为比较容易，2.91%的认为非常容易，农村劳动力对外出找工作难易程度的评价参半。我们以找工作的难度"一般"为界，找工作较难和非常难归为一组，找工作一般、较容易和非常容易归为一组，共分成两类。从分年龄来看，30~39岁的农村劳动力认为找工作较难占同龄组比例较高，为47.62%，其次为50~65岁的劳动力，占同龄组的比例为42.86%，低龄组如15~19岁、20~29岁和高龄组40~49岁劳动力认为找工作比较容易占同龄组的比例较高，达到60%以上。

从受教育程度来看，小学及以下、初中、高中及以上受教育水平的农村劳动力认为找工作较难占同等学力总数的比例分别为44.62%、41.62%、36.55%。初中和小学水平的农村劳动力对找工作难易评价差别不大，高中及以上水平较初中和小学及以下的农村劳动力对找工作难易评价的差别较大。可见，年龄对农村劳动力外出找工作的难易程度影响较小，受教育水平对外出找工作的难易程度有一定影响。

二 农村迁移劳动力资本禀赋特征

（1）务工经历

在所调查的样本中，95.6%的人都有外出务工的经历，没有务工经历的只有18人。从每个劳动力的务工经历来看，大多数劳动力都有1~2次外出务工经历，占调查样本总数的比例为53.88%，有3~5次务工经历的劳动力所占比例为26.46%，5次以上的所占比例较少，为15.29%。平均来看，每个劳动力大概有3.75次外出务工的经历。

①从分性别来看，没有务工经历的女性劳动力占女性劳动力总数

的比例要高于男性;有 1~2 次务工经历的女性劳动力所占比例也高于男性,相比高出 9 个百分点;有 3~5 次务工经历的女性劳动力所占比例低于男性,二者比例之差为 4.65 个百分点;有 5 次以上务工经历的女性劳动力所占比例仍然低于男性,二者比例之差为 8.18 个百分点。相比而言,男性劳动力更换工作的频率较高,女性劳动力经过 1~2 次工作更换后,再次更换工作的频率明显低于男性,女性劳动力就业稳定性较强(图 6-3)。

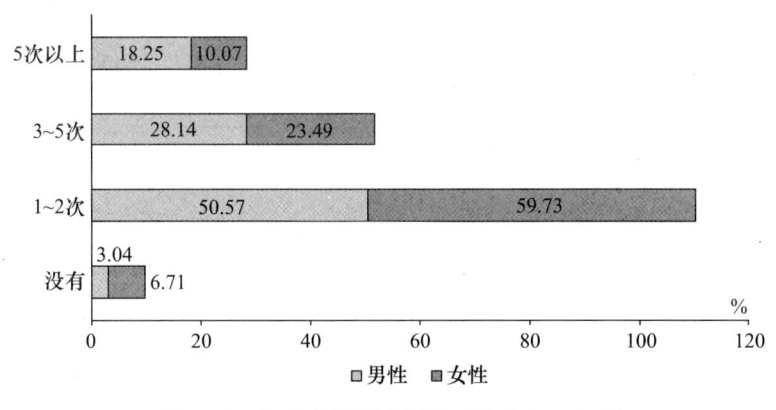

图 6-3 河北分性别农村劳动力的务工经历

② 从分年龄来看,20~29 岁青年劳动力外出务工经历最多,占调查样本总数的比例也最大。30~39 岁青壮年劳动力中有 5 次以上务工经历者占比最高,这一年龄阶段劳动力更换工作的次数更加频繁(图 6-4)。

③ 受教育水平与务工经历呈反向变动关系。从有没有务工经历来看,小学及以下没有务工经历的劳动力占小学及以下劳动力总数的比例均高于初中和高中;在务工经历次数变动上,小学及以下受教育水平的劳动力所占比例较初中和高中水平的劳动力高,尤其是有 5 次务工经历以上的比例明显高于初中和高中。初中受教育水平的劳动力外出务工经历主要集中在 1~2 次和 3~5 次,高中及以上受教育水平的劳动力外出务工的经历主要集中在 1~2 次(图 6-5)。可见,受教育水平较高的劳动力外出就业的稳定性较强,其变换工作的频率较低。提高受教育水平对劳动力实现稳定就业有着重要意义。

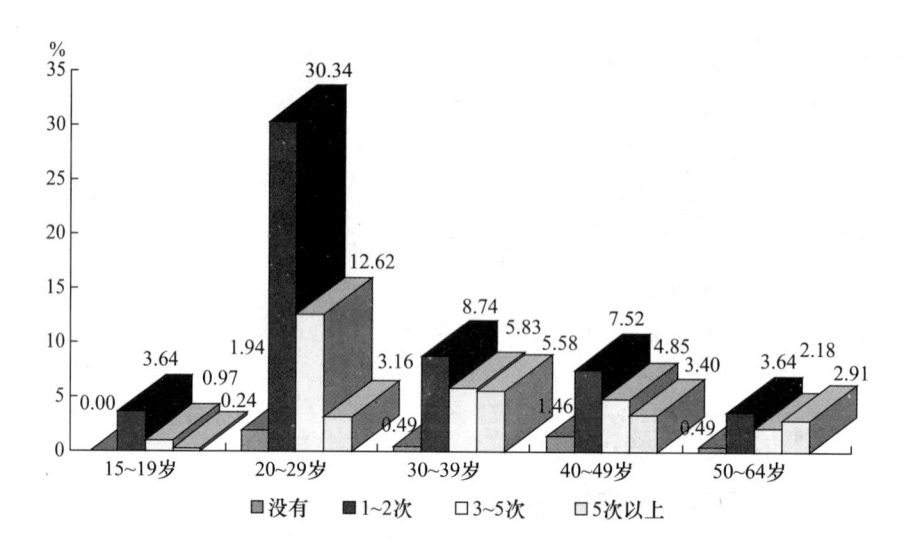

图 6-4　河北分年龄农村劳动力务工经历

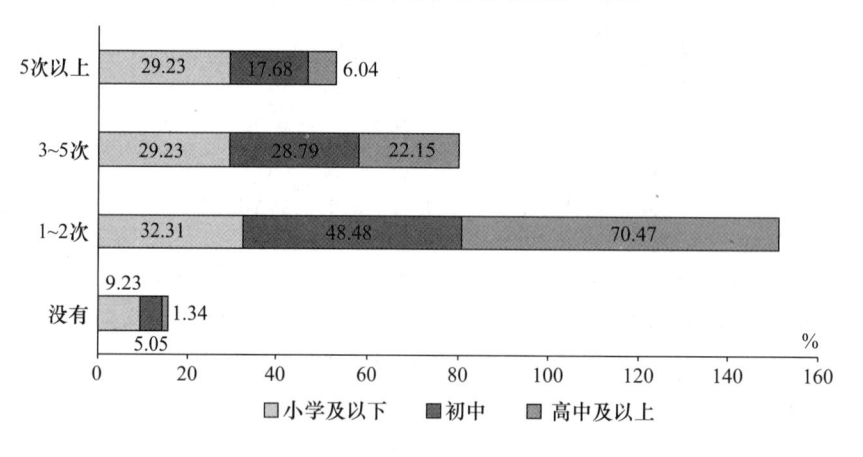

图 6-5　河北农村外出劳动力受教育程度与务工经历

④从婚姻状况来看，所调查的迁移样本中，31.8%的劳动力未婚，68.2%的劳动力已婚，其中男性未婚劳动力占男性总人口的比例为 31.6%，女性未婚劳动力占女性总人口的比例为 32.2%，二者比例较为接近，农村外出劳动力以已婚人口为主。从务工经历来看，未婚劳动力有 1~2 次务工经历的比例明显高于已婚劳动力，没有务工经历、有过 3~5 次及 5 次以上务工经历的比例均低于已婚劳动力。这说明，未婚劳动力外出工作的时间相对于已婚劳动力短，更换工作

的频率也相对较低，主要以1~2次为主（图6-6）。

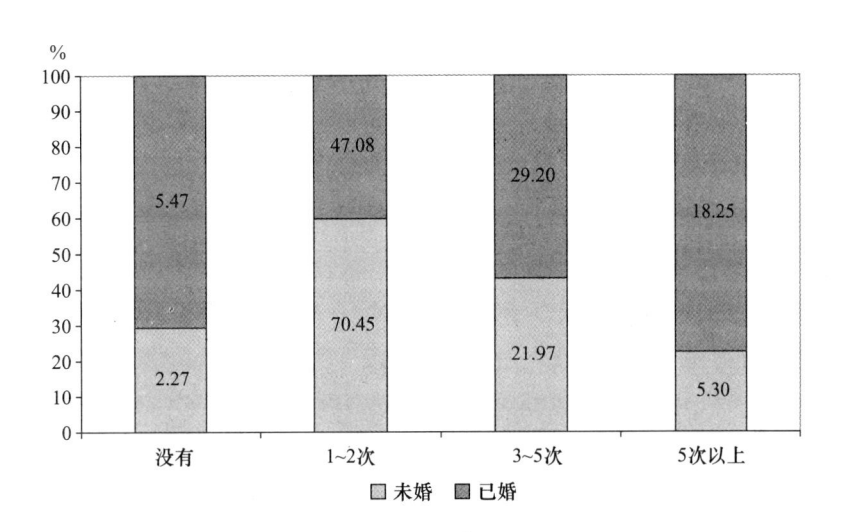

图6-6 河北农村外出劳动力婚姻状况与务工经历

⑤从迁移时间来看，在外出务工前6年内，劳动力更换工作频率较高，其高峰期主要集中在前1~3年，随着外出务工时间的延长，劳动力外出就业的稳定性也随之增强，更换工作的频率也相对较低（图6-7）。随

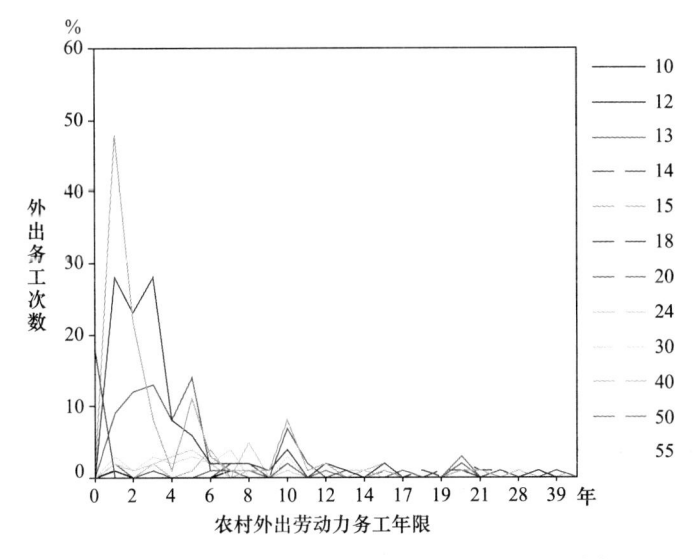

图6-7 河北农村劳动力外出务工经历与务工次数

着劳动力外出时间的延长和务工经历的增多,已经有了明确的方向定位,对外出务工环境的适应性逐渐增强,经过长时间的外出也会形成一定的社会关系网络,这一变动规律比较符合常理。由此可见,在务工之前加强农村劳动力就业指导,对于提高劳动力的就业率以及实现稳定就业有着重要作用。

(2) 职业类型

从劳动力的职业类型来看,从事建筑业的劳动力所占比例为27.18%,从事餐饮服务业者所占比例为15.78%,从事制造业和家政服务业者所占比例均为11.41%,从事运输业者所占比例为10.19%,从事批发零售和纺织加工业者所占比例分别为4.13%和5.58%,从事个体经营者所占比例为7.28%,从事其他职业者所占比例为7.04%。①

①分年龄来看,15~29岁青年劳动力主要选择建筑业和餐饮服务业;30~39岁劳动力中分布在建筑业的比例较大,为35.29%,其次主要分布在运输业和家政服务业,其他类型的就业中所占比例相差不大;40~49岁劳动力主要分布在建筑业和家政服务业,其次分布在餐饮服务业、机械制造业、运输业和个体经营,其他形式的就业类型所占比例较小;50~64岁劳动力主要分布在建筑业和家政服务业,其次为机械制造和个体经营,其他形式的就业类型所占比例较小。

表6-1　　　　　　　分年龄劳动力的职业类型　　　　　　单位:%

	15~19岁	20~29岁	30~39岁	40~49岁	50~64岁
建筑业	25.00	21.72	35.29	26.76	40.54
运输业	5.00	12.12	12.94	8.45	0.00
机械制造业	10.00	14.65	7.06	9.86	8.11
批发零售业	0.00	5.05	5.88	2.82	0.00
纺织加工业	5.00	6.57	7.06	2.82	2.70

---

① 从调查情况来看,其他职业主要包括电焊工、电视服务业、网管、教师、商厦营业员等职业。

续表

	15~19岁	20~29岁	30~39岁	40~49岁	50~64岁
餐饮服务业	25.00	21.72	8.24	12.68	2.70
家政服务业	5.00	3.54	10.59	22.54	37.84
个体经营	10.00	7.07	7.06	8.45	5.41
其他	15.00	7.58	5.88	5.63	5.41

②从受教育水平来看，小学及以下、初中、高中及以上三种受教育水平的劳动力从事建筑业的比例较高，分别为33.85%、29.80%、20.81%。除建筑业外，小学及以下受教育水平的劳动力主要从事家政服务业和运输业，初中受教育水平的劳动力主要从事餐饮服务业、家政服务业和机械制造业，高中及以上受教育水平的劳动力主要从事餐饮服务、机械制造业、运输业以及其他类型的职业（图6-8）。可以看出，受教育水平较低的劳动力主要从事技术含量低的工作，如建筑业、家政服务业，受教育水平较高的劳动力主要从事有一定技术含量的工作，如机械制造业和技术性较强的其他类型的工作。

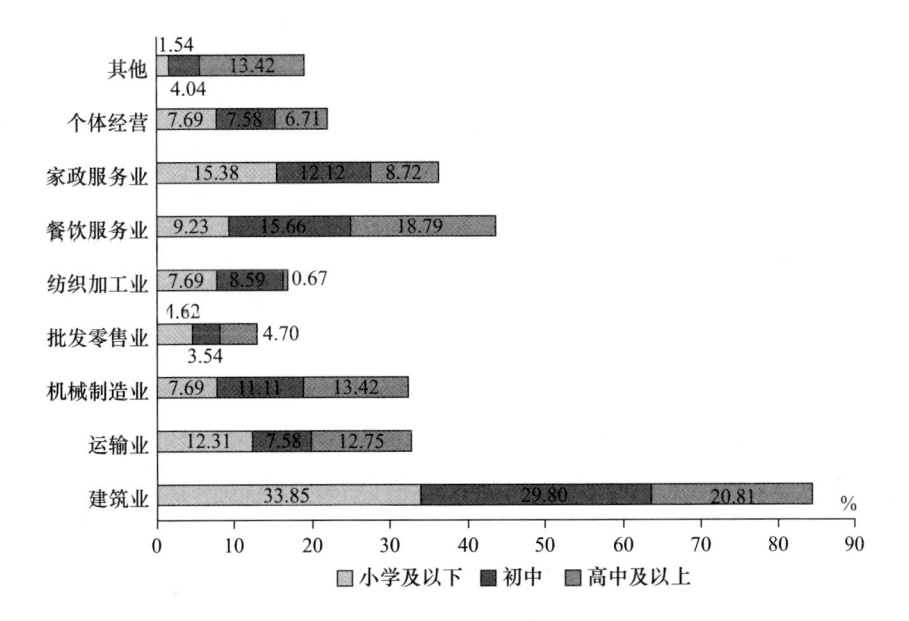

图6-8 河北不同受教育水平劳动力的职业类型

（3）工作时间

劳动力每天的工作时间在 4~15 小时之间，其中每天工作 8~12 小时的劳动力所占比例为 93.20%，每天工作 12~15 小时的劳动力所占比例为 4.37%，每天工作 8 小时以下的劳动力所占比例为 2.43%。从不同职业来看，每天工作时间在 4~8 小时的主要以机械制造业、个体经营和其他职业为主，建筑业、运输业、批发零售业、纺织加工业、餐饮服务业、家政服务业的劳动力每天的工作时间以 9~12 小时为主，从事批发零售的劳动力每天工作 12 小时以上的比例相对于其他行业要高（见图 6-9）。

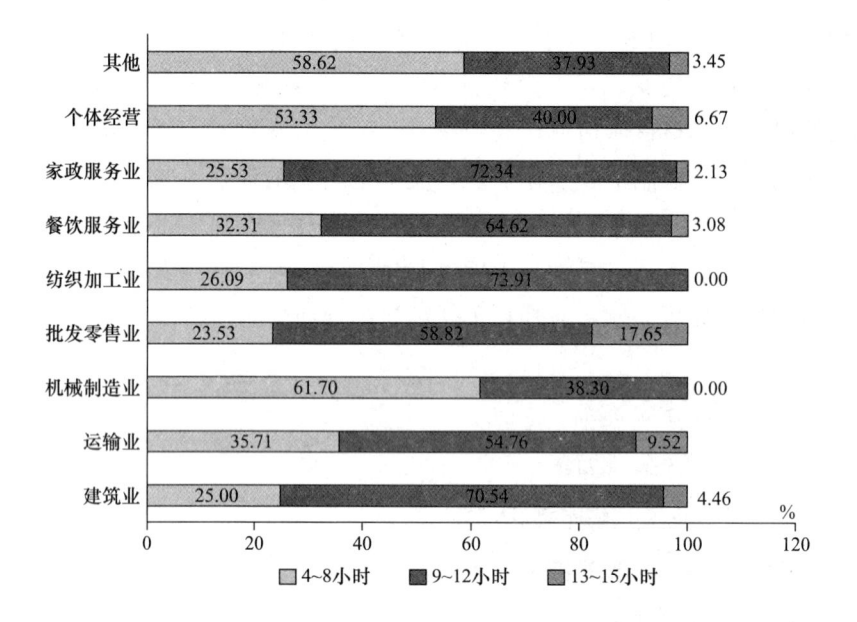

职业	4~8小时	9~12小时	13~15小时
其他	58.62	37.93	3.45
个体经营	53.33	40.00	6.67
家政服务业	25.53	72.34	2.13
餐饮服务业	32.31	64.62	3.08
纺织加工业	26.09	73.91	0.00
批发零售业	23.53	58.82	17.65
机械制造业	61.70	38.30	0.00
运输业	35.71	54.76	9.52
建筑业	25.00	70.54	4.46

图 6-9　河北不同职业劳动力日工作时间

从劳动力每年务工的时间来看，调查的劳动力每年从事非农就业的时间集中在 4~12 个月。其中外出时间在 6 个月及以下的劳动力所占比例为 11.41%，就业时间在 7~11 个月的所占比例为 75.47%，一年 12 个月专职务工的所占比例为 13.11%。绝大多数劳动力一年外出时间都在半年以上（图 6-10）。由此可以看出，迁移劳动力一年时间中主要从事非农领域的工作，非农就业已成为目前我国农村劳动力的主要兼业工作。

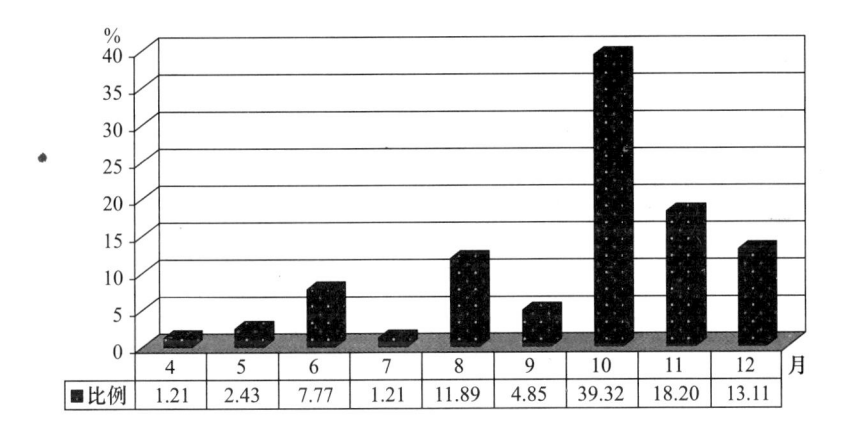

月	4	5	6	7	8	9	10	11	12
比例	1.21	2.43	7.77	1.21	11.89	4.85	39.32	18.20	13.11

图 6-10　一年内农村劳动力外出就业时间及比例

（4）技能培训

①务工前技能培训情况

就本次调查来看，务工之前共有 120 人参加过培训，占调查样本总数的比例为 29.13%，没有参加过培训的劳动力所占比例为 70.87%。从培训的内容来看，45.6% 的人是通过"跟师傅学艺"获得的技能，其次为通过"职高培训"、"当地社会机构培训"获得的技能，再次为通过"其他（单位组织）"进行培训的劳动力所占比例为 9.6%，通过"当地政府组织"的比例仅为 5.6%，所占比例较低。

从其培训时间来看，每个劳动力参加培训的平均时间为 55 天，属于短期培训。跟师傅学艺的时间较长，一般在一年左右，其他形式的培训都是 1~3 个月的短期培训（图 6-11）。

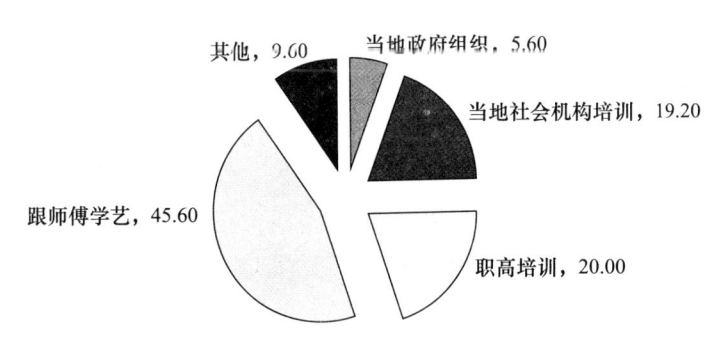

图 6-11　培训组织机构分布（%）

②务工后的技能培训情况

从务工后参加培训的情况来看，务工后共有 94 人参加过培训，占调查样本总数的比例为 22.82%。从培训机构类型来看，当地政府组织培训所占比例为 4.21%，工作地政府组织培训所占比例为 2.11%，用人单位组织培训所占比例为 62.11%，个人自费学习所占比例为 23.16%，其他类型的培训所占比例为 8.42%。其中，32.35% 的培训是免费并且带工资，41.18% 是免费但没有工资，26.47% 是收费的。

③对待培训的看法

大多数人表示"愿意接受"培训，认为"培训之后，工资水平能够提高"，但同时认为培训"花费太高"，还有少部分人认为培训"对找工作没有太大帮助"，并认为培训的"效果不好"，且"花费时间太多，没有必要"（图 6-12）。综合来看，大部分人比较认可培训，在收费可接受的情况下都愿意接受培训。

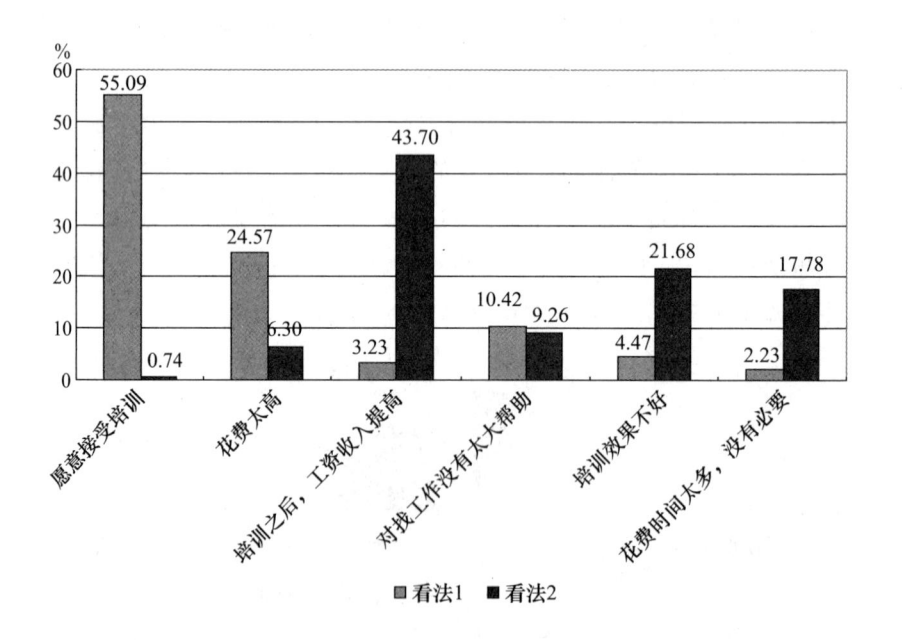

图 6-12 对待培训的看法

④希望获得的培训类型

从调查来看,大部分希望得到岗位技能方面的培训,其次为法律知识的培训(图6-13)。可见,劳动力在务工的过程中对自身能力的提升也给予了希望,同时也表明劳动者在务工过程中对自身权益保护的法律意识也进一步增强。

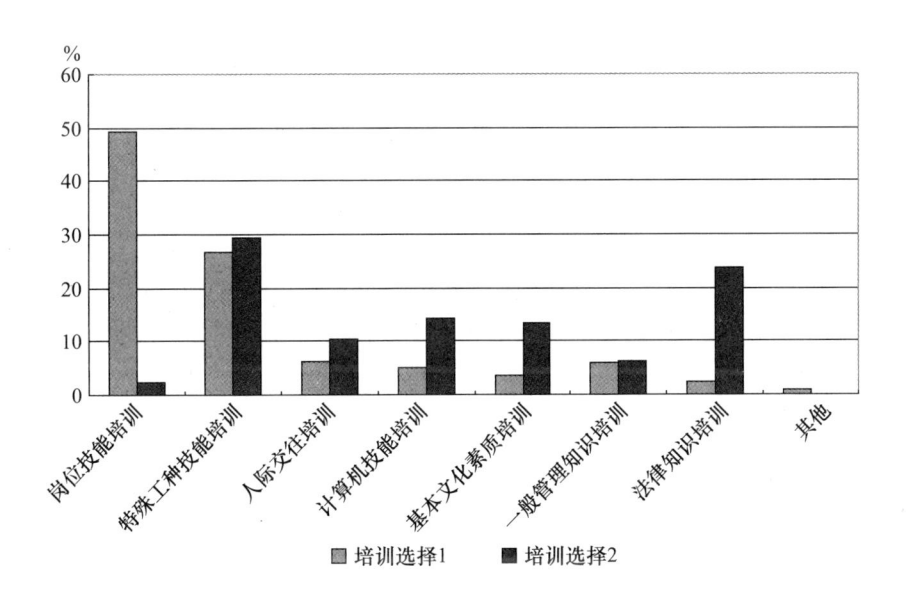

图6-13 希望获得的培训类型

(5) 相关制度保障

社会保障制度也是影响农村劳动力迁移的主要制度因素。从劳动力在农村老家参加各种保险情况来看,85.19%的人参加了农村合作医疗保险,4.38%的人参加了养老保险,0.79%的人有农村集体保障,0.73%的人参加过其他商业保险,有8.76%的人没有参加过任何保险。所调查的劳动力除了大部分参加了农村合作医疗外,其他险种的参保率普遍较低(图6-14)。

用人单位对劳动力的参保情况并不乐观。在所调查的全部样本中,有51.94%的劳动力表示用人单位没有为其缴纳"三险"(医疗保险、养老保险、失业保险),28.83%的人"不知道"用人单位是

174 禀赋、有限理性与农村劳动力迁移行为研究

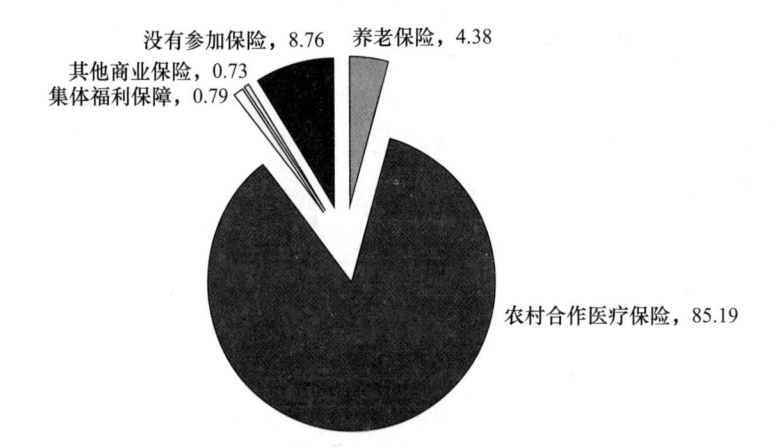

图 6-14 河北农村迁移劳动力参保情况（%）

否为其缴纳"三险"，二者合计比例为 80.83%。用人单位为劳动力全部缴纳"三险"的比例仅为 3.16%，只缴纳了部分"三险"的所占比例为 16.02%。即大部分用人单位并没有为劳动力缴纳保险，就业缺乏保障仍是现阶段我国农村劳动力从事非农就业所面临的重要问题。

从劳动力希望参加的保险类型来看，第一类选择中，大部分希望参加工伤保险和医疗保险，也有少部分人选择加入最低生活保障；第二类选择中，被调查者的选择主要集中在医疗保险和最低生活保障两方面；第三类选择中，最低生活保障和"不需要，不如多给钱"两项。综合来看，劳动力最希望加入的是医疗保险、最低生活保障、工伤保险以及"不如多给钱"（表 6-2）。

表 6-2　　　　　农村迁移劳动力的参保意愿分析　　　　单位:%

	第一类选择	第二类选择	第三类选择
工伤保险	40.53	2.16	6.06
医疗保险	38.11	36.66	6.97
养老保险	2.67	8.63	4.55
失业保险	1.70	2.96	3.33
最低生活保障	14.56	39.62	35.15
不需要，不如多给钱	2.43	9.97	43.94

(6) 农村迁移劳动力的家庭特征

①家庭人口结构特征

从家庭总人口数情况来看，412 个样本中，每个家庭平均总人口为 4.52 人，多数属于核心小家庭；每个家庭平均有 3.24 个劳动力人口；平均每个家庭有 0~14 岁的儿童 0.8 人，有 65 岁以上老年人口 0.5 人，每个家庭劳动力占总人口的平均比例为 73.17%。可以看出，大部分农村外出劳动力的总负担系数较低，对劳动力外出产生较强推力。

②家庭成员外出务工情况

从家庭成员外出务工情况来看，2008 年有 1 人外出务工的家庭共计 118 户，占有效样本总数的比例为 31.98%，有两人外出的家庭共计 145 户，所占比例为 35.30%，3 人外出的家庭共计 71 户，所占比例为 19.24%，4 人及以上外出的家庭共计 30 户，所占比例为 8.13%。农村劳动力家庭中平均每户就有 1.83 个劳动力外出就业。其中，家庭成员外出就业选择本县域内就业的所占比例为 39.09%，选择县外省内就业的所占比例为 42.39%，选择省外就业的所占比例为 18.53%，家庭成员就业地以省内就业为主。

③家庭收入—支出水平

从家庭收入水平来看，回答此问题的 388 个有效样本中，2008 年家庭年总收入最低为 1000 元，最高为 50 万元，差距悬殊。从平均水平来看，每个家庭平均年总收入为 33407.82 元，其中农业平均收入为 7191.53 元，非农业平均收入为 26216.29 元，非农收入相当于农业收入的 2.96 倍。从每个家庭非农收入占家庭总收入的比重来看，非农收入占家庭总收入的平均比例为 72.04%。即非农收入已成为农村迁移劳动力家庭收入的主要构成部分，"打工经济"对农村家庭收入水平的提高有着重要作用。

2008 年被调查者家庭年均支出水平为 15485.92 元。其中，平均每户家庭农业生产支出为 2591.94 元，食品消费支出为 4589.04 元，子女教育支出为 3981.64 元，医疗保健支出为 1746.58 元，其他（人情礼节）支出为 2576.73 元。各种支出占家庭总支出的比例如图 6-15 所示。

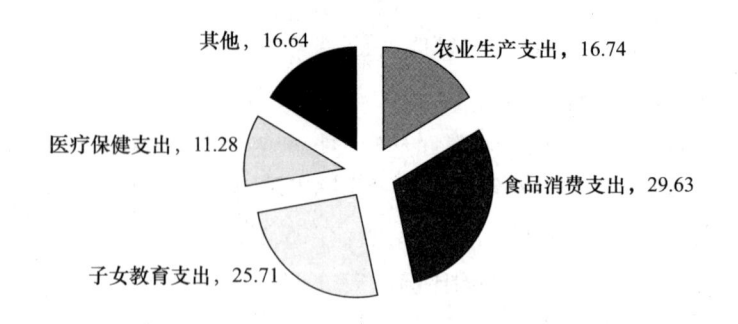

图 6-15　农村劳动力家庭消费构成（%）

在农村劳动力家庭消费的构成中，食品支出占的比例较大，所占比例为 29.63%，其次为子女的教育支出，再次为农业生产支出和其他支出，医疗保健支出所占比例相对较小（图 6-15）。可以看出，外出务工的劳动力家庭对农业生产的投入较低，结合农业生产对家庭总收入的贡献来看，相对于务工收入，农业生产对家庭收入水平的贡献率较低，这也是激发农村劳动力从事非农产业的主要原因。

④家庭经济水平评价

从劳动力对家庭经济水平的评价来看，大部分人认为家庭经济水平"一般"，所占比例为 69.93%；其次认为"比较差"，所占比例为 16.38%；认为经济水平"非常高"、"较高"和"非常差"的所占比例都比较低。可见，农村外出劳动力的家庭经济状况以"一般水平"为主。

三　农村迁移劳动力资源禀赋特征

（1）居住地类型

从迁移劳动力的居住地类型来看，居住地类型为山区农村、平原农村、山区城镇郊区、平原城镇郊区占调查样本总数的比例分别为 60.44%、30.58%、7.03%、1.94%。调查的劳动力主要来自山区农村和平原农村，从城镇迁移的劳动力所占比例较低。

一般而言，交通的便捷度也是影响劳动力迁移的重要因素。从本次调查来看，30.10% 的劳动力认为居住地的交通条件便利，57.28% 的人认为交通条件一般，只有 12.62% 的人认为交通条件较差。从居住地距最近车站（汽车站、火车站）或码头距离来看，最近距离为 0 公里，最远距离为 70 公里，居住地到车站、码头的平均距离为 8.4 公里，交通条件比较便利。从居住地类型交通条件的交叉分析，平原城镇郊区的交通条件最便利，其次为山区城镇郊区，再次为平原农村，最后为山区农村（图 6-16）。

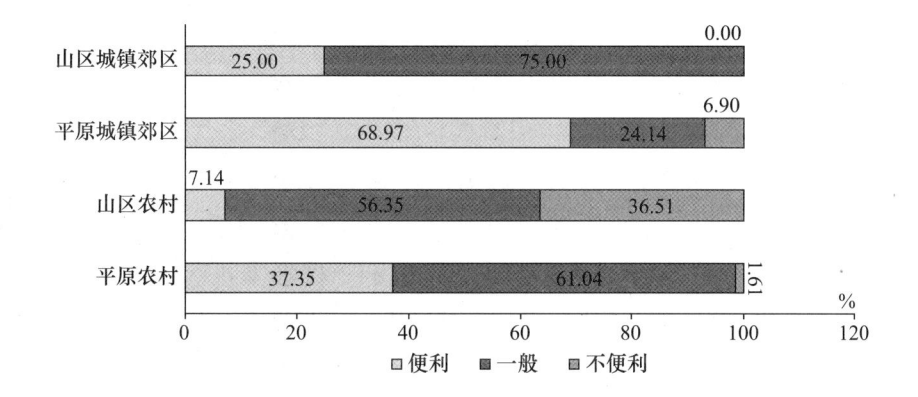

图 6-16 农村迁移劳动力居住地类型的交通条件

劳动力选择本地就业地点和居住地的经济条件、居住环境有一定的关系。从调查情况来看，劳动力所在的村或邻村有小型企业、工厂数量的差距较大，村里或邻村没有任何小工厂、小企业的劳动力占调查样本总数的比例为 27.91%，其余的劳动力所在村都有 1~50 家数量不等的小企业，其中以 1~5 家所占比例较大，占调查总数的 56.07%，5~10 家所占比例为 9.71%，10 家以上所占比例为 6.31%。

（2）人均耕地资源

迁移劳动力人均耕地最少为 0.5 亩，最多为 41 亩，分布很不均匀。从劳动力家庭的主要经营类型来看，以"纯农业"为主要经营形式的占调查样本总数的比例为 35.19%，以"农业为主兼营他业"者所占比例为 49.03%，以"养殖业"为主的所占比例为 1.70%，以"非农业"为主的所占比例为 14.08%。从农业生产耕作方式来看，以"人力、畜力为主"的所占比例为32.77%，以"半机械化"为主的所占比例为56.06%，以"全部机械化"为主的所占比例为11.17%。

从土地承包意愿来看，72.82%的人没有土地承包的意愿，17.23%的人愿意将土地转包，9.95%的人愿意承包土地。

如果外出影响土地的正常耕种时，在村集体对土地处理的规定调查中，1.22%的人表示"村集体将收回全部土地"，6.08%的人表示"村集体只收回责任田"，3.16%的人表示"村集体要求强制转让"，3.65%的人表示"村集体要求强制种植"，85.89%的人表示"村里不采取任何措施"。

对于已获得城镇户口的劳动力，在村集体对其处理的规定调查中，10.22%的人表示"村集体将收回全部土地"，10.95%的人表示"村集体只收回责任田"，13.87%的人表示"村集体同意其转送给别人"，64.23%的人表示"村里没有规定"。

从村集体对外出劳动力家庭土地的管理情况来看，只有很少的村有具体的规定，大部分村对土地没有相关管理规定。

（3）对居住地经济发展水平的评价

从劳动力对居住地经济水平的评价来看，大部分被调查者认为居住地的经济水平"一般"，所占比例为64.79%；其次认为"比较差"，所占比例为21.76%；认为经济水平"非常高"、"较高"和"非常差"所占比例都比较低。农村劳动力对家庭经济水平与地区经济水平评价程度接近。

综上所述，迁移劳动力居住地经济环境、家庭经济水平主要以"一般水平"为主，迁移劳动力既不是农村中最低收入者，也不是最高收入者。

第二节 禀赋与农村劳动力迁移动机

一 禀赋与农村劳动力迁移原因分析

（1）农村劳动力迁移的原因

迁移的原因既是农村劳动力迁移的动机，也是支配劳动力迁移行为的主导因素。在不同的迁移动机支配下，劳动力会做出不同的迁移选择，从而直接影响着劳动力的迁移效益。本章主要从能力禀赋与迁移动机的形成，以及不同迁移动机下劳动力行为模式选择的关系进行分析。

从调查情况来看，劳动力选择迁移的第一位原因中，51.46%的人是由于"农村收入太低，城镇收入相对较高"的城乡收入差距而迁移的；其次认为"家里人多地少，没有啥活干"、"到外面见见世面"以及"农村没有太多发展或致富机会"为主；其余几项原因所占比例较低。从第二位原因的选择来看，被调查者的选择相对分散，集中于"到外面见见世面"、"农村没有太多发展或致富机会"、"为子女或兄弟姐妹筹集学费"、"挣钱盖房子"几项，其余几项所占比例不高。综合而言，农村劳动力迁移主要是在城乡预期收入差距拉动下，以获取更高的收入和实现个人发展为主要目的的迁移。这种迁移动机的产生很大程度上取决于劳动力的个人意愿，受他人外出的影响不大（表6-3）。

表6-3　　　　　　　　农村劳动力迁移的原因　　　　　　　　单位：%

	原因1	原因2
农村收入太低，城镇收入相对较高	51.46	0.89
家里人多地少，没有啥活干	12.86	5.64
到外面见见世面	11.89	14.24
农村没有太多发展或致富机会	7.52	14.84
为子女或兄弟姐妹筹集学费	4.37	17.51
向往、喜欢城镇的生活方式	2.18	6.82
到外面学点技术，再回家乡创业	3.64	8.61
挣钱盖房子	2.67	16.02
城镇生活条件好，不愿意干农活	1.46	7.42
受其他人外出的影响	0.73	5.93
城镇务工有社会保障	0.00	0.89
其他	1.21	1.19

（2）年龄与农村劳动力迁移原因

从分年龄劳动力的迁移原因来看，15~19岁低龄青年劳动力迁移以"到外面见见世面"为主,其次为"农村收入太低,城镇收入相对较高",再次为"到外面学点技术,再回家乡创业",其他方面原因考虑较少,以个人发展为目的的迁移更为明显。

20~29岁青年劳动力迁移以"农村收入太低,城镇收入相对较高"为主,所占比例为45.45%,其次为"到外面见见世面",再次为"家里人多地少,没有啥活干"以及"农村没有太多发展或致富机会"。与15~19岁劳动力相比,20~29岁的青年劳动力的经济性动机较强。

30~39岁中青年劳动力迁移以"农村收入太低,城镇收入相对较高"为主,所占比例为57.65%,其次为"家里人多地少,没有啥活干"以及"农村没有太多发展或致富机会",其他几项的选择所占比例都很低。与15~29岁的青年劳动力相比,其获取更高收入的经济性动机表现得较为突出。

大部分40~49岁青壮年劳动力迁移以"农村收入太低,城镇收入相对较高"为主,所占比例达到64.79%,其次为"家里人多地少,没有啥活干"以及"为子女或兄弟姐妹筹集学费",其他几项的选择所占比例都很低。与15~39岁的青年劳动力相比,其获取更高收入的经济性动机表现得更为突出。随着劳动力黄金年龄逐渐消失以及家庭生命周期的影响,其子女都已长大成人,并进入了高等教育阶段,高昂的教育花费使得这一年龄阶段的劳动力背负家庭重担,迁移的经济性动机尤为强烈。

50~64岁中老年劳动力的迁移以"农村收入太低,城镇收入相对较高"为主要目的,所占比例为56.76%,其次为"家里人多地少,没有啥活干",再次选择"为子女或兄弟姐妹筹集学费"以及"挣钱盖房子",其他几项的选择所占比例都很低。中老年劳动力迁移原因与40~49岁劳动力迁移原因较为接近,家庭负担较大,其迁移动机的经济性明显(表6-4)。

表6-4　　　　　农村劳动力年龄与迁移动机1　　　　　单位:%

	15~19岁	20~29岁	30~39岁	40~49岁	50~64岁
农村收入太低,城镇收入相对较高	30.00	45.45	57.65	64.79	56.76

续表

	15~19 岁	20~29 岁	30~39 岁	40~49 岁	50~64 岁
家里人多地少，没有啥活干	0.00	11.62	14.12	15.49	18.92
到外面见见世面	45.00	16.67	5.88	2.82	0.00
农村没有太多发展或致富机会	0.00	8.59	12.94	2.82	2.70
为子女或兄弟姐妹筹集学费	5.00	1.01	4.71	11.27	8.11
向往、喜欢城镇的生活方式	0.00	3.54	2.35	0.00	0.00
到外面学点技术，再回家乡创业	15.00	5.56	1.18	0.00	0.00
挣钱盖房子	0.00	2.53	1.18	2.82	8.11
城镇生活条件好，不愿意干农活	0.00	2.02	0.00	0.00	5.41
受其他人外出的影响	0.00	1.52	0.00	0.00	0.00

从第二位迁移原因分布来看，15~19 岁低龄劳动力迁移主要以"农村没有太多发展或致富机会"、"城镇生活条件好，不愿意干农活"为迁移原因，20~29 岁青年劳动力主要以"到外面见见世面"为迁移原因，30~64 岁的劳动力主要以"为子女或兄弟姐妹筹集学费"、"挣钱盖房子"为迁移原因。在第二位迁移原因分析中，15~29 岁的"80 后"农村劳动力的迁移更多地以"到外面见见世面"为迁移原因，30~64 岁"80 前"的劳动力迁移主要是在家庭负担刺激下"为子女或兄弟姐妹筹集学费"的经济性迁移（表 6-5）。这也说明劳动力迁移原因的代际差别明显。

表 6-5　　　　　农村劳动力年龄与迁移动机 2　　　　　单位:%

	15~19 岁	20~29 岁	30~39 岁	40~49 岁	50~64 岁
农村收入太低，城镇收入相对较高	0.00	0.60	2.94	1.72	0.00
家里人多地少，没有啥活干	0.00	4.76	5.88	6.90	10.00
到外面见见世面	14.29	17.26	13.24	6.90	13.33
农村没有太多发展或致富机会	21.43	13.10	17.65	13.79	20.00
为子女或兄弟姐妹筹集学费	7.14	7.14	23.53	34.48	33.33
向往、喜欢城镇的生活方式	0.00	10.12	4.41	5.17	0.00
到外面学点技术，再回家乡创业	14.29	10.71	10.29	1.72	3.33

续表

	15~19岁	20~29岁	30~39岁	40~49岁	50~64岁
挣钱盖房子	21.43	13.69	16.18	22.41	13.33
城镇生活条件好，不愿意干农活	21.43	10.12	2.94	3.45	3.33
受其他人外出的影响	0.00	8.93	2.94	3.45	3.33
城镇工作有社会保障	0.00	1.19	1.47	0.00	0.00
其他	0.00	2.38	0.00	0.00	0.00

（3）受教育水平与农村劳动力迁移原因

从不同受教育水平来看，文盲半文盲、小学、初中、高中、大专及以上劳动力迁移原因主要以"农村收入太低，城镇收入相对较高"为主。其次，小学、初中文化水平的劳动力以"家里人多地少，没有啥活干"为主要迁移原因，高中、大专及以上劳动力则以"到外面见见世面"为主要迁移原因，其他几方面所占比例较低。以高中为界，具有初中及以下文化水平的劳动力主要因城乡收入差距以及"相对剩余感"而迁移，高中及以上文化水平的劳动力主要是在城乡收入差距推动下"到外面见见世面"而迁移（表6-6）。

表6-6　　　　　　　　受教育水平与迁移动机1　　　　　　　单位:%

	文盲半文盲	小学	初中	高中	大专及以上
农村收入太低，城镇收入相对较高	46.15	55.77	50.51	53.45	45.45
家里人多地少，没有啥活干	30.77	19.23	15.66	6.90	0.00
到外面见见世面	7.69	3.85	9.60	16.38	24.24
农村没有太多发展或致富机会	7.69	7.69	7.07	6.90	12.12
为子女或兄弟姐妹筹集学费	7.69	3.85	5.05	4.31	0.00
向往、喜欢城镇的生活方式	0.00	0.00	1.01	3.45	9.09
到外面学点技术，再回家乡创业	0.00	0.00	5.05	3.45	3.03
挣钱盖房子	0.00	7.69	3.03	0.86	0.00
城镇生活条件好，不愿意干农活	0.00	1.92	1.52	1.72	0.00
受其他人外出的影响	0.00	0.00	0.51	1.72	0.00
其他	0.00	0.00	1.01	0.86	6.06

从农村劳动力迁移的第二位原因来看，初中及以下劳动力主要以"为子女或兄弟姐妹筹集学费"、"挣钱盖房子"、"农村没有太多发展或致富机会"为迁移原因，高中及以上劳动力则主要以"到外面见见世面"为主要迁移原因（表6-7）。

表6-7　　　　农村劳动力受教育水平与迁移动机2　　　　单位:%

	文盲半文盲	小学	初中	高中	大专及以上
农村收入太低，城镇收入相对较高	8.33	0.00	0.61	0.00	4.17
家里人多地少，没有啥活干	8.33	13.33	2.44	8.51	0.00
到外面见见世面	8.33	13.33	8.54	24.47	16.67
农村没有太多发展或致富机会	8.33	20.00	15.24	14.89	8.33
为子女或兄弟姐妹筹集学费	25.00	17.78	20.12	13.83	8.33
向往、喜欢城镇的生活方式	0.00	0.00	6.71	9.57	12.50
到外面学点技术，再回家乡创业	0.00	4.44	8.54	9.57	16.67
挣钱盖房子	16.67	17.78	21.34	7.45	8.33
城镇生活条件好，不愿意干农活	16.67	2.22	8.54	6.38	8.33
受其他人外出的影响	8.33	11.11	5.49	3.19	8.33
城镇工作有社会保障	0.00	0.00	0.61	0.00	8.33
其他	0.00	0.00	1.83	2.13	0.00

综合来看，农村劳动力迁移的经济动机较强，其动机的形成主要基于以下几点：

其一，农业生产的发展进一步释放了农村剩余劳动力。随着政府对农业生产的重视，我国农业取得了较快发展。农业技术的广泛应用以及农业产业化、组织化程度的加快进一步提高了农业生产率，释放了更多的农业剩余劳动力，进一步加剧了农村就业压力，迫使部分劳动力外出寻求新的就业机会。

其二，随着农村人口的不断增长，劳动力人口数量不断增多，耕地资源持续减少，人地矛盾进一步激化，激发了劳动力外出就业的意愿。同时，新生代农村劳动力不愿像父辈那样从事农业生产，更向往城镇生活，迁移成为他们实现梦想的途径之一。

其三，受生命周期的影响，处在黄金年龄阶段的劳动力也正是成家立业、养育子女、背负家庭责任的关键时期，高等教育的高消费、子女成家、盖房娶亲等一系列高额花费一再成为激发劳动力迁移的动因。

其四，城乡之间经济水平和社会发展的差距，成为吸引劳动力迁移的根本动因。城镇良好的生活环境、较高的工资收入、较多的就业机会进一步增强了城镇对劳动力的吸引力。

从不同年龄、教育水平的迁移原因来看，现阶段农村劳动力的迁移具有很强的自发性，受其他人外出影响程度非常低，且迁移的意愿较高，这对于推进城镇化进程、统筹城乡发展具有重要的促进意义。

二 农村劳动力迁移动机与行为模式分析

（1）迁移的第一位原因与迁移选择

受不同的迁移动机支配，将会产生不同的迁移选择。从迁移动机与劳动力迁入地选择的交叉分析来看，因"农村收入太低，城镇收入相对较高"而迁移的劳动力的首选是省内大城市和本地县城，其次为省内中小城市，最后为本地乡镇、其他省（市区）大城市、其他省（市区）中小城市等。以"城乡收入差距"为动机而迁移的劳动力主要选择省内迁移，且主要集中于省内大城市。在城乡收入差距动机支配下的迁移可称为"经济型迁移"。

因"家里人多，土地却减少，没有啥活干"迁移的劳动力主要选择本地乡镇、本省大城市和本省中小城市，而选择本地县城、其他省（市区）大城市、其他省（市区）中小城市等作为迁入地的比例较低。这一迁移类型可称为"富余型迁移"。

以"到外面见见世面""农村没有太多发展或致富机会"为迁移动机的劳动力主要选择本地乡镇、本地县城、本省大城市和省内中小城市为迁移目标，省外迁移比例较低。这种迁移主要以省内为主，可称为"自我发展型迁移"。

因"为子女或兄弟姐妹筹集学费"而迁移的劳动力主要选择本地所在乡镇、本地县城，其次选择本省大城市，选择省内中小城市、省外大城市和省外中小城市作为迁移目标的比例相差不多。以"挣钱盖房子"为迁移动机的劳动力主要选择本省大城市作为迁移目标，其次选择省外大中小城市,最后选择本省中小城市、本地县城、乡镇。这两种迁移类型的经济性动机较强,可称为"家庭负担型迁移"。

因"向往、喜欢城镇的生活方式"和"城镇生活条件好,不愿意干农活"为迁移原因的劳动力,对迁入地的选择比较类似,都是以本地县城为主,其次选择本省大城市和外省(市区)大城市,体现出农村劳动力向城镇市民转变的意愿,这一迁移模式可称为"市民化型迁移"。

为"到外面学点技术,再回家乡创业"而迁移的劳动力首选本地县城作为迁移目标,其次选择省内大、中小城市作为次优目标,最后选择省外大城市和本地乡镇。其迁入地的选择较为分散、集中性不高,因此可将这一迁移模式称为"回乡创业型迁移"。

为"受其他人外出的影响"而迁移的劳动力主要选择省内迁移,这种迁移选择受周围外出务工者迁移选择的影响程度较大,因此,可称这一迁移模式为"趋同型迁移"。

除上述原因外,以"其他"原因而迁移的劳动力主要选择本省大城市为迁移目标,外省迁移和其他地区的迁移所占比例不高。这一类型的迁移称为"综合型迁移"(表6-8)。

表6-8　　　　迁移动机1与迁入地选择　　　　单位:%

	本地所在乡镇	本地县城	本省大城市	省内中小城市	其他省(市区)大城市	其他省(市区)中小城市	其他
农村收入太低,城镇收入相对较高	13.74	24.17	28.44	16.59	10.43	5.21	1.42
家里人多,土地却减少,没有啥活干	26.42	13.21	24.53	20.75	9.43	3.77	1.89
到外面见见世面	22.45	26.53	24.49	14.29	4.08	6.12	2.04
农村没有太多发展或致富机会	19.35	25.81	19.35	22.58	9.68	3.23	0.00
为子女或兄弟姐妹筹集学费	33.33	22.22	16.67	11.11	5.56	5.56	5.56

续表

	本地所在乡镇	本地县城	本省大城市	省内中小城市	其他省(市区)大城市	其他省(市区)中小城市	其他
向往、喜欢城镇的生活方式	0.00	44.44	22.22	11.11	22.22	0.00	0.00
到外面学点技术，再回家乡创业	13.33	33.33	20.00	20.00	13.33	0.00	0.00
挣钱盖房子	9.09	9.09	36.36	9.09	18.18	18.18	0.00
城镇生活条件好，不愿意干农活	0.00	33.33	33.33	0.00	33.33	0.00	0.00
受其他人外出的影响	33.33	0.00	33.33	33.33	0.00	0.00	0.00
其他	0.00	0.00	60.00	0.00	20.00	0.00	20.00

（2）迁移的第二位原因与迁移选择

从第二位迁移原因的选择来看，"经济型迁移"的劳动力主要选择本省大城市、本省中小城市和外省（市区）大城市为主要迁移目标。

"富余型迁移"的劳动力主要选择本地县城和本省大城市作为迁移目标，其他地区也都有选择，但主要以省内迁移为主。

"自我发展型迁移"的劳动力以省内中小城市和省内大城市、本地县城为迁移目标，其他地区的选择比例相对较低，主要选择省内迁移。

"家庭负担型迁移"劳动力主要选择本地乡镇、县城和省内大城市为迁移目标，其他地区所占比例较低。

"市民化型迁移"的劳动力主要选择本地县城和本省大城市为迁入地，目标比较明确。

"回乡创业型迁移"的劳动力主要选择省内大城市、本地县城、乡镇作为迁移目标。

"趋同型迁移"的劳动力主要选择本地县城、本省大城市和省外大城市为迁移目标。

"综合型迁移"的劳动力主要选择本省大城市为迁移目标（表6-9）。

表6-9 迁移动机2与迁移选择 单位:%

	本地所在乡镇	本地县城	本省大城市	省内中小城市	其他省（市区）大城市	其他省（市区）中小城市	其他
农村收入太低，城镇收入相对较高	0.00	0.00	33.33	33.33	33.33	0.00	0.00
家里人多，土地却减少，没有啥活干	15.79	26.32	21.05	15.79	5.26	10.53	5.26
到外面见见世面	10.42	16.67	20.83	35.42	10.42	6.25	0.00
农村没有太多发展或致富机会	12.00	26.00	24.00	18.00	12.00	6.00	2.00
为子女或兄弟姐妹筹集学费	23.73	23.73	32.20	10.17	3.39	5.08	1.69
向往、喜欢城镇的生活方式	13.04	47.83	21.74	8.70	4.35	4.35	0.00
到外面学点技术，再回家乡创业	20.69	20.69	34.48	10.34	6.90	6.90	0.00
挣钱盖房子	33.33	20.37	22.22	9.26	11.11	3.70	0.00
城镇生活条件好，不愿意干农活	0.00	24.00	36.00	12.00	20.00	4.00	4.00
受其他人外出的影响	15.00	25.00	5.00	30.00	25.00	0.00	0.00
城镇工作有社会保障	0.00	0.00	66.67	0.00	33.33	0.00	0.00
其他	25.00	0.00	50.00	0.00	25.00	0.00	0.00

三 农村迁移劳动力"留城"还是"返乡"的意愿分析

（1）农村迁移劳动力工作满意度评价及未来打算

调查的劳动力中有61.80%的人对目前工作表示满意，2.43%的人表示对目前工作非常满意，33.58%的人表示对目前的工作不满意，2.19%的人表示对目前的工作非常不满意。

对自己将来工作的打算回答中，41.79%的人选择"城里有活干就出来打工，干到年纪大了再回乡务农"，28.61%的人表示"通过打工,争取留在城镇生活",13.18%的人表示"不愿意回乡干农活,想过城里人的日子",10.70%的人表示还有"其他"打算,5.72%的人表示"目前先打工,等农村条件好了再回乡务农"。扣除"其他"选择外,愿意回乡的劳动力合计比例为53.20%,愿意留城的劳动力合计比例为46.80%。调查的劳动力中约有一半的人表示愿意留在城市工作生活。

在进一步的分析中,劳动力对"如果政策允许,您或您的家人更愿意在哪里生活和工作"的回答中,大部分人表示愿意留在本省大城市、本地县城和省内中小城市工作生活,三者合计比例为73.57%,其次选择本地所在乡镇,最后选择其他省(市区)大城市、中小城市生活。选择留在城市(包括县城、大城市和中小城市)的劳动力合计比例为83.79%,只有15.71%的人愿意回本地所在城镇工作生活。可见,农村迁移劳动力的留城意愿比较高。

	本地所在乡镇	本地县城	本省大城市	省内中小城市	其他省(市区)大城市	其他省(市)中小城市	其他
比例	15.71	25.44	26.43	21.70	6.73	3.49	0.50

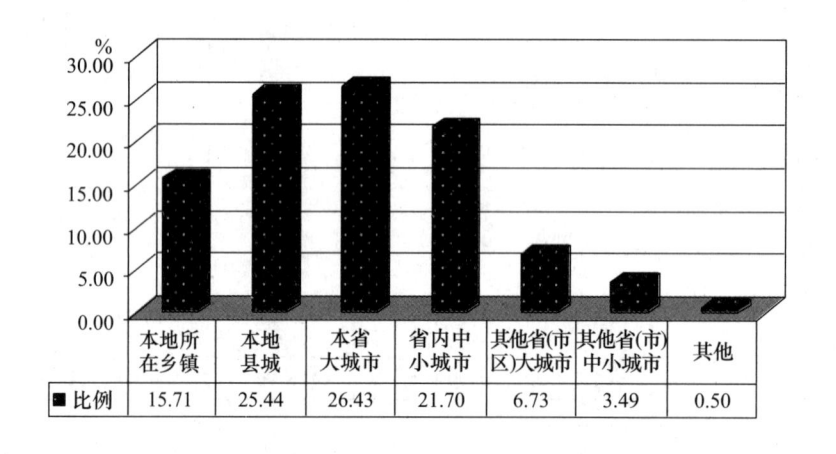

图 6-17　农村迁移劳动力今后打算

(2) 影响农村劳动力"留城"还是"返乡"的因素分析

由表 6-10 可以看出,在影响农村劳动力留城的众多因素中,最主要的因素是"没有稳定的收入",所占比例为58.25%,"农村户口受限制""子女入学费用高"和"住房费用较高"成为影响劳动力留城的次要因素,"文化教育水平较低""担心受到歧视""医疗、养老等社会保障欠缺"以及"其他"因素影响劳动力留城的作用不大。

在第二位原因中,认为"住房费用较高"的所占比例为47.39%,其次认为"文化教育水平较低"所占比例为19.51%,其余几种原因对劳动力留城的影响程度较小。由此可见,没有固定收入、昂贵的住房和较低的文化水平成为农村劳动力留城的主要影响因素,这些因素也是制约农村劳动力实现稳定就业的关键因素。

表6-10 影响农村劳动力在城市(城镇)定居的主要原因　　单位:%

	第一位原因	第二位原因
没有稳定的收入	58.25	1.74
农村户口受限制	11.17	8.71
子女入学费用较高	10.92	10.10
担心受到歧视	1.21	4.18
住房费用较高	9.22	47.39
文化教育水平较低	3.16	19.51
医疗、养老等社会保障欠缺	0.97	7.32
其他	2.18	1.05

第三节 禀赋与农村劳动力迁移选择的实证研究

一 农村劳动力迁移选择及其原因分析

(1) 农村劳动力迁移选择分析

在问卷设计中,我们将务工地点设定为本地乡镇、本地县城、本省大城市、本省中小城市、外省大城市和除上述5种选择外的"其他"6个选项,所占比例分别为18.69%、23.06%、26.46%、16.50%、10.19%和4.85%。外出的劳动力中,选择省内迁移的劳动力共有350人,占调查样本总数的比例为84.71%,其中省内迁移劳动力的首选目标为省内大城市，所占比例为 31.14%；其次以本地县城为次优选择，所占比例为 27.14%；选择本乡镇和本省中小城市迁移的劳动力所占比例相差不多，分别为 22% 和 19.43%。选择省外迁移的劳动力共有 62 人，其中选择其他省（市区）大城市的劳动力所占比例为 67.74%，选择其他省（市）中小城市的劳动力所占比例为 32.26%。

（2）农村劳动力迁移选择的原因

在本地务工的原因中，依次选择以"离家近，家里有事可以随时帮忙"（76.2%），"饮食习惯比较适合"（6.2%），"家中有年老的父母需要照顾"（5.3%），"家中有子女需要照顾"（4.4%），"其他原因"（4.4%），"工资水平比较满意"（3.5%）作为选择本地迁移的主要原因。从其选择排序来看，选择本地迁移的劳动力主要考虑的不是务工带来的经济收入，而主要是以家庭因素作为迁移选择决策的依据。以家庭为主要考虑因素的劳动力一般都选择短距离迁移，这样的迁移选择既能满足劳动力照顾家庭的需要，同时也能获得一份工资收入，只要本地就业的工资水平能够接受，劳动力就会选择本地迁移。可以看出，选择本地迁移的劳动力并没有遵循效用最大化公理，而是经过深思熟虑后的一种有限理性选择，这再次验证了本书的理论基础。

在外地务工原因的分析中，依次为"工资水平比本地高"（57.7%），"本地经济条件差，没有合适的工作"（16.1%），"有亲戚朋友在外地工作，能够相互照顾"（9.3%），"开眼界，去外面闯闯"（8.5%），"为子女上学考虑"（6.9%）以及"其他原因"（1.6%）。选择外出务工的劳动力主要是以获得比本地更高的就业收入作为迁移的首要原因，外地较本地务工能够给劳动力提供更多的就业机会，并带来更高的收入；其次为劳动力的个人关系网络，选择外地就业的劳动力往往在外地有务工的亲朋好友为其提供就业信息；最后为通过外地务工实现自身发展的目的。子女上学等其他原因并没有成为农村劳动力选择外地迁移的主要动机。由此可见，选择外地务工的劳动力主要是实现收入最大化，家庭因素并不是主要考虑因素，更多地表现为劳动力的个人决策。

二 农村劳动力迁移类型及其禀赋特征

(1) 分性别农村劳动力迁移类型

从调查情况来看,农村劳动力迁移类型主要以"全年专职打工"为主,占调查样本总数的比例为57.5%,"边务农边打工"的所占比例为23.1%,"打零工"的所占比例为18.4%,"其他形式(自主创业)"的所占比例为1%。分性别来看,男性"边务农边打工"的劳动力占男性劳动力总数的比例为59.7%,女性"专职打工"的劳动力占女性劳动力总数的53.7%;男性"边务农边打工"的劳动力占男性劳动力总数的比例为23.2%,女性"专职打工"的劳动力占女性劳动力总数的22.8%,比例相差不多;男性劳动力"打零工"的比例为16%,女性劳动力"打零工"的比例为22.8%;"其他形式"中男性劳动力所占比例为1.1%,稍高于女性比例的0.7%。

(2) 受教育水平与农村劳动力迁移类型

从受教育水平来看,不同受教育水平(小学、初中、高中及以上)的劳动力均以"专职打工"为主,所占比例分别为52.3%、60.6%、55.7%;在"边务农边打工"的类型选择上所占比例分别为30.8%、23.7%、18.8%,具有初中教育水平的劳动力更倾向于全年专职打工;"边务农边打工"中,小学及以下的劳动力所占比例高于初中和高中;"打零工"及"其他"的类型中,高中及以上的劳动力更倾向于打零工。在迁移类型选择上,劳动力的受教育水平并没有表现出明显的差异性(图6-18)。

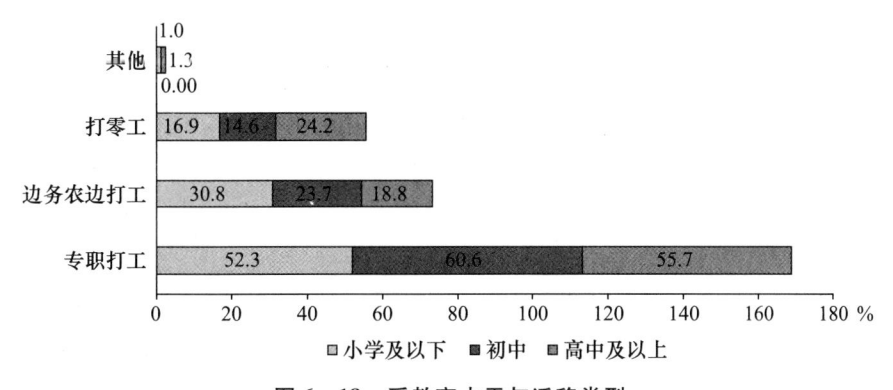

图6-18 受教育水平与迁移类型

（3）分年龄农村劳动力迁移类型

从劳动力的年龄构成来看，各年龄阶段的劳动力均以"专职打工"为主，表现出随着年龄的增长其比例逐渐降低的趋势（见图6－19）。

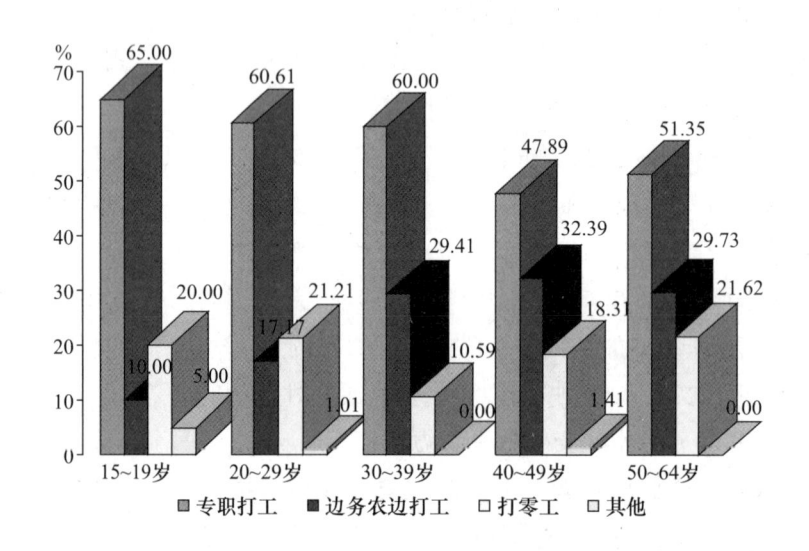

图 6 - 19 分年龄农村劳动力迁移类型

具体而言，15～19岁和20～29岁的青年劳动力以"打零工"作为次优选择，30岁以上的劳动力则选择以"边务农边打工"作为次优选择。总体来看，中青年劳动力更倾向于选择"专职打工"，中老年劳动力倾向于选择"边务农边打工"，青年劳动力更倾向于选择"打零工"或"其他"类型。"80后"的农村劳动力在迁移类型上表现出与父辈的不同，他们更喜欢灵活的就业方式。

三 农村劳动力迁移方式的特征分析

（1）迁移方式

在所调查的样本中，有109人有和家人一起外出务工的经历，占调查样本总数的比例为26.5%，绝大部分劳动力都没有和家人一起外出务工的经历。在携家人一起外出的方式中，"夫妻共同外出"所占比例为36.9%，"同亲朋好友一起外出"占23.4%，"夫妻携子女外出"占15.3%，"兄弟姐妹同行"占9.9%，以"其他形式"外出的占8.1%，

"举家外出"的所占比例为6.3%。从调查来看,"举家外出"所占比例较小,农村劳动力主要与配偶、亲朋好友一起外出务工。

家庭中第二人外出务工与第一人外出务工的时间间隔平均为7.73个月。其中间隔在半年以内的所占比例为61.11%,间隔在6~12个月的所占比例为26.77%,间隔在1年以上的所占比例为12.12%。家庭中第三人外出与第一人外出的时间间隔平均为10.31个月。间隔在半年以内的所占比例为57.76%,间隔在6~12个月的所占比例为25.86%,间隔在1年以上的所占比例为16.38%。第三人外出的时间间隔较第二人明显缩短。

(2)就业途径(就业信息来源)

从劳动力的就业途径来看,以"自己进城"和"跟随亲朋好友"寻找工作所占比例较高,分别为36.17%和37.62%,二者合计为73.79%;其次的"跟随工头进城"所占比例为14.12%;"其他途径"所占比例为4.37%;"企业直接来村里招工"所占比例为3.88%;"由民间中介机构组织"所占比例为2.91%;"政府机构组织进城"所占比例为0.73%。农村劳动力外出就业形式较为分散,组织化程度低,尤其是政府以及民间中介机构对农村劳动力外出中起到的作用非常小,大部分仍以"亲缘、地缘、业缘"作为主要的信息获取渠道。

从变换工作的信息获得途径来看,主要是通过"亲戚、朋友、老乡"的介绍,占有效样本总数(404个)的比例为72.33%,其次会选择"劳动力市场就业信息"的人,所占比例为11.65%,再次会选择"新闻媒体或广告",所占比例为8.01%。以"其他途径"所占比例为5.20%,通过"职业中介"寻找工作的比例较低,仅为0.97%。

四 农村劳动力迁移选择及其影响因素的实证研究

(1)变量的选取与模型的建立

为了研究农村劳动力迁移选择行为的影响因素,本书利用多元离散变量回归模型(Multinomial Logit)对农村迁移劳动力区域选择的影响因素进行了实证分析。

劳动力在做出不同迁移决策的同时,不仅要考虑自身的能力禀赋，还要考虑家庭因素以及居住地享有的禀赋资源。如果居住地经济条件较好、本地有充足的就业机会，劳动力倾向于选择本地就业；如果家庭人均耕地资源较少，劳动力稍显"剩余"，本地又不能提供较多的就业机会，则会选择外地就业。综合上述考虑，在自变量的选取上，本书从劳动力所拥有的能力禀赋、资本禀赋和资源禀赋中选取与劳动力迁移选择有关的变量。

能力禀赋中主要包括劳动力的性别、年龄、受教育水平、有无技能等变量；资本禀赋中包括劳动力月工资收入、迁移方式以及2008年非农收入占家庭年总收入的比例；资源禀赋中包括劳动力的居住地类型、交通条件便利度、附近有小企业、小工厂的数量、人均耕地面积、土地耕作方式和到务工地点的距离。

针对因变量Y的多元选择性，本书利用多元离散变量回归模型对农村劳动力不同迁移选择的影响因素进行分析。多元离散变量中y的取值为$\{0, 1, \cdots, J\}$，与二元响应变量类似，我们只关注在其他条件不变时自变量x的变化对y变化的影响程度。设X为$1 \times k$阶矩阵，多元离散选择模型（MNL）对应的响应概率为：[①]

$$P(y = j/x) = \exp(x\beta_j) / \left[1 + \sum_{h=1}^{J} \exp(x\beta_h)\right], j = 1, \cdots, J \quad (6-1)$$

按照多元离散变量模型构建农村劳动力迁移选择的离散变量回归模型如下：

$$P(y^* = j/z) = \exp(z\beta_j) / \left[1 + \sum_{h=1}^{J} \exp(z\beta_h)\right], j = 1, \cdots, J$$

$$(6-2)$$

$$Z_i = \beta_0 + X_{ability}\beta_1 + X_{capital}\beta_2 + X_{resource}\beta_3 + \varphi \quad (6-3)$$

其中，P是农村劳动力迁移选择的概率，这是被解释变量，表示劳动力选择不同迁入地的概率。

Y表示劳动力面临的四种选择：本地迁移（本地乡镇、本地县城），省内中小城市，省内大城市和省外迁移，其迁移的距离依次由

---

① Jeffrey M. Wooldridge, *Econometric Analysis of Cross Section and Panel Data*. The MIT Press, Cambridge, Massachusetts London, England. 2001：497-498.

近及远逐次递增。

$X_{ability}$表示劳动力的能力禀赋,包括性别、年龄、教育水平(基准组为小学),有无技能(有技能=1),健康状况(健康=1)。

$X_{capital}$表示劳动力的资本禀赋,包括婚姻(未婚=1),工资水平,务工成本,务工方式(基准组:政府、民间组织等其他形式),2008年非农收入占家庭总收入的比例。

$X_{resource}$表示劳动力的资源禀赋,包括居住地类型(基准组:平原农村),交通条件(基准组:非常便利),人均耕地资源,土地耕作方式(基准组:以人力、畜力为主),村附近工厂数量,迁移的距离。

在上述模型建立的基础上,所得结果如表6-11所示:

表6-11   农村劳动力迁移选择的影响因素分析

	省内中小城市	省内大城市	省外
能力禀赋			
性别 x_1	-0.190	-0.440	-0.0923
	(0.373)	(0.330)	(0.445)
年龄 x_2	-0.0336*	-0.0203	-0.0695***
	(0.0204)	(0.0179)	(0.0251)
初中 x_{3-1}	-0.119	0.0572	-0.278
	(0.426)	(0.378)	(0.537)
高中 x_{3-2}	0.180	0.253	0.550
	(0.505)	(0.442)	(0.592)
有无技能 x_4	0.204	0.342	0.188
	(0.370)	(0.330)	(0.430)
健康 x_5	0.0790	-0.137	-0.798
	(1.065)	(0.906)	(1.030)
资本禀赋			
婚姻 x_6	-0.381	-0.352	-0.694
	(0.478)	(0.428)	(0.545)

续表

	省内中小城市	省内大城市	省外
ln（月工资 x_7）	-0.295	-0.106	-0.924***
	(0.255)	(0.221)	(0.313)
务工成本 x_8	0.145	0.372***	0.168
	(0.0923)	(0.0870)	(0.125)
非农收入占比 x_9	-0.911	0.500	-1.324
	(0.834)	(0.734)	(0.927)
专职打工 x_{10-1}	0.863*	1.097**	-0.745
	(0.505)	(0.452)	(0.537)
兼职打工 x_{10-2}	0.681	0.874*	-1.162*
	(0.574)	(0.500)	(0.691)
资源禀赋			
山区农村 x_{11-1}	-0.361	-0.457	-0.568
	(0.419)	(0.400)	(0.541)
平原城镇郊区 x_{11-2}	-0.622	-0.309	-1.894*
	(0.819)	(0.603)	(0.991)
交通条件一般 x_{12-1}	0.915**	-0.0587	-0.293
	(0.454)	(0.370)	(0.495)
交通条件较差 x_{12-2}	1.601**	1.303**	0.281
	(0.726)	(0.633)	(0.868)
半机械化 x_{13-1}	0.506	-0.188	-0.565
	(0.443)	(0.369)	(0.482)
全部机械化 x_{13-2}	1.553**	1.197**	0.508
	(0.679)	(0.581)	(0.798)
人均耕地面积 x_{14}	0.130***	-0.0501	0.0802
	(0.0452)	(0.0441)	(0.0527)
村附近小工厂、小企业数量 x_{15}	-0.0715**	-0.0284	-0.0288
	(0.0345)	(0.0245)	(0.0350)
ln（迁移距离 x_{16}）	0.783***	0.564***	1.330***
	(0.127)	(0.106)	(0.161)

续表

	省内中小城市	省内大城市	省外
常数项	-2.672	-3.065	3.703
	(2.278)	(1.990)	(2.639)
观测值	412	412	412

注：1. 括号中为标准差。

2. *代表在临界值为10%下显著，**代表在临界值为5%下显著，***代表在临界值为1%下显著。

（2）农村劳动力迁移选择的影响因素分析

从模型回归结果来看，劳动力的能力禀赋、资本禀赋和资源禀赋对其迁移选择均有显著影响。

就劳动力的能力禀赋而言，只有年龄对迁移选择有着显著影响，相对于本地（乡镇、县城）迁移而言，选择到本省中小城市和省外迁移的劳动力年龄结构较轻，选择本省大城市与本地（乡镇、县城）迁移劳动力的年龄结构类似，没有明显区别。也就是说，青年劳动力倾向于选择本省中小城市或外省为主要迁移目标。在迁入地选择上，性别、劳动力素质和身体健康状况没有表现出明显的差异。

从资本禀赋来看，工资水平、务工成本、务工方式对农村劳动力的迁移选择均有显著影响。

工资水平变动对劳动力迁移选择影响显著。与本地迁移相比，工资水平对选择省外迁移有着显著的负影响，且在0.01的显著性水平上显著。即本地工资水平每增长1个百分点，劳动力选择省外迁移的概率将会降低0.924个单位。工资水平对农村劳动力跨地区迁移有着重要影响。

务工成本对劳动力选择省内大城市有着显著影响。相对于本地迁移而言，选择本省大城市迁移将会付出更多的务工成本，诸如务工过程中的生活费、交通费、办理各种证件的费用支出比本地迁移要高得多。

不同的务工方式对迁入地的选择有着不同的影响。相对于打零工而言，专职打工的劳动力倾向于选择本省中小城市和本省大城市，且选择本省大城市的概率（1.097）大于选择本省中小城市的概率（0.863）。对于兼职打工的劳动力而言，与本地就业相比，选择本省大城市的概率（0.874）较高，选择省外迁移的概率较低（-1.162）。

换言之，兼职打工的劳动力更倾向于选择本省大城市就业。2008年家庭非农收入占总收入的比例对劳动力迁入地的选择没有显著影响。

从资源禀赋来看，家庭居住地类型、交通条件、土地耕作方式、人均耕地面积、村附近有小工厂、小企业的数量对劳动力迁移选择影响显著。

家庭居住地类型能够反映农村劳动力居住的自然地理环境。从回归结果来看，居住地类型对劳动力迁移选择并没有产生显著影响，

交通条件是制约劳动力迁移的重要因素，劳动力根据可利用的交通设施选取不同的交通工具，实现迁移目的。可以说，交通条件很大程度上决定了劳动力的迁移距离。交通条件一般的劳动力倾向于选择本省中小城市，其边际影响为0.915。农村与中小城市的交通频繁，可选择的交通工具种类较多，既可以选择火车也可以选择汽车，往返便利。交通条件较差地区的劳动力，更多地选择本省中小城市和本省大城市为主要迁入地，选择本省中小城市的边际影响（1.601）大于选择本省大城市的概率（1.303）。综合来看，相对于交通条件非常便利的劳动力而言，交通条件一般、较差的劳动力主要选择省内迁移。

土地耕作方式是影响土地边际生产率的重要因素。现代化的耕作方式以更快的速度释放了大量农业剩余劳动力，为劳动力从农业向非农产业转移提供了基础条件。从土地耕作方式对农村劳动力迁移选择的影响程度来看，全部以机械化耕作的劳动力选择本省中小城市和本省大城市的概率较高，其中选择省内中小城市的概率（1.553）较大于本省大城市的概率（1.197）。可见，土地耕作方式对劳动力的迁移选择影响作用是比较大的。

从人均占有耕地资源情况来看，选择本省中小城市迁移的劳动力人均资源占有量相对较多，即人均耕地每变动一个单位，劳动力选择

中小城市的概率增加 0.13 个单位。相对于本地就业而言，人均耕地面积对劳动力省外就业没有显著影响。

家庭居住地类型、交通条件是农村劳动力迁移选择的方式体现，村附近有小工厂、小企业的数量则代表着农村劳动力居住地的经济水平。一般而言，村附近小工厂、小企业的数量较多，则表明该地区的经济水平较发达，能够为当地农村劳动力提供大量的就业机会，劳动力倾向于本地迁移。从回归结果来看，与本地迁移相比，村附近小工厂、小企业的数量越多，劳动力选择外地迁移的概率就越低，对选择本省中小城市概率的边际影响为 -0.0715。即本地小工厂、小企业的数量每增加 1 个单位，劳动力选择外出就业的概率就将降低 0.0715 个单位。

综合而言，就本次调查情况来看，农村劳动力的禀赋尤其是资本禀赋和资源禀赋对劳动力迁移选择有着显著影响，而能力禀赋对劳动力迁移选择的影响程度较低。由此可以看出，我国农村劳动力迁移决策在很大程度上是在综合考虑劳动力个人、家庭和社区因素基础之上做出的，是内外部环境综合作用的结果。

第四节　农村劳动力迁移的经济效益及影响因素分析

一　农村劳动力迁移的经济效益分析

（1）务工成本

务工成本是影响劳动力迁移选择的重要因素。一般而言，务工成本与迁移距离呈反向变动关系。从本次调查来看，近距离迁移的劳动力所花费的务工成本相对较低，用于支付往返路费的成本相对较少。从调查情况来看，劳动力第一次务工花费的成本平均为 201.94 元，其中交通费用平均为 99.19 元，占成本支出总数的比例为 49.08%，其他中介费、办理各种证件、企业押金的成本占 50.92%。

（2）务工收入与支出

就调查来看，劳动力的月工资收入最高为15000元，最低收入为300元，平均月工资为1770.78元。分性别来看，男性劳动力务工收入平均每月为1983.38元，女性劳动力务工收入平均每月为1395.50元，男性劳动力月工资较女性平均高出587.88元。

从受教育程度与工资水平的交叉分析来看，文盲半文盲、小学、初中、高中、大专及以上受教育水平劳动力的平均月收入分别为1261.54元、1715.38元、1910.25元、1580.60元和1890.30元。

从其分布来看（见图6-20），劳动力务工工资并没有遵循受教育水平越高其收入越高的规律性，小学和初中受教育水平的劳动力月工资收入高于高中受教育水平的劳动力月工资收入及大专以上受教育水平的劳动力，小学以下劳动力月工资水平最低。

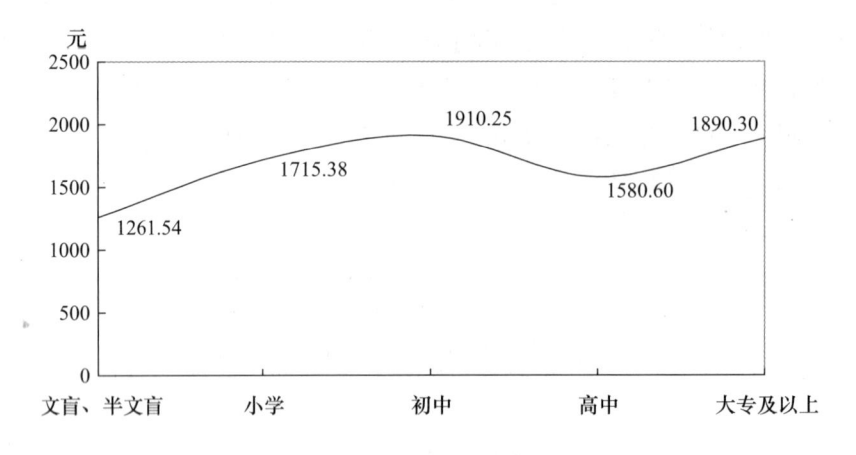

图6-20 农村劳动力受教育水平与工资变动曲线

为了进一步分析劳动力素质与其收入水平的关系，我们将劳动力有无技能与收入做交叉分析得到，有技能的劳动力月收入平均为1994.22元，无任何技能的劳动力平均月收入水平为1429.45，二者之差为564.77元。可见，有无技能对农村劳动力月收入的影响较大。

从分年龄劳动力的收入水平来看，劳动力的工资水平变动与年龄分布呈倒"U"形。即低龄和高龄阶段的劳动力收入水平相对较低，处于30~39岁黄金年龄阶段劳动力的收入水平最高，这与劳动力的生命周期有着密切的关系。低龄劳动力的工资水平较低，随着年龄的递增，务工经验的积累和工作稳定性的增强，工资水平也随之上升。受生命周期的影响，当年龄增长到一定阶段后，随着劳动力体能和技能的退化，工资水平也会相应降低，即劳动力外出务工的工资会随着生命周期的变动发生变化。

从图 6-21 中可以看出，低龄劳动力的月收入水平较低，收入水平随着年龄的递增也随之上升，到一定的峰值点后开始随年龄的递增而递减，呈典型的倒"U"形。

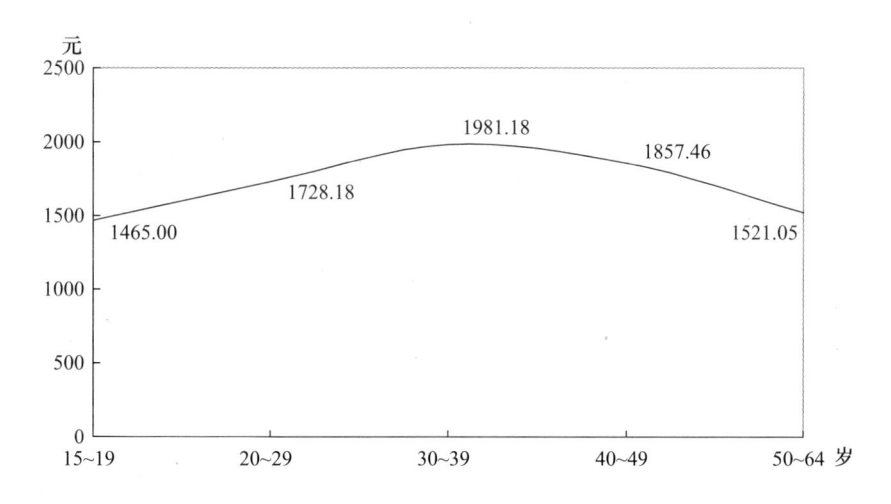

图 6-21　分年龄农村迁移劳动力收入水平比较

就劳动力月消费情况而言，每个劳动力月平均消费水平为 567.43 元，占其月平均收入水平的 32.48%。其中人均日常消费支出水平最高，为 294.74 元，占月消费总支出的比例为 51.89%；其次为房租花费，占月支出的比例为 20.39%；交友娱乐、医疗保健和技术培训花费占月支出的比例较低，尤其是技术培训支出仅占到月支出的 2.73%。从消费构成来看，劳动力的生活娱乐项目比较单调，除了每月支付房租和必要的日常消费外，其他娱乐休闲方面的花费很少。

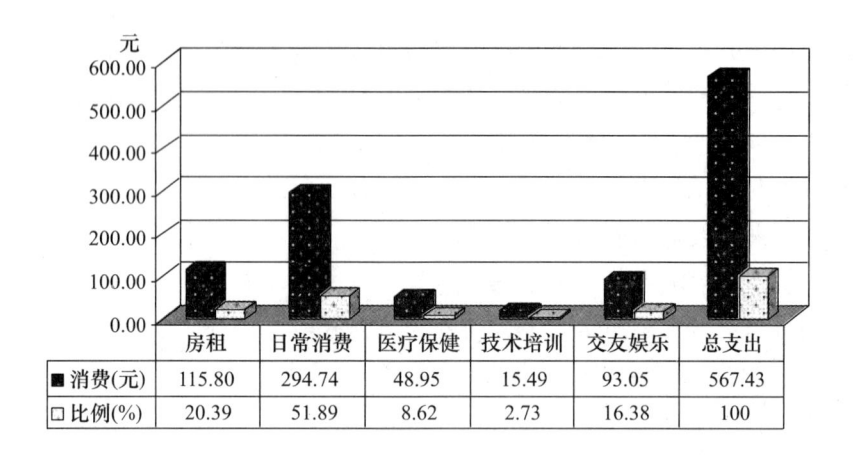

	房租	日常消费	医疗保健	技术培训	交友娱乐	总支出
■消费(元)	115.80	294.74	48.95	15.49	93.05	567.43
□比例(%)	20.39	51.89	8.62	2.73	16.38	100

图 6-22 农村迁移劳动力的月消费构成

从收入—支出情况来看，农村迁移劳动力的消费支出占收入的比例较低，仅为33%。劳动力的消费热情不高，消费项目单一。

二 农村劳动力迁移效益及其影响因素的实证研究

变量的选择和模型的建立

为了进一步分析农村劳动力外出务工的经济效益及其影响因素，本章利用 OLS 回归模型对农村迁移劳动力的月工资水平的影响因素进行实证分析。工资水平与劳动力能力禀赋有着直接关系，同时，不同的职业类型，工资水平也存在差异，务工地点的选择也会影响劳动力的工资水平。有鉴于此，本书选取与劳动力工资水平相关的一些指标，具体指标选择如下：

OLS 模型：$\ln y_{income} = \beta_0 + X_{ability}\beta_1 + X_{capital}\beta_2 + \varepsilon$ （6-4）

其中，y_{income} 表示农村劳动力的月工资收入水平，在回归过程中取了自然对数。

$X_{ability}$ 表示劳动力的能力禀赋，包括性别，年龄，教育水平（文盲、半文盲为3年，小学为6年，初中为9年，高中为12年，大专及以上为15年），有无技能（有技能=1），健康状况（健康=1），务工前是否参加过培训（是=1）。

$X_{capital}$ 表示劳动力的资本禀赋，包括婚姻（未婚=1），务工经历（务工次数、务工时间），务工成本，迁移距离，职业类型（基准组：

建筑业)①,家庭年消费水平,2008年非农收入占家庭总收入的比例。

在上述变量的选取上,对劳动力的月收入水平进行多元回归,所得结果见表6-12:

表6-12　　　农村迁移劳动力收入水平影响因素分析

变量名	$\ln(y_{\text{income}})$	t 统计量
能力禀赋		
性别 x_1	-0.00685	-0.09659
年龄 x_2	-0.00314	-0.81405
教育水平 x_3	-0.00651	-0.49129
有无技能 x_4	0.14219**	2.00397
健康 x_5	-0.01335	-0.07123
婚姻 x_6	0.04503	0.49723
是否参加过培训 x_7	0.14277*	1.86915
资本禀赋		
务工次数 x_8	-0.00689	-0.85104
务工时间 x_9	-0.00371	-0.49767
ln 务工成本 x_{10}	0.03379**	1.91874
ln 迁移距离 x_{11}	0.01509	0.77904
运输业 x_{12-1}	0.1339	1.0617
制造业 x_{12-2}	0.24406**	2.35294
服务业 x_{12-3}	-0.1005	-1.11845
个体经营 x_{12-4}	0.38384***	3.33706
ln 消费水平 x_{14}	0.26094***	5.30618
非农收入比 x_{15}	0.38488***	2.57283
常数项	3.59634	7.24504
R-squared	0.1739	

注:*、**、***分别代表临界值在10%、5%、1%下显著。

---

① 本章按问卷设计内容总共将职业划分为5类:第一类是建筑业;第二类是运输业;第三类是制造业,包括机械制造业和纺织加工业;第四类是服务业,包括批发零售业、家政服务业;第五类是个体经营,也包含了其他灵活就业形式。

从回归结果来看，能力禀赋对劳动力收入水平影响程度较大，资本禀赋对劳动力收入的影响也较为明显。

就劳动力的能力禀赋而言，性别、年龄、受教育水平、健康状况对劳动力的工资收入影响并不显著。而有无技能、务工前是否参加过培训对劳动力收入水平有着显著影响，有技能相对于无技能的劳动力，其月工资收入将会高出 0.14219 个百分点，且在 0.05 的显著性水平上显著。从务工前是否参加过培训来看，务工前参加过培训的劳动力相对于没有参加过培训的劳动力而言，工资水平将会提高 0.14277 个百分点。是否参加过培训与有无技能对劳动力收入的边际影响较为接近，都在 0.14 个百分点以上变动。可见，受教育水平的高低并没有对农村劳动力务工收入产生显著的影响，而有无技能对收入影响程度较大。

从劳动力的资本禀赋来看，务工成本、职业类型、家庭消费水平和非农就业收入对劳动力的收入水平影响显著。

务工成本对农村劳动力的工资水平有着显著的正影响，且在 0.05 的显著性水平上显著。务工成本每增加 1 个百分点，劳动力的工资水平就会增加 0.03379 个百分点。也就是说，务工成本较高的劳动力，其工资水平相应较高。务工成本包括交通费、获取信息的费用、中介费、办理各种证件费用、企业押金等，这种费用支出越多，劳动力越倾向于选择收入较高的岗位就业。

职业类型对工资水平有着显著影响，劳动力从事不同的职业，其收入也是有差别的。从事个体经营的收入水平最高，运输业和制造业的工资水平较建筑业没有显著差别。

家庭的消费水平不仅与家庭收入水平有着很大关系，而且对劳动力个人的务工收入有着显著影响。一般而言，家庭收入水平较高，其支出水平也会提高，反之，消费支出的增加也会增强劳动力获得较高收入的欲望来维持较高的消费支出。因此，家庭消费水平高的劳动力，其收入水平也相对较高，家庭消费水平每增加 1 个百分点，其收入水平提高 0.26094 个百分点，且在 0.01 的显著性水平上显著。

与之相对应，2008 年家庭非农收入占家庭总收入的比例对农村迁移劳动力的工资水平有着显著的正影响。家庭非农收入比每增加1个单位，劳动力的工资水平将会增加0.38488个百分点。家庭中非农收入所占比例越高表明非农收入水平越高，这对农村劳动力外出产生了很大的动力。同时也说明，非农收入对农村劳动力家庭的收入水平有着很大的贡献。

在众多影响因素中，性别、年龄、文化水平、健康等禀赋因素对劳动力的收入水平并没有显著影响。可能的原因是，一方面，农村迁移劳动力大部分都是文化水平较高、身体健康状况较好的青壮年劳动力，这些因素相对于其他因素而言对劳动力的收入水平没有产生显著影响；另一方面，由于本次调查样本数量较少，没有进行大规模抽样调查，在回归结果中可能会造成有偏估计，以至于教育水平对收入的影响不显著。

在资本禀赋中，婚姻、外出务工的经历、工作时间和迁移距离对劳动力收入水平影响不显著。按照通常逻辑，劳动力务工次数越多、外出务工时间越长，积累的工作经验越丰富，相应的工资回报率就越高，但本章的回归结果显示务工经历并没有对收入水平产生显著影响。一种可能的解释是外出劳动力大多有几次更换工作的经历，且外出时间没有明显差距，表现在对收入水平的影响上并没有产生明显的不同。另一种可能的解释是频繁跳槽的劳动力所具备的技能不能够满足用工需求，需不断更换工作；或是因原有岗位工资太低而寻求较高收入的工作而跳槽，因此对收入水平的影响不显著。一般而言，迁移距离与收入水平之间呈正向变动的关系，远距离迁移意味着获得比本地更高的收入。在本章的回归结果中，迁移距离对收入水平并没有显著影响。可能的原因是本次调查中本地迁移、外地迁移工资水平没有明显差距，从而在回归结果中未能体现出来。

第五节　本章小结

通过对农村劳动力迁移行为的微观分析，我们发现，农村劳动力迁移的禀赋特征呈现出一些新特点。

现阶段农村迁移劳动力代际禀赋差异明显。迁移群体中以青壮年为主，平均受教育年限为 9.76 年，虽然受教育水平显著提高，但仍有多一半的劳动力缺乏技能，在对外出找工作的难易程度评价中，约有 50% 的人认为比较难。

随着迁移主体的日益年轻化，代际间的迁移动机明显不同。"80"后的农村劳动力多是以"到外面见见世面"和"农村收入太低，城镇收入相对较高"的"自我发展型迁移"作为主要迁移原因。"80"前的农村劳动力主要以"农村收入太低，城镇收入相对较高"的"经济型迁移"作为迁移原因。

在不同迁移动机的支配下，农村劳动力迁移选择也是不同的。综合来看，农村劳动力主要以省内迁移为主，占调查样本总数的比例为 84.71%，省外迁移的比例相对较低。在省内迁移中，本省大城市是首选目标，本地县城为次优目标，本地乡镇和本省中小城市所占比例较为接近。从就业的行业分布来看，以第二产业中的制造业、加工业和第三产业中的服务业为主。从务工方式来看，"全年专职打工"占调查样本的比例为 57.5%，其次为"边务农边打工"，最后为"打零工"。随着迁移主体的年轻化，农村劳动力专职打工的比例有所增加。

从农村劳动力迁移行为的影响因素来看，能力禀赋中的有无技能，资本禀赋中的务工成本，对迁移选择和务工收入均有显著影响；资源禀赋中的居住地类型、交通条件、家庭和地区经济发展水平等对农村劳动力迁移选择影响显著。

因此，应着手于制约农村劳动力迁移行为的各种禀赋因素，对其内外部环境进行优化和构建，使得农村劳动力在迁移决策过程中尽最大可能实现完全理性，才能降低迁移成本，实现农村劳动力的稳定就业。

第七章 优化禀赋、以稳定就业推进农村劳动力迁移的制度构建

正是因为受劳动力禀赋和外部环境不确定性的影响，农村劳动力在迁移选择决策过程中表现出一种有限理性，从而制约了农村劳动力理性迁移的实现。因此，如何完善农村劳动力理性迁移的外部环境，优化劳动力禀赋是实现农村劳动力顺利迁移的关键。

第一节 现阶段我国农村劳动力迁移行为特征总结

一 农村迁移劳动力的禀赋特征

（1）迁移主体日趋年轻化，受教育水平有了很大提升

结合宏观、中观、微观的分析来看，每年农村外出务工的劳动力数量呈逐年递增发展趋势，东部农村外出务工劳动力总量高于中、西部地区。外出劳动力中以男性为主体，占外出劳动力总数的比例在60%以上。迁移劳动力年龄结构日趋年轻化，2009年问卷调查农村迁移劳动力的年龄中位数（29岁）较2006年减少了1.73岁，较2000年减少了8.44岁，农村迁移劳动力的年轻化趋势日益明显。由于青壮年劳动力是迁移主体，从婚姻状况来看，主要以已婚人口为主。随着我国农村基础教育的发展，农村迁移劳动力的受教育水平有了明显提高，2000年以初中和小学文化为主，2006年以初中文化为主，到2009年（调查问卷）农村迁移劳动力平均受教育年限为9.76

年，受教育水平有所提高，但有技能的农村劳动力所占比例仍然较低。总体来看，农村迁移劳动力的能力禀赋水平有了很大提升。

（2）区域农村劳动力禀赋差别明显，东部地区依然保持强吸引优势

就各地区而言，北京、上海、浙江、广东等东部地区对省外农村劳动力保持极强的吸引优势，这些地区农村劳动力主要以本地迁移为主。除新疆外，中、西部地区农村劳动力主要以省外迁移为主，被东部地区所吸引。就地区劳动力资源禀赋水平而言，东、中、西部农村迁移劳动力的受教育水平表现出东部→中部→西部逐级递减的趋势，这一趋势与东、中、西部农村劳动力禀赋竞争力强弱，以及区域经济发展水平逐级递减的趋势形成"顺流"，与东、中、西部农村劳动力迁移流向形成"逆流"。从宏观来看，农村劳动力迁移是现代化和经济增长的一个原因，同时也是结果，西方经济增长理论模型对这一现象的解释性更强。[①] 东部地区无论是对区域外劳动力的吸引力，还是对区域内农村劳动力的吸引力都保持着强优势。

（3）农村劳动力就业的相关权益保障欠缺，有待进一步健全

从2000年河北人口普查1‰抽样调查情况来看，劳动力一周平均工作时间为5.8天。从2009年问卷调查情况来看，劳动力每天的工作时间主要集中在10～12小时。农村外出就业劳动力参加社会保险的水平总体较低，中西部地区农村外出就业人员参保比例明显低于东部地区。据2009年农民工监测调查报告显示，目前农村外出劳动力拖欠工资的情况有所改善，但一些行业拖欠农民工工资的现象仍然存在，主要集中在建筑业和制造业。2009年问卷调查显示，有85.19%的人参加了农村合作医疗保险，其他险种的参保率普遍较低。用人单位对劳动力的参保率非常低，用人单位为劳动力全部缴纳"三险"的比例仅为3.16%，缴纳部分"三险"的仅占16.02%。可见，现阶段我国农村外出劳动力的权益保障还有待进一步加强，尤其要加强工伤风险较高的建筑业、制造业等行业农村劳动力的用工监管力度。

---

① 参见李竞能《现代西方人口理论》，复旦大学出版社2004年版，第150—151页。

二 农村劳动力迁移模式特征

(1) 农村劳动力的迁移选择模式

从城乡迁移来看,20世纪90年代以后,随着城市化的快速发展,农村劳动力城乡迁移的规模和强度都有所扩大,大体经历了平稳过渡期(1990~1995年)、快速增长期(1996~2003年)和急剧变动期(2004年至今)三个阶段。1990年以后,农村净迁入城镇的人口对城镇新增人口的贡献率基本保持在80%左右。

从三大地带迁移流向来看,农村劳动力主要从中、西部迁往东部地区。就全国范围而言,省内、省外迁移劳动力所占比例相差不大,各占50%左右,但各地区农村劳动力省内、省外迁移差距明显。东部地区以省内迁移为主,中、西部地区以省外迁移为主。从劳动力选择的务工地点来看,主要以地级市以上的大中城市为主。

(2) 农村劳动力的就业选择模式

从农村外出劳动力就业分布来看,主要以第二、第三产业为主。第二产业中以制造业和建筑业为主要流向,但从事制造业的比重较以前有所下降,第三产业主要以住宿餐饮业、交通运输业、服务业为主要流向。从就业形式来看,外出农村劳动力中,以受雇形式为主,所占比例达到93.6%,个体经营占6.4%。

从工资水平来看,不同行业收入水平差别较大,制造业、服务业和住宿餐饮业收入水平偏低,批发零售业和采矿业收入增长相对较慢。西部地区农村劳动力外出务工收入的增速快于东部和中部地区。在大中城市务工的农村劳动力收入水平相对较高,不同行业收入水平差别较大,制造业、服务业、住宿餐饮业收入水平相对偏低。

(3) 农村迁移劳动力的信息获取模式:"串套"模式

农村劳动力外出就业渠道狭窄,"串套"成为主要的信息获取途径。就业信息是反映劳动力市场发育程度的重要指标。比较健全的劳动力市场上,就业信息的灵敏度较高,信息相对开放,容易实现劳动力供给和需求的平衡,同时有利于节约劳动力寻找工作的成本和企业用于招聘员工的成本。就目前而言,从我国农村劳动力获得就业信息的渠道来看,"亲缘、地缘、业缘"仍是劳动力外出就业的主要渠道。

从本次调查来看，以"自己进城""跟随亲朋好友进城""跟随工头进城"所占比例较高，分别为36.17%、37.62%、14.12%，三者合计为87.91%，其他形式所占比例较低。从变换工作的就业途径来看，主要是通过"亲戚、朋友、老乡"的介绍，所占比例为72.33%；"劳动力市场就业信息"、"新闻媒体或广告"所占比例分别为11.65%、8.01%。"串套"成为农村劳动力外出就业信息的主要形式。

所谓"串套"就是信息从一个地区的人群向另一个地区的人群不断循环传递的过程。例如，信息A由劳动力甲传递给劳动力乙、丙、丁，同时劳动力乙、丙、丁又将信息A分别传递给自己的组群乙1、乙2，丙1、丙2，丁1、丁2，乙、丙、丁的下一级组群又接着将信息A逐次传递给各自的下一级组群……直到信息A的信息量饱和。这里的信息量饱和主要是指与信息A相关的劳动力市场供给需求达到平衡时的临界点。由此可见，"串套"路径中，信息以逐级扩散的方式从一个组群传递到下一个组群。同时也存在着另一种情况，在信息传递过程中，如果出现新的信息B要优于信息A，那么信息传递的起始点和方向将会发生改变，并会形成以信息B的最初持有者为中心，向不同的组群逐层传递新的"串套"模式（见图7-1）。

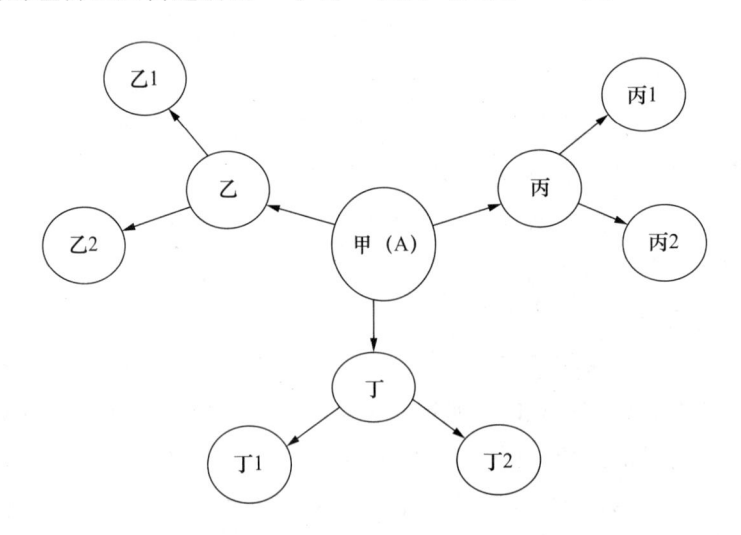

图7-1 单项"串套"模式路径

"串套"模式是对社区迁移网络的一种新解释。根据网络迁移理论,社区中以前外出的劳动力及其建立的社会关系对后来劳动力的迁移有着重要影响。社区网络起到了信息传递、交流的作用,从而降低劳动力迁移就业的成本、缩短待业时间、缓解心理压力等作用。[1] 这也是目前农村劳动力外出就业很少选择中介机构的主要原因。

三 农村劳动力迁移行为的影响因素

(1) 迁移选择行为的影响因素

在中观的分析中,对于省内和省外两种迁移选择,农村劳动力的性别、受教育水平等能力禀赋因素对跨省迁移均有显著影响。资本禀赋中,婚姻、民族、家庭规模、就业的行业分布、工作时间、地区经济发展水平,以及资源禀赋中迁出地类型对跨省迁移影响显著。从影响程度来看,各地区经济发展水平变量对农村劳动力跨省迁移的边际影响最大,其次为民族状况,最后为受教育水平,其他变量的边际影响相对较低。

从微观分析来看,在4种迁移选择(本县、县外市内、市外省内和省外)影响因素的分析中,相对于本地迁移而言,农村劳动力能力禀赋中只有年龄对省外迁移影响显著,而性别、受教育水平、有无技能对迁移选择没有显著影响。从资本禀赋来看,务工收入、务工成本、务工方式对农村劳动力迁移选择影响显著。从资源禀赋来看,家庭居住地类型、交通条件、土地耕作方式、人均耕地面积、附近有小工厂、小企业的数量对农村劳动力的迁移选择均有显著影响。

(2) 迁移效益的影响因素

在影响农村劳动力务工收入的变量中,能力禀赋中有无技能、是否参加过培训对农村劳动力务工收入影响显著,而年龄、性别、受教育水平对务工收入没有显著影响。资本禀赋中职业类型、家庭消费水平和家庭非农收入占总收入的比重对农村劳动力务工收入均有显著影响。其中,有无技能和是否参加过培训对农村劳动力务工收入的边际

---

[1] 盛来运:《流动还是迁移——中国农村劳动力流动过程的经济学分析》,上海远东出版社2008年版,第64—65页。

影响最大，分别为 0.14219 和 0.14277，其他因素对收入的边际影响概率相对较低。可见，有无技能和是否参加过培训是影响农村劳动力务工收入的关键变量，同时也进一步指出了农村教育改革的主要方向。

（3）劳动力能力禀赋、资本禀赋和资源禀赋孰重孰轻？

从宏观、中观和微观的实证分析来看，作为劳动力禀赋核心构成的能力禀赋只有年龄、有无技能对农村劳动力迁移选择有显著影响。资本禀赋中与就业相关的务工收入、务工成本、务工方式，地区（家庭、社区）经济发展水平对迁移选择影响显著。资源禀赋中家庭居住地类型、交通条件、就业机会多少等对农村劳动力迁移选择影响显著。由此来看，在影响农村劳动力迁移选择的众多因素中，能力禀赋并未像笔者所预期的那样对迁移选择产生显著影响，而资本禀赋和资源禀赋这两个外在条件却对农村劳动力迁移选择有很大的制约性。但需要关注的是，就对务工收入的影响因素来看，能力禀赋中有无技能相对于职业类型、家庭经济水平等变量对务工收入的边际影响最大，而教育水平对务工收入的影响不显著。

以上研究表明，农村外出劳动力在年龄、体能、技能（受教育水平、劳动力技能）上并没有表现出明显的差异性，尤其是受教育水平指标对迁移选择和务工收入均没有显著影响。同时也说明，我国农村外出劳动力的受教育水平较以前相比虽有所提高，但整体水平仍然较低，受教育水平相对于其他因素在农村劳动力外出就业中的影响不显著，而资本禀赋和资源禀赋对农村劳动力外出就业有着很大影响。因此，如何改善内、外部条件，优化劳动力禀赋构成，提升禀赋水平是促进农村劳动力稳定就业和实现顺利迁移的关键。

四 简短总结

在前文的分析中，我们已从宏观、中观和微观层面对农村劳动力迁移的空间模式、行业分布模式、迁移效应及其影响因素予以验证，并得出：有无技能、行业分布、地区（家庭、社区）经济发展差距、居住地类型等对农村劳动力迁移选择和务工收入均有显著影响。当然，由于数据的局限性，本书对模型变量的选取还不够完善，只能是利用现有数据做了一些简单实证模型分析，或多或少地对实证分析结果产生影响，如教育水平在理论上应该显著的变量对迁移行为并没有产生显著影响等。但整体来看，本章的实证研究也得出了一些有益的结论。

如何实现以稳定就业推进农村劳动力迁移，使其迁移行为由有限理性向理性转变，是当前我国政府面临的重要问题。一方面，在我国各地区出现产业结构调整升级过程中劳动密集型向资本、技术密集型转化的趋势下，是否能够适应不断更新的信息和就业环境，满足就业技能需求，都将制约着农村劳动力的迁移行为。立足于农村劳动力禀赋现状，政府应该如何优化农村劳动力的禀赋构成，提升整体禀赋水平，实现稳定就业，是农村劳动力能否顺利迁移的关键。另一方面，随着产业内部和产业间结构调整升级的加快，以及新生代农民工日渐崛起的大背景，农村中势必将会有一大批劳动力要转移。面对农村劳动力的巨量迁移，以及由地区经济不平衡作用下产生的"过度迁移"和"迁移不足"，我国政府又将如何应对？带着对这些问题的疑问，本书尝试从制度层面给予构建。

第二节　优化禀赋，以稳定就业推进农村劳动力迁移的制度构建

一　教育体制改革：实现农村劳动力稳定就业的技术手段

农村劳动力整体素质偏低是一个不争的事实，不仅对农村劳动力迁移行为产生影响，也是制约农业技术推广和农业现代化的重要因素。自国家推行"普九"基础教育以来，农村人口整体受教育水平虽有一定程度的提高，但仍然偏低。从本书分析来看，农村迁移劳动力的受教育水平较以前虽有所提高，但仍然与现在就业岗位的技能需求存在一定的差距，成为制约农村劳动力稳定就业的主要因素。尽管目前我国农村劳动力资源总量仍保持一定优势，但供求结构性矛盾依然突出。因此，要不断推进农村基础教育改革，提升劳动者的能力禀

赋，为实现稳定就业营造良好氛围。

(1) 农村教育改革的模式选择：夯实教育基础、统筹兼顾模式

农村教育改革要以市场需求为导向、立足地区实际，夯实农村基础教育，充分发挥职业教育对农村经济发展的促进作用。夯实教育基础，是指进一步加大农村基础教育投入、整合教育资源、改善教育环境，从整体上提高农村教育质量。"统筹兼顾"是指教育改革紧跟经济社会发展形势，适应市场需求变化，在夯实农村基础教育的同时，着力发展农村职业技术教育，提升农村劳动者技能素质。具体措施如下：

① 加快农村教育信息化建设步伐

教育的发展要与社会经济发展保持同步。在数字化、信息化高度发达的现代社会，要充分借助信息化手段来改善农村基础教育质量、提升教育水平。《2006~2020年国家信息化发展战略》明确指出，我国数字"鸿沟"有所扩大。国内不同地区、不同领域、不同群体的信息技术应用水平和网络普及程度很不平衡，城乡、区域和行业的差距有扩大趋势，成为影响协调发展的新因素。① 我国广大农村地区，尤其是中、西部农村落后地区普遍存在着信息闭塞、经济落后、通信技术手段欠发达的通病。加大农村教育的信息化建设，成为缩小城乡、区域间教育水平差距的重要手段。首先，结合现代远程教育工程加快农村教育信息化建设，在农村中小学逐步建立现代远程教育，采取多种形式开展信息化知识和技能普及，提高农村中、小学信息化教育水平。近年来，我国农村电信普及率、宽带入户率快速提升，数据显示，2014年我国农村网民达1.78亿。② 应依托农村现有的通信网络设施，改善农村基础教育水平，逐步实现城乡教育信息化同步发展，缩小城乡差距。其次，建立城乡师资定期、定向交流机制，引导更多城市师资资源下乡。由政府部门组织志愿者定期对农村，尤其是中、

---

① 2009年农村教育信息化工作研讨会，http://cio.ccidnet.com/art/12129/20090527/1782651_1.html。

② 工信部介绍完善电信普遍服务补偿机制：重点支持农村宽带网络建设，http://www.ce.cn/xwzx/gnsz/gdxw/201510/17/t20151017_6728915.shtml。

西部边远落后的农村地区从事信息化知识和技能培训服务，采取多种办法鼓励农业类、师范类高校、科研院所技术人员定期到农村轮岗任教，重点加强职业技术类院校师资交流，增强农村职业教育师资能力，提高农村教育水平。再次，加大农村教育基础设施信息化建设力度，有条件的地方着力引进电脑、网络、多媒体等教学设备，实现教学手段的信息化。此外，教师是教育信息化实现可持续发展的关键因素，应重点加强农村教师的技能培训，引进高素质师资，教师的素质要与教育信息化建设保持同步，以提高教师教育技术能力来促进农村教育的信息化。

②实现农村教育投资主体多元化

目前我国实行的是"分级管理，以县为主"的教育体制，我国财政体系中，农村义务教育经费主要来源于两个渠道：一是向下拨付不计入地方可支配财力、专款专用的教育专项转移支付；二是地方政府的财政投入。[①] 由于中国经济发展的地区差别、城乡差别的存在，这种投资体制造成了义务教育在地区之间和城乡之间的不平衡，以致经费短缺，造成农村师资素质低、教育方式传统单一，教育质量难以提高，地区间和城乡间教育差距也日益拉大，成为制约中、西部地区提升农村劳动力禀赋竞争力的关键因素。为适应市场化、信息化的潮流，提高农村教育水平，仅凭政府财政的支撑是远远不够的，应多途径、多举措拓宽农村教育融资渠道，充分发掘社会组织、机关团体、企事业单位以及个人等社会各界力量对农村教育的投资。同时，要积极吸引国外社会公益基金投资农村基础教育，弥补财政资金的不足，改善农村教育办学条件。此外，应积极探索建立持续、稳定的农村教育投资长效机制，确保农村教育经费充足，并建立与之相匹配的投资管理体系，加强对教育费用使用的管理和监督，防止教育资金渗漏。

③重视农村职业教育发展：多层次教育培训模式

有无技能对农村劳动力务工收入水平影响显著。低技能、技能单一或无技能，已经越来越难以适应现代化劳动力市场的需求，同时也

---

① 王蓉：《农村义务教育经费保障机制改革述评》，《中国财政》2006 年第 3 期。

对农村职业教育提出了新的挑战。如何适应形势、准确定位、突出特色、加快发展、促进农村劳动力转移中发挥职业教育的优势,是农村职业教育改革的总体目标。

职业教育改革要创建多层次的教育培训模式:一是转变传统办学理念,以服务"三农"为根本目标,满足农村受教育者的多种技能培训需求;在招收培训对象上应打破年龄界限,凡有意接受职业教育和培训的人都允许入校。二是提升办学层次,将学历教育与非学历教育、学历证书和职业资格证书相结合,简化入学手续,针对农民群体流动性强的特点实施分阶段教学。三是案例安排职业教育培训课程,以实用技能培训为基础,依据地区产业特色,设计与三次产业发展相关的各项技能培训。四是创新教学手段,充分利用电脑、网络资源以及多媒体技术手段提高培训对象的科技素养。五是完善教育管理体制,实行学分制和弹性学分制、全日制与部分时间制结合;培训期满通过考核者,发给毕业证书或培训结业证书。[①] 同时,适应市场要求,扩大农村劳动力岗位转移培训。通过建立多目标、多层次的职业教育培训模式,提升农村劳动力的职业技能水平。

教育是一个准公共产品,但同时具有外溢效应。教育的发展不只惠及一代人,还具有代际传承性。农村教育事业的发展水平不仅关系到一代人的利益,对培育中国现代产业后备军也有着重要的促进意义。

(2) 加强农民工技能培训:推动劳动力稳定就业的技术保障

当前,我国政府对农村劳动力教育培训的政策支持力度越来越强,财政投入越来越大,社会各界的参与越来越多,农民工技能培训的渠道也越来越宽。近年来,各地区、各部门认真贯彻落实《国务院关于解决农民工问题的若干意见》(国发〔2006〕5号) 和《国务院办公厅转发农业部等部门2003~2010年全国农民工培训规划的通知》(国办发〔2003〕79号),农民工培训工作取得显著成效,政策措施

---

① 刘伟:《关于农村职业教育改革的理性思考》,《职业教育研究》2009年第12期。

逐步完善，培训力度不断加大，农民工职业技能明显提高。① 但同时，受传统体制的约束，农民工培训工作仍然存在培训机制不健全、培训资源配置不合理、培训主体参与热情不高、培训项目缺乏特色等问题。进一步健全农民工培训机制、整合教育资源、适应不断变化的市场需求，是提高农村劳动力转移就业能力的关键。

①构建培训动力机制：实现投资主体良性互动

培训动力机制是连接劳动者与培训机构良性互动的纽带，既有利于调动农村劳动者主动参与培训的积极性，又能刺激培训机构迎合市场需求的主动性。按照这两个要求，培训机制的建立须立足以下两方面开展：

一是降低个人培训成本，提高劳动者主动参与培训的热情。政府要通过建立农村劳动力技能培训专项基金的方式，对接受培训的农村劳动者给予学费全额30%~50%的补助，补助标准应以劳动者培训考核成绩高低为基本参考，以此激励农村劳动者真正掌握一技之长，提升就业技能水平。同时，政府部门要加大对职业培训机构收费标准的监管，避免出现因"高收费"、"乱收费"现象而抑制农村劳动力参与培训的积极性。通过学习和培训，切实让劳动者感受到技能培训带来的经济效益，不断增强技能培训工作的吸引力。

二是提高职业技能教育培训机构的整体实力，打造出优势特色品牌，增强劳动者的市场竞争力。在培训机制设定上，应立足区域内的主导产业，根据区域经济发展的人才需求，结合劳务输出内容开展专项培训、订单培训、岗前培训等内容，结合区域产业特色，培养一批高素质新型产业工人，打造特色劳务培训品牌。特色劳务品牌的形成将增强培训机构的外部吸引力，进一步促进劳务品牌的延伸和继续开发，进而吸引更多的农村劳动力参与培训，为企业输送更多的技术人才。

②创新培训机制：满足多元化需求的梯次培训

---

① 国务院办公厅：《国务院办公厅关于进一步做好农民工培训工作的指导意见》，中国农经信息网，2010年1月26日。

梯次培训机制，就是根据不同市场用工需求来满足不同劳动者培训需求。梯次培训的主要特点是，在以确定新增劳动力为重点的基础上，培训不同层次农村现有劳动力以及后备劳动力人才资源，形成短期和长期培训相结合，初、中、高级相配套的完善的农村劳动力技能型人才培训体系，[①] 主要表现为培训时间、培训对象、培训手段三个方面。

在培训时间上，以短期培训（20~30天）为主，采用长短结合的方式。短期培训主要就实用性强、技能水平低、灵活性强的工作岗位而言，具有"短、平、快"的特点，短期培训也是目前培训机构主要采取的培训形式。在培训对象上，针对不同培训主体的特征和需求，进行分类培训。培训类型主要有转移技能培训，对有外出就业意向的劳动力（转移到非农产业、务工经商的农村劳动者）主要开展专项技能或初级技能培训。技能提升培训，主要对与企业签订一定期限劳动合同的在岗农民工进行提高技能水平的培训。劳动预备制培训，主要对农村未能继续升学并准备进入非农产业就业或进城务工的应届初高中毕业生、农村籍退役士兵进行储备性专业技能培训。创业培训，主要对有创业意愿并具备一定创业条件的农村劳动者和返乡农民工进行提升创业能力的培训。[②] 在培训手段上，应以数字化、信息化为载体，辅以直观、形象的多媒体教学手段，针对不同行业、职业和就业岗位的技术要求，利用信息化工具对农村劳动力进行技能培训，对于可操作性强的技能要以实地演示培训为主，增强劳动者技能培训的实践性。与此同时，技能培训的信息化手段发展要与农村基础教育的信息化建设同步，才能从多方面提升农村劳动力的整体素质。

③整合培训资源，提高培训效率

农民工培训需求的增加，也刺激了民办培训机构的繁荣。在这些培训机构中，有政府部门正式批准的，也有非正规批准的。随着农民

[①] 徐薇、张鸣鸣：《构建农村劳动力培训长效机制的政策思考》，《经济体制改革》2006年第4期。

[②] 国务院办公厅：《国务院办公厅关于进一步做好农民工培训工作的指导意见》，中国农经信息网，2010年1月26日。

工培训市场的进一步"白热化"以及培训机构的"鱼龙混杂",致使培训质量参差不齐,很多培训机构"遇冷",需要政府加强对培训机构的规范化管理,将其纳入法制化轨道。政府应有针对性地设定培训机构的准入制度,对一些办学条件差、培训质量不高的培训机构进行整改或合并,不符合办学条件的责令整改,引导其规范发展;针对承担政府引导性培训项目和品牌性培训项目的培训机构,从政策上明确规定基本设施、教学设备、实训基地、师资力量的必备条件,保证培训质量、提高培训效率。[1]此外,政府部门应注重创新培训工作管理机制,加强对培训机构的监管力度,使得培训机构走向规划化、法制化运营。通过政府、培训机构和劳动者三方的共同努力,提高农村劳动力的技能素质。

二 产业结构优化升级:拓宽农村劳动力转移就业渠道

产业结构、产业间劳动生产率结构变动都可能导致就业结构的变化。农村大量劳动力迁移不仅有利于我国农业内部与农村经济结构的调整,也会对我国三次产业结构调整起到积极的推动作用,产业结构调整升级反过来又会引导劳动力的迁移流向。为了深入探讨农村劳动力实现稳定就业的路径,必须明晰我国产业结构转型升级的总体方向,从宏观上把握产业结构变动对农村劳动力迁移就业的指向性问题。因此,立足现在,展望未来,预测我国产业结构调整升级的趋势,对把握农村劳动力转移就业的指向性有着重要意义。

库兹涅茨、钱纳里等人对一些发达国家的工业化过程和按收入水平进行分组的截面分析表明,工业化中期的增长与结构变化表现出以下特征:一是处于工业化中期的国家人都经过了经济快速增长的发展时期,而工业化中期经济增长的动力来自积累的迅速提高和结构的快速转变;二是处于工业化中期阶段,技术进步加速,表现为技术进步对经济增长的贡献率迅速提高;三是处于工业化中期阶段的国家基本

---

[1] 徐薇、张鸣鸣:《构建农村劳动力培训长效机制的政策思考》,《经济体制改革》2006年第4期。

上经过了重工业化的发展过程。① 我国目前处于工业化初、中期向中、后期演进的阶段，资本密集型和技术密集型产业正在异军突起，对经济增长的贡献率不断增大，劳动密集型产业相对逐渐减少，整个产业偏资本、技术性结构的调整对劳动力的吸纳能力也会逐渐降低。产业结构调整升级带来的劳动力需求变化已经成为我国经济增长面临的重大问题，也是产业结构调整过程中面临的突出问题。因此，农村劳动力供给要适应产业结构调整变化形势，才能更好地发挥产业结构调整对农村劳动力就业的拉动效应。

（1）推进农业产业化进程，进一步释放农业剩余劳动力

农业产业化实质就是传统农业向现代农业的转型。农业产业化不只是农业内部结构的调整，还涉及农业生产过程中与产、供、销相配套的生产、加工、流通和服务的一体化体系。通过农业产业化经营将会产生一系列关联效应来促进农村劳动力的转移就业：产业联动效应、就业关联效应、土地承包权的流转配置效应以及农业生产的规模效应。本节主要从产业化的四个效应阐述对农村劳动力转移就业的带动作用。

①农业产业化的产业联动效应

加快调整农业组织结构，推进农业产业化进程，将会产生产业联动效应。即通过产业内部的调整升级，带动产业内部之间以及农村第一、第二、第三产业之间的结构互动。农业产业化经营的目的就是要通过产业化经营建立新型的产业组织体系，将农户与市场很好地联结起来，以实现规模过小且过于分散的农户与千变万化的大市场之间的对接，增强我国农产品及其加工品在国内外市场上的竞争能力。② 其次，农业产业化能够进一步释放农业剩余劳动力，增加农村转移劳动力的供给量。随着农业产业化的加快推进，一方面，能够发展一批技术含量高、具有品牌优势，能打入国内外市场的农产品加工企业，带

---

① 何德旭、姚战琪：《中国产业结构调整的效应、优化升级目标和政策措施》，《中国农村经济》2008 年第 5 期。

② 占俊英：《农业产业化与农业剩余劳动力转移》，《中南财经政法大学学报》2004 年第 1 期。

动农村发展和促进农民增收。除了实现农业生产专业化、组织化经营外，农业产业化要求提供多方面的生产服务，农村工业化、社会化生产以及城市化的发展要求信息、交通、金融、保险、咨询等服务行业相应发展，加速了农村三次产业互动融合。随着农民生活水平的提高，必然推动饮食、商业、文化娱乐、旅游等行业的繁荣与兴旺。这些由农业产业化衍生出来与农业生产或农民生活水平息息相关的餐饮、娱乐、商业、旅游服务业，助推了农村第三产业的发展。另一方面，农业产业化加速了农民内部职业分化进程。农业产业化、组织化程度的提高，改变了传统农户分散经营方式，促进了农业内部分工的细化，催生了新型职业农民，即专门从事农业生产的现代农民，专职农民、专职务工者、亦工亦农等多种形式并存，为农村劳动力在更广的空间就业提供了机会。

②农业产业化的就业关联效应

就业关联效应，是指通过农村产业结构调整带来的就业岗位增加的效用。如前所述，农业产业化，能够在稳定农业基础地位并加快农业发展步伐的情况下，优化、提升农村经济结构，农村经济结构的变动也会带动就业结构的变动。伴随着农业产业化逐渐兴起的农村第三产业为从农业分流出来的劳动力创造了更多的就业岗位。农业经济结构优化调整，是一个从农业领域出发，向整个社会物质资料领域拓展、渗透、扩张的资源配置过程。农业产业化要求建立健全产前、产中、产后等农业生产服务体系和农产品流通体系，促进农村服务业的发展；依托农产品生产基地，大力发展以粮食、油料、果品为原料的农产品精深加工业，延伸农产品价值链，提高附加值；通过农村产业结构调整，充分挖掘农村第二、第三产业吸纳就业的能力。[①] 农业产业化优化了农村产业结构，拓展了农村非农产业的就业空间，为农村劳动力创造了更多的就业岗位，使得农村内部就业结构更趋合理，同时也为农业富余劳动力非农转移创造了条件。

---

① 李德元：《论中部地区产业结构调整与农村剩余劳动力转移》，《理论界》2006 年第 12 期。

③农业产业化加快了土地承包经营权的流转配置效应农业产业化对农村集体土地承包权提出了新要求。"深化农村改革,毫不动摇地坚持农村基本经营制度,加快完善有关法律法规和政策,现有土地承包关系要保持稳定并长久不变。加强土地承包经营权流转的管理和服务,在依法、自愿、有偿流转基础上发展多种形式规模经营。"① 随着工业化、城镇化进程的加快,以及产业结构优化升级的要求,这种农户分散的家庭经营模式既不能满足现代农业发展的要求,也无法实现农村劳动力向第二、第三产业的顺利转移。在一些第二、第三产业十分发达的地区,农村外出打工人员往往较多,而留在本村种田的却很少,尤其是"80后""90后"的农村劳动力更不愿像父辈那样过"面朝黄土背朝天"的生活,更多地选择非农就业,土地撂荒现象更为严重。为了适应这一新形势,近年来,我国开始对农村土地进行确权登记,将农村土地、宅基地、房屋等资源资产明确权属,为实现农村土地资源流转奠定基础。因此,积极探索新的农村集体土地流转形式,实现土地承包权的再配置,对于土地的规模化经营和农村劳动力转移就业有着双向促进作用。目前,国内很多地方积极探索土地流转方式,由于各地情况差异较大,农村承包经营权流转形式多样。本书通过梳理现有相关文献成果,对土地承包权的流转形式概括如下:②

"土地承包权出租"。针对因农民进城打工或其他原因而闲置的承包经营耕地,本着自愿原则进行出租,通过评估确定租金。对进城打工的农民来讲,既不丧失土地承包权,又有固定收益,无疑会促进农村人口转移。

"农地入股"。是指在农村土地承包期限内和不改变土地用途的前提下,允许以农村土地承包经营权出资入股设立农民专业合作社,或在条件成熟的地区开展农村土地承包经营权出资入股设立有限责任公司。这对土地规模化经营,提高农业生产效益,促进农民非农就业都

---

① 温家宝:《推进户籍制度改革,放宽中小城市落户条件》,http://news.sina.com.cn/z/2010qglh/zhengfubaogao.shtml。

② 方正松:《农村土地制度创新与农业人口流动》,《统计与决策》2009年第24期。

有积极影响。

"土地托管"。土地托管是土地流转的一种形式，是指部分不愿耕种或无能力耕种者把土地托给种植大户或合作组织，并由其代为耕种管理的做法。土地托管现象是在市场经济条件下，在土地制度改革进程中产生的新成果。通过规模化的土地托管，有利于实现土地的集约化经营，便于机械化耕作及现代化的农业生产管理，符合中央制定的土地流转政策。政府机构可出面进行引导，例如通过一定的激励机制，鼓励一部分外出农民回乡创业，同时积极协助组建专业合作组织、技术协会等，实现土地的集约化经营，使农户可以从土地托管制度中获利。[①]

这几种土地流转形式根据农村劳动力转移就业特点都有不同的侧重，也进一步促进了农村外出劳动力土地资源的资本化。以上这些土地流转的目的就是通过土地使用权制度改革，让农村土地实现市场化流转，实现农业集约化发展，推进农业剩余劳动力向非农产业转移，加快城乡一体化进程。

（2）加快制造业结构的调整升级，创造更广阔的就业空间

我国第二产业一方面承接由发达国家转移来的劳动密集型产业，另一方面源于我国劳动力资源的优势。长期以来，轻工业发展表现为以劳动密集型产业为主，与重工业比较，这些产业对劳动力的知识能力和技术水平的要求不高。因此由农村转移到第二产业内部的劳动力多数集中在纺织、制鞋、服装等低技术的劳动密集型的行业。[②] 本书的研究表明，第二产业中制造业和建筑业对农村劳动力仍具有很强的就业吸纳力。但随着资本和技术对劳动力的替代，以及目前中国制造业发展的现状，我国第二产业吸纳劳动力就业的容量仍有待进一步提高，这也是促进农村劳动力在不同的行业、企业间转移就业的主要动力之一。加大制造业内部的结构调整，需依据现有的产业结构状况和

---

① 王竞佼、隋文香：《农村土地托管制度探讨》，《经济师》2010年第1期。
② 叶琪：《论农村劳动力转移与产业结构调整互动》，《财经科学》2006年第3期。

未来发展趋势做出如下调整:①

第一,加快制造业转型升级。2015年5月,国务院印发《中国制造2025》的通知指出,制造业是国民经济的主体,是立国之本、兴国之器、强国之基。集中优势资源,重点培育国际强竞争优势产业的制造业,不仅是增强国际竞争力的主要抓手,也是吸纳农村转移劳动力的重要渠道。应立足于全球,顺应国际经济化发展潮流,依托产业自身比较优势,集聚资源,着重培养一批中长期在国际上具有竞争优势的制造业产业和企业作为吸纳就业的主导力量,成为拉动就业增长的重要支撑。中国的制造业在一些劳动密集、部分资源密集领域以及劳动密集度较高的加工组装环节具有较强的竞争力,这些产业的扩张会吸收更多的就业人口,成为未来时期中国吸收就业人口的一个重要增长点。

第二,培育"互联网+制造业"新业态。随着互联网、云计算、大数据的快速发展,加速了各产业的跨界融合,催生了各种"互联网+"的新模式和新业态。从当前来看,互联网与制造业的融合将会引发新的产业革命。一方面,"互联网+制造业"的产前、产中和产后,将打造新的互联网化的采购销售平台,将相关行业联系起来,生成更大的产能,创造更多的就业岗位;另一方面,制造业新业态、新模式的兴起,对劳动者技能有了新要求,新的就业需求会带动技能型劳动者培育,也必然会通过这种新业态的"就业倒逼"提升农村劳动者,尤其是新生代农民工的职业技能,这在整体上提升农村劳动力的整体素质有着极大的促进作用。因此,国家对具有潜在竞争力的制造业行业、企业应推行鼓励发展的政策,不仅培育制造业的新增长点,同时也创造就业增长点。

总之,制造业内部结构的调整升级,除政府要加强产业结构调整的宏观政策力度外,还应充分注重市场的作用,以新形势下的市场需求为导向,以发展潜力为出发点,以吸纳就业为基准点进行产业内部

---

① 主要参考褚志远《论产业结构优化升级与农村剩余劳动力转移》,《商业时代》2007年第12期。

的优化升级。

（3）大力发展第三产业，增强就业凝聚力

第三产业中服务性行业的兴起对我国劳动力产生大量的需求，农村外出劳动力中有很大一部分转移到第三产业。就本书调查情况来看，第三产业已成为农村劳动力外出就业的主要流向。而当前，我国第三产业市场化程度低，由于缺乏竞争力，服务行业企业实力较弱，新兴服务业或新服务项目的发展非常缓慢，也导致了第三产业内部的低效益。因此，多举措加快发展第三产业，将会为农村劳动力转移就业开辟新空间。

①优化内部结构，重点提升服务行业对农村劳动力的就业容纳力

纵观世界发达国家的产业化进程，第三产业日益成为吸纳劳动力就业的主要途径。目前，发达国家平均85%的劳动力在服务业领域就业，发展中国家平均45%的劳动力在服务业领域就业，而中国在服务业领域就业的劳动力所占比例不到35%，这说明我国第三产业的就业吸纳潜力很大。相比第一、第二产业，第三产业资本有机构成较低，同量资本可以吸收更多的劳动力就业，因而在解决劳动力就业方面有其他产业所不具备的优势。同时，第三产业还具有投资少、见效快、灵活多样的特点，在扩充就业门路、创造就业机会等方面具有大中型企业无法替代的作用。[①] 农村劳动力外出就业主要集中在与经济发展和居民生活密切相关的服务行业，如批发零售、运输业、餐饮业、服务业等。因此，要重点加强低技能、就业形式灵活的第三产业发展，同时要制定相关政策鼓励居民消费，引导和改善消费结构，尤其是要提高消费性服务在居民消费支出中的比重，来增强居民服务行业对农村转移劳动力的吸纳力。

②加速第三产业内部各行业融合发展，促进新型产业生成

第三产业内部融合指通过产业内部各行业融合，不断衍生出新的产业内涵，促成第三产业内部新型产业的发展，进一步增强第三产业

[①] 彭晖、郭晖：《论我国农村劳动力转移与产业结构调整》，《当代经济》2007年第1期下。

就业凝聚力。第三产业内部的产业概念日益模糊,服务产品不断进行着动态组合。例如,旅游业早已跳出依托传统自然历史资源的范畴,正全面融入文化、娱乐、商务、商贸、体育等元素,呈现出立足于区域经济发展与多产业联动的大旅游业格局,很多自然历史资源匮乏的城市就是在产业融合的理念下发展起具有极强竞争力的都市旅游业。现代农业是高产、优质、高效、生态、安全农业,对农业科技创新、农业社会化服务体系的依赖程度越来越高,在许多地方,传统农业正向体验农业、休闲农业、观光农业、高科技农业转变,第一、第三产业融合明显加快。第三产业内部各行业的融合,不仅带动了新兴产业的发展,而且也为农村劳动力的非农就业创造了条件。

总之,通过我国产业之间和产业内部结构的优化升级,必将会进一步推动就业结构的转换和升级,从而为农村劳动力非农就业创造结构性经济基础。

三 劳动力市场制度:搭建农村转移劳动力公平就业"平台"

农村劳动力大规模持续不断的迁移激发了中国劳动力市场变革。自经济体制改革以来,我国劳动力市场的运行机制发生了很大的变化,随着改革开放的深入不断趋于完善。然而,受传统二元体制影响引起的劳动力市场"多重分割",在农村劳动力迁移就业过程中又凸显出诸多缺陷,主要表现为:劳动就业管理部门职能分割,劳动力市场资源配置机制未能充分发挥,就业服务体系发展落后造成的就业信息传递不畅,农村劳动力用工权益保障制度不健全等问题依然存在。因此,实现政府职能的快速转型,发挥政府在劳动力市场建设中的主导作用,合理配置劳动力资源,是目前我国劳动力市场建设中政府职能定位的关键。因此,政府应立足于服务型、调控型、管理型、监督与协调型进行职能定位。

(1) 服务型政府的职能定位

服务型政府的职能定位:作为服务型的政府,应建立一套与社会主义市场经济相适应的公共就业服务体系,以及与之相配套的信息化服务体系。就业服务体系的内容包括职业培训、就业服务介绍与指导、用工保障等,以全方位、多形式的途径为农村劳动力就业提供服务。就业服务是完善劳动力市场的重要手段，它在收集劳动力市场信息、进行就业指导和咨询、推荐岗位以及协助劳资双方签订就业合同等方面发挥着重要作用。信息化服务体系主要包括信息网络建设、信息供给与发布、相关就业政策咨询与指导、农民工权益保障的法律咨询等。[①] 信息化就业服务应体现出"晴雨表"的作用，其主要功能就是及时发布企业用工信息，保障就业信息传递通畅，从而降低农村劳动力转移就业成本，拓宽就业信息渠道，实现合理流动。

具体运作层面，应逐步建立跨区域、跨城乡、跨行业的多层次城乡一体就业服务体系，保障用工信息及时、准确地传递给有就业意愿的劳动者，实现农村劳动力的梯次转移。同时，还应建立政府、企业和中介机构三者相辅相成的信息传递途径。职业中介机构是连接企业和劳动力的桥梁，随着市场化建设的推进，中介机构在农村劳动力转移就业中的作用日益增大，尤其是政府与中介机构，企业与中介机构，政府、企业与中介结构的多方合作日益加强，诸如目前的服务外包、订单培训、专项培训等在农村劳动力转移就业中发挥了重要作用。在信息服务中，除了鼓励和规范职业中介提供的信息服务外，政府还需要努力增强公共信息服务对农村劳动力转移就业的实质影响力，改变劳动力以个人信息网络为主的获取就业信息的状况。

（2）调控型政府的职能定位

调控型政府的职能定位：应充分发挥政府在劳动力市场建设中的宏观调控作用，以《劳动合同法》颁布和实行为契机，以维护农民工各种合法权益为切入点，推进劳动力市场的法制建设。政府要通过相应法律程序，制定一系列适应市场经济运行规律的劳动法规、劳动政策，建立完备的劳动就业制度体系，健全市场化就业的基础制度，推进劳动法治化进程。[②] 具体可从以下几方面着手：在提升农民工工资和各项福利待遇方面，制定最低工资标准制度、劳动时间制度以及工

---

① 黄红华：《统筹城乡就业中的政策工具选择与优化》，博士学位论文，浙江大学，2009年，第146—147页。

② 董亚男：《政府主导下的劳动就业制度公正论——基于非正规就业群体劳动权的制度化保障之考量》，博士学位论文，吉林大学，2009年，第186—187页。

资支付保障制度，并加强政府监管力度，维护农民工的各项权益；在我国实现人口转变的背景下，加强对劳动力资源总量与结构的宏观调控，抓住"人口红利"期的有利时机，实行积极的就业政策，多途径拓宽就业渠道，促进充分就业，保持基本稳定的就业形势，促进经济的快速发展；利用工资价格杠杆，发挥劳动力市场资源配置的基础作用，合理引导我国农村劳动力的迁移流向，实现农村劳动力资源在不同地区间的有序流动。

(3) 管理型政府的职能定位

管理型政府的职能定位：政府应根据现有农村外出务工劳动力的参保情况，加强劳动力就业的社会保障体系建设，逐步完善农村劳动力用工制度，建立广覆盖、社会化管理程度高、基金统一调剂的统筹城乡发展的社会保障体系，将农村外出就业的劳动力纳入到统一的社会保障体系中，实现不同身份、不同地区、不同种类的统一社会保障模式。在现有经济发展水平和制度背景下，建立城乡统一的社会保障体系要根据各地区经济发展和社会保障制度运行的实际情况，逐步建立城乡有别、地区有别的社会保障体系，以达到城乡劳动力就业均衡。在参保费用缴纳方面，应结合各地区经济发展不平衡的实际，以各地区居民人均纯收入为基准点，构建不同层次的缴费标准。在运作模式方面，针对农村劳动力流动性较强的特点，选择灵活多样的参保形式，能够使得农村外出劳动力根据自身条件和意愿自由选择。例如，将有较长时期劳动关系和稳定工作岗位的农村劳动力纳入现行保障制度，帮助其加入城镇的医疗、失业、工伤、养老等社会保险。对于非稳定就业的农村劳动力采取分段过渡的办法，先将非农工作时间最长的农村劳动力转入城镇职工社会保险体系，视劳动者的职业类型和就业持续性，逐步放宽参保条件，完善城乡社会保险转移接续机制，以方便劳动力返乡带"社保"转移，从而避免农村劳动力"退保潮"。具体操作上，可以建立专门的移动医疗保险账户，允许其携带账户进行流动,可与流入地实现有效对接。① 这种灵活的社会保障体制既要打破城乡界限,同时也要打破地域界限,从而最终实现社会保障体系的城乡统筹。

(4) 监督与协调型政府的职能定位

监督与协调型政府的职能定位:政府应不断健全和完善企业对农村劳动力用工的监察体系,加强劳资关系纠纷的协调、仲裁机构建设,及时、有效地调节劳资纠纷隐患,以稳定和谐的就业关系。2004年我国政府将农民工纳入《工伤保险条例》范围,但一些企业在为农民工缴纳社会保险方面仍存在不作为现象。据 2013 年农民工监测调查报告显示,我国企业拖欠农民工工资状况虽有所改善,但建筑业和制造业领域仍存在拖欠工资情况,且农民工签订劳动合同和参加社会保险的水平总体较低。从监测情况来看,农民工工资拖欠、劳动时间过长、超过劳动时间不加薪、劳动合同签订率低以及社会保险缴纳率不高等问题仍然突出。因此,应进一步加强政府职能部门对企业用工过程的监督检查,协调劳资纠纷,对农民工的各种权益以规范性文件进行规定和管理,切实保障农民工劳动权益。

总之,在劳动力市场建设中,如何充分发挥政府的宏观调控作用,为农村劳动力转移就业构建公平合理的就业环境,是政府需要重点解决的问题。只有不断完善政府职能,充分发挥政府的宏观调控,不断健全劳动力市场就业服务和管理,以自由灵活的方式为农村劳动力转移就业提供及时的市场供求信息,降低农村劳动力外出务工成本,才能使其更好地享受各种公共资源。因此,政府职能部门应立足多方面培育并建立适应农村劳动力转移就业的劳动力市场服务体系,为农村劳动力稳定就业创造良好的外部环境。

四 户籍制度改革:实现农村迁移劳动力的身份认同

(1) 户籍制度的内涵

户籍制度,顾名思义就是政府对辖区居民的基本信息进行登记以

---

① 主要参考李永杰、杨本建《中国特色的刘易斯转折点与城乡劳动力市场一体化的路径选择》,《华南师范大学学报》(社会科学版) 2008 年第 2 期。

及建立与之配套的相关行政管理体制,目的是方便对辖区居民的登记和管理。但由于我国城乡分割的二元结构,户籍制度同样也被赋予了二元结构框架下的许多附加功能,不只是一种统计功能,同时也代表了一种身份的象征。

针对我国现行户籍制度及其附带功能,有学者将其赋予了三种含义:第一种即狭义户籍,是指依法收集、确认与提供个人的身份、住址、亲属关系等人口基本信息的行政管理制度,这也是户籍制度建立的最初之意;第二种含义指目前行政体系中的户籍制度,可称为"户政制度",它既包含最狭义的户籍制度,还包括由相关部门以行政方式决定公民是否有迁往某地合法生活的"户口迁移审批制度";第三种为"户口制度",是包括一切运用狭义户籍制度来管控社会各种制度的总称,是社会不公现象的"总根源"。[①] 就户籍制度本身而言,其功能可归为三种:统计管理功能、限制功能以及附带的一些附属功能。统计管理功能是户籍制度最基本的功能之一,主要是方便政府对辖区居民的基本信息统计以及公民身份的证明;限制功能就是限制人口在不同区域间的迁移和流动,以方便区域人口管理;附属功能就是由于户籍种类的不同而附带的与之相关的各项社会福利,如教育、就业、社会保障等。有了不同的户籍,意味着就可以享有不同的社会福利。在此背景下,城乡间人口的迁移和流动也受到了限制。

只有明晰户籍制度的内涵,才能够在户籍制度改革中把握改革的方向,既不损害户籍制度关于人口登记管理的基本功能,又能削减户籍制度附带功能带来的不平等待遇。

(2)户籍制度的演变路径与现实阻碍

随着社会经济发展以及城镇化建设的快速推进,户籍制度也发生了不同程度的变革。自新中国成立起,我国现行户籍制度大体经历了建立(新中国成立初~1957年)、发展(1958~1977年)、初步改革

[①] 人口研究编辑部:《户籍制度50年》,《人口研究》2008年第1期。

(1978～1991年)、改革进一步深化(1992年至今)四个阶段。①

建立阶段(新中国成立初～1957年):自由迁徙阶段。1951年7月,公安部颁布实施了《城市户口管理暂行条例》,这是新中国成立以后最早的一个户籍法规,初步确定了城市户口管理制度。到1953年和1955年国务院发布了《为准备普选进行全国人口调查登记的指示》和《全国人口调查登记办法》以及《关于建立经常户口登记制度的指示》,这一阶段户籍的功能主要是用于人口登记和统计,没有对城乡人口迁移限制进行规定,属于人口自由迁移阶段。

发展阶段(1958～1977年):人口迁移限制阶段。由于20世纪50年代特定的历史背景,中央政府鼓励生育造成城市人口增长过快,无法适应社会经济发展,因此1958年中央颁布《中华人民共和国户口登记条例》以加强对城乡人口迁移的限制。至此,限制农民进城的二元户籍制度开始以立法形式正式确定下来。② 此后,1963年到1977年,国务院批转《公安部关于处理户口迁移的规定》,提出"严格控制市、镇人口,是党在社会主义时期的一项重要政策",该规定进一步强调要严格控制农村人口进入城镇。与此同时,阻断城乡间自由迁移的户籍管理制度完全确立。

初步改革阶段(1978～1991年):人口迁移限制的初步松动。改革开放以后,随着计划经济体制向市场经济体制的转轨,城乡人口流动的限制也进一步松动。1984年10月,国务院发布《关于农民进入集镇落户问题的通知》,规定凡在集镇务工、经商的农民和家属,在集镇有固定住所,有经营能力,或在乡镇企事业单位长期务工,允许落常住户口,口粮自理。第一次放松了城乡人口迁移的限制。1985年7月,公安部颁布了《关于城镇暂住人口管理的暂行规定》,决定对流动人口实行《暂住证》《寄住证》制度,意味我国的人口管理模式开始由户口管理向证件化管理的方式转变。这一阶段所采取的措施逐

---

① 参见人口研究编辑部《户籍制度50年》,《人口研究》2008年第1期,并对其进行补充和完善。
② 姚秀兰:《论中国户籍制度的演变与改革》,《法学》2004年第5期。

渐放宽了限制人员流动的政策,但是,户籍制度改革还是在计划经济体制内的一种局部调整,仍严格限制着农村劳动力的自由流动。

改革逐步深入阶段(1992~2013年):流动接纳,融入排斥。1992年8月公安部发布了《关于实行当地有效城镇居民户口制度的通知》,例如,广东、浙江、山东、山西、河北等许多各种规模的城市先后在本地区开始实行"当地有效城镇居民户口",也就是蓝印户口,其基本原则是当地有效,在当地按常住人口进行管理,统计为"非农业人口"。1994年以后,国家取消了户口按照商品粮为标准划分农业户口和非农业户口的"二元结构",建立以常住户口、暂住户口、寄住户口三种管理形式为基础的登记制度。到2000年,中央政府的有关文件表现出对农村劳动力流动的积极支持和鼓励,明确提出改革城乡分割体制,取消对农民进城就业的不合理限制的指导性思路,被称作城乡统筹就业的政策。[①] 2006年10月,户籍制度改革进一步深化,重点是拟取消农业、非农业户口的界限,探索建立城乡统一的户口登记管理制度,同时以具有合法固定住所作为落户的基本条件,逐步放宽大中城市户口迁移的限制。[②] 这些政策变化,归根结底是中国政府对于现实中制度需求所做出的积极反应,顺应了经济发展阶段性变化要求。

改革深化阶段(2014年以后):融入流动,城乡一体。为了让进城农民公平享有公共资源,引导更多有条件、有能力的农业转移人口定居并落户,我国加快推进户籍制度改革,取消暂住证制度,全面实施居住证制度。2014年12月国务院法制办公室就《居住证管理办法(征求意见稿)》(以下简称征求意见稿)向社会公开征求意见。征求意见稿明确了居住证持有人享受的各项基本公共服务、各项便利和逐步享受的权利及便利。居住证的主要思想是通过"累积赋权",分层、分步配置城市社会资源,让留城时间长、融入能力强的外来人口享有更多的城市公共服务资源,逐步淡化户籍制度属地福利功能。可以

[①] 蔡昉、王美艳:《户籍制度改革的历程与展望》,《广东社会科学》2008年第6期。
[②] 鲁桂华:《户籍改革:为何举步维艰》,《中国社会导刊》2006年第4期。

说，居住证制度是消除外来农民工不能享有与城市户籍从业人员或人才类居住证获得者同等机会和待遇的排斥性体制。① 从当前来看，国内大、中、小城市纷纷出台了居住证管理制度以及相应的"积分入户"管理办法，通过阶梯式赋权和人口调控，使有意愿和有能力的农业转移人口落户城市，为农民工落户城市提供了稳定、可及的预期。尤其是依托居住证，农民工子女可实现异地入学、异地高考，农民工享有务工城市基本公共服务。这对打破传统二元结构起着重要作用。尽管一些大城市的积分赋权门槛较高，但从推进城乡户籍管理一体化角度来看，居住证管理制度的实施对加快户籍制度"权能复位"起到了积极的助推作用。

从户籍制度的演变路径来看，其在我国历史上曾起到过一定的积极作用。户籍制度建立之初，其一，在经济欠发达阶段，通过城乡的"剪刀差"，迅速积累了财富，为工业发展奠定了坚实的物质基础，并使我国迅速建立起了较为完备的工业体系。其二，通过人口信息统计，为国家制定国民经济发展规划提供了基础的数据来源。其三，在维护社会稳定，打击犯罪分子方面也起到了不可估量的作用。② 可以说，户籍制度的确立为工业快速积累、经济文化建设、稳定政权以及人口管理提供了重要的制度保障。

随着改革开放的快速推进，在计划经济向市场经济的转型过程中，户籍制度改革的力度也在逐步加大，但户籍的"二元性"依然发挥着基础性作用，并且已经深入到人们生活的各个方面。现行的户籍制度不仅造成了劳动者的就业歧视，而且在婚嫁、幼托、教育、住房、社会保障等方面存在差别性待遇。例如，农民工子女入学方面仍存在很大的不公平，在劳动力输入地，外来农民工子女义务教育阶段和高中阶段的平等受教育权益得不到根本保障，这既不利于维护流动人口的合法权益，也不利于城市社会的稳定。从户籍改革的历程以及

---

① 顾海英、史清华、程英、单文豪：《现阶段"新二元结构"问题缓解的制度与政策——基于上海外来农民工的调研》，《管理世界》2011年第11期。
② 宋洪远、黄华波等：《关于农村劳动力流动的政策问题分析》，《管理世界》2002年第5期。

对人口迁移的限制作用来看，现阶段户籍制度改革对农村迁移劳动力已初步形成"流动接纳，融入排斥"的格局。

从以上分析可以看出，户籍作为人口信息统计和登记的功能并没有阻滞劳动力的自由迁移，现阶段户籍制度对城乡流动的诸多限制主要是由附着在户籍上的附属功能所带来的，且这些附加在户籍上的福利制度改革错综复杂，如教育体制改革、医疗改革、社会保障改革等，使得户籍改革举步维艰。

(3) 户籍制度改革趋向：从"两权式"模式向"渐进式"模式的转变

①户籍改革的目标与模式选择：渐进式模式

户籍制度改革的目标是建立起与社会主义市场经济体制相适应的城乡统一的户籍制度，使户籍"权利回归"，使公民享有迁徙和居住的平等自由。现行户籍制度已经深入到人们社会生活的方方面面，实现这一目标，需要经历一个由调整、变动到全面放开的长期过程。

我国户籍制度改革总体上呈现"集权式"与"分权式"相结合的总体改革模式，即所谓的"两权模式"。小城镇户籍制度改革由全国统一进行政策规划，中央政府在改革中未赋予小城镇社区自主权。公安部《关于推进小城镇户籍管理制度改革的意见》指出，小城镇户籍管理制度改革的范围是县级市市区、县人民政府驻地镇及其他建制镇。凡在上述范围内有合法固定的住所、稳定的职业或生活来源的人员及与其共同居住生活的直系亲属，均可根据本人意愿办理城镇常住户口。已在小城镇办理的蓝印户口、地方城镇居民户口、自理口粮户口等符合上述条件的，统一登记为城镇常住户口。大中城市户籍制度改革实行分权式模式。在政策实践上，国务院于1998年批转了公安部《关于解决当前户口管理工作中几个突出问题的意见》，提出在总体指导原则情况下，允许各大中城市根据当地的具体情况分别进行改革试点。相对于小城镇户籍改革而言，大中城市具有一定的自主权。大多数大中城市虽然在新政策中都不再采取收费或指标管理的手段来限制人口的城乡流动，但是却在不同程度上普遍采取了户口准入制度，如"购房入户""投资入户""高学历者入户"等准入条件的限制，这也是当前一些特大型或大型城市调控人口流动过程中较为普遍的做法。①

由于小城镇缺乏相应的就业吸引力，虽然户籍制度全面放开，也并未出现因"农转非"造成的"涌入效应"。因此，就目前而言，全面放开小城镇户籍制度门槛，不仅可以实现农村劳动力在农村和小城镇之间的自由迁移，也可以推进人口城镇化建设。从农村劳动力迁移流向来看，地级市及以上的大中城市是其主要流向。渐进式改革主要是对大中城市的准入条件有选择地逐步放宽。这种改革模式的特征是一旦达到准入条件，即可转入户籍人口，从而享有与城市户籍居民完全相同的权利与福利待遇。对于一般的大中城市而言，各地根据社会经济发展水平以及现有常住人口对区域资源环境的压力设定户籍准入条件，其迁入者准入条件包括，是否具有稳定收入水平、固定的住所（租赁或购买）、社会保险等，与户籍居民的亲戚关系、学历或专业技术标准等。需要指出的是，"户籍准入标准"只针对那些希望获得本地城市户口并享受相应福利的外来迁移人口有限制作用，但不会对农村劳动力的非永久性迁移（城乡自由流动）产生任何约束。随着城乡社会经济的发展，起初的"准入条件"也会进一步松动，即随着越来越多的外来人口达到了上述"户籍准入标准"，他们将可以申请获得城市户口，享有该城市的各种社会福利，同时也实现了户籍制度的渐进式突破。

户籍制度改革是一项"牵一发而动全身"的系统工程，不能仅以简单方式将其"取消"。对户籍制度进行改革必须结合社会经济发展水平、依据经济结构转型进度、考虑地区之间的现实差异，在中央部署改革的大原则下，先确定改革的试点城市，选择一些经济发展优势明显，财政收入实力雄厚的省市率先推行户籍制度改革，在借鉴改革初步经验的基础上，逐步扩大试点，从而达到城乡统筹的目标。即户籍制度改革遵循"由点到面"，由"两权式"向"渐进式"改革的模

---

① 杨传林：《市场经济进程中的中国人口流动问题研究》，博士学位论文，青岛大学，2008年，第122页。

式，实现"逐层破冰"。

②剥离与户籍相关的配套利益

改革我国现行户籍制度可谓是举步维艰，户籍制度改革本身并不难，主要是如何剥离依附户籍制度之上的各种福利制度。因此，渐进式改革的内容之一就是逐步剥离附加在户籍背后公民享有的政治经济文化权益，以及与之相配套的公共福利。只有对依附户籍背后的劳动就业、住房养老、教育医疗等如此之多的"附加功能"进行逐层剥离，才能逐渐降低城市户籍的特殊吸引力，也不会对人口城乡自由迁移形成阻碍。因此，要依托户籍制度的渐进改革模式，在大中城市设定户籍改革试点，一方面改革户籍制度对城乡人口迁移的诸多限制，另一方面逐渐削弱户籍所附带的各种功能，抓住户籍改革主要矛盾，实现重点突破。

基于目前情况，为了削薄城镇户籍的附属功能，补厚农村户籍的福利空当，只能在现有基础上大力发展经济，提高整个社会的福利水平，重点提高农村人口的福利水平，才能完全剥离我国现行户籍制度背后所附加的各种利益，实现农村劳动力的自由迁移。

因此，对于我国的户籍改革而言，夯实经济基础是重中之重，这就要求我们必须快速发展社会经济，特别是加快社会主义新农村建设与农村经济发展，为农村劳动力转移就业奠定坚实的经济基础，才能从根本上实现农村转移劳动力的"身份认同"。

五 区域劳动力迁移调控预警机制：保障充足劳动力资源的"调节器"

在我国实现人口转变和产业结构不断优化升级的大背景下，如何应对农村劳动力的"巨量迁移"，以及一些地区出现的"迁移过度"或"迁移不足"？大量的、无序的农村劳动力流动将会给迁入地和迁出地带来很多负面影响，甚至关系到整个民生问题。因此，建立区域劳动力迁移调控预警机制，把握区域迁移劳动力资源的适度规模，实现农村劳动力在区域间、区域内部合理流动是非常必要的。

（1）劳动力迁移调控预警机制的概念和功能

①劳动力迁移调控预警机制的概念

第七章　优化禀赋、以稳定就业推进农村劳动力迁移的制度构建

预警一词最早出现于军事领域,是指为了对付突然袭击的防范措施。预警机制是指能灵敏、准确地预示风险前兆,并能及时提供警示的结构、制度、网络、措施等构成的预警系统,其作用在于超前反馈、及时布置、防患于未然、打信息安全的主动仗。[①] 近几年来,也有学者针对预警机制的可控性和有效性,提出了人口安全预警机制等。从预警机制的内涵看,主要是通过建立一系列测度指标预测风险发生的概率。照此推理,建立相应的预警机制也可以引导和调控劳动力在区域间的迁移流动,从而避免因无序流动造成的"迁移过度"和"迁移不足"。由此,我们对劳动力迁移调控机制进行如下定义:

劳动力迁移调控预警是指因劳动力迁移流动行为引起的区域劳动力资源总量供给不足或供给过度对区域社会经济发展产生严重影响的预期评价,从而为提前调控区域劳动力迁移流量,实现区域劳动力市场供求平衡、人口与资源环境相协调提供警示。

劳动力迁移调控预警机制的建立应以区域户籍和常住劳动力资源历史数据为立足点,结合区域经济发展水平和发展规划,按照区域内劳动力市场需求状况对未来劳动力市场需求进行预测,综合区域人口承载力情况,确定区域劳动力流量(迁入、迁出)的适宜量,以此作为区域劳动力迁移预警机制的阈值,并根据预警目标制定一系列劳动力迁移的预警指标,提供预警信息,为流动人口管理部门提供准确的调控信息。

由此来看,劳动力迁移预警机制共包含两部分内容:一是依据现有劳动力资源数据,按照劳动力市场供求信息,评估区域未来劳动力迁移流量,并通过一系列预警指标体系测算区域容纳劳动力资源的阈值或临界值,划定不同的预警级别;二是需要配备相应的运作体制,保障预警机制的运行。

②劳动力迁移调控预警机制的功能

作为劳动力迁移调控预警机制而言,因为有"阈值"的警示,其

[①] 王莉亚、邱均平:《论企业知识产权保护中的预警机制》,《图书情报知识》2004年第2期。

功能与其他预警机制基本相同,即预警功能、调控功能。预警功能是指在预警系统发出警情预报后预先采取措施或对策,把将要发生的重大警情的严重性降至最低限度,相当于"警报器"的功能。[①] 与此同时,还可以根据警情预报,通过相关政策措施提前对区域人口迁移流量进行适当的引导或调整,避免因劳动力过量的迁移流动给迁入地、迁出地的社会经济发展带来一系列严重影响。如深圳市针对快速发展的人口态势、大量流动人口的涌入、快速推进的城市化与薄弱的城市公共设施建设、较低的人口素质与产业结构调整升级对高技术人才的需求等诸多矛盾,建立了人口安全预警机制。[②] 近年来,迫于人口机械增长和人口承载力的矛盾,北京市朝阳区启动了以"人口密度"、"人均公共行政经费"和"万人警力"为预警指标的人口承载力预警机制,并组建了由组织机构、信息化平台、人口承载力预警值和预警措施构成的人口承载力预警机制。[③]

无论是人口安全预警机制还是人口承载力预警机制都涉及流动人口指标,但已有的人口安全预警机制或人口承载力预警机制,并没有从市场资源配置角度对劳动力迁移人口进行系统性分析,忽略了作为流动大军主力的劳动力人口的迁移流量对迁入地和迁出地产生的正负效应。因此,建立劳动力迁移调控预警机制对于解决"巨量迁移"、"过度迁移"和"迁移不足"是必需的。

(2) 劳动力迁移调控预警系统机制构成

①人口预测预警子系统

受地区经济发展水平、自然地貌以及人口分布的影响,各个地区间人口发展表现出总量、结构和质量的差别性特征,这种差别性是融区域经济、文化、制度、资源环境以及历史等因素综合作用的结果。在这种多元因素影响下,区域间生育水平、人口规模和人口结构也不尽相同,决定了参与社会经济活动的劳动力人口的数量和结构,不同

---

① 童玉芬:《人口安全预警系统的初步研究》,《人口研究》2005年第3期。
② 杨光辉:《论深圳人口安全预警机制及其构建》,《特区经济》2005年第10期。
③ 程连元:《直面人口承载难题 朝阳研发预警机制》,《前线》2008年第10期。

规模和结构的劳动力人口又会对区域经济发展产生直接影响。经过30多年计划生育政策的推行，不仅极大地控制了人口总量的增长，促进了人口与资源、环境的协调发展，而且也较早地赢得了人口年龄结构优势，这对我国社会经济发展有着举足轻重的作用。尽管现阶段我国劳动力资源相对充裕，但经过若干年后是否真的会出现劳动力资源总量短缺呢？在生育政策约束以及不同生育水平制约下，不同地区的劳动力资源是否也会出现短缺？

从我国现有的农村劳动力资源总量来看，主要表现为劳动力资源供给大于需求的总量矛盾，即使近几年东南沿海地区出现了招工不足的"民工荒"，其本质也是由于供给的劳动力素质较低与产业结构调整升级对高技术人才需求之间的结构性矛盾，并不是劳动力总量短缺。有学者预测表明，在现行生育政策下，2027年我国劳动适龄人口将达到峰值水平，农村劳动适龄人口在上半叶呈逐年递减的趋势，但总量并未明显减少。[①] 但从人口变动的长期趋势来看，21世纪30年代以后我国劳动力资源无论是绝对量还是增长速度，都呈现一种下滑趋势，即使总量不存在短缺，但劳动力资源年龄结构均有上涨之势。因此，做好全国和区域人口预测规划，评估区域劳动力资源存量和结构，把握区域农村劳动力的适宜迁移量是保障区域经济持续增长的预警机制之一。

因此，各地区应利用现有人口数据库、人口普查数据、人口抽样调查数据、现有的生育水平以及未来生育政策走向做好区域人口预测和发展规划，结合国民经济和社会发展规划，做好区域内未来劳动力资源规模预测，把握在现有生育政策约束下区域劳动力资源的变动趋势，与警戒阈值进行比较、权衡，并在适当时刻有针对性地对生育政策进行调整，这是人口预测预警子系统的主要内容。人口预测预警子系统的目的就是通过人口预测，关注区域人口发展态势，适当调整生育政策，保障区域劳动力资源的供给量。

---

① 田雪原等：《21世纪中国人口发展战略研究》，社会科学文献出版社2007年版，第143~144页。

②劳动力迁移流量预警子系统

充足的劳动力资源是保障国民经济和社会可持续发展的基础。随着经济结构和产业布局的调整升级，地区差距的逐渐扩大，区域经济发展对劳动力的吸引力也会发生变化，因而会改变劳动力的迁移流向。对于一个区域来说，农村劳动力迁移过度或迁移不足都会对区域经济发展产生不利影响。充足的劳动力资源是区域招商引资的一大亮点，也是区域经济发展的优势所在。如果区域劳动力资源过度流出，区域将会失去招商引资、促进经济发展的人才动力。因此，建立区域劳动力迁移调控预警机制，通过调控区域劳动力迁移的流量、流向，保持区域劳动力资源比较优势，对吸引外部投资，保障区域经济增长的长效性有着重要作用。

劳动力迁移流量预警子系统的建立，首先，要明确区域劳动力资源的流向和流量，包括输入和输出劳动力的总量、结构、质量、分布状况，并按照历史数据做好流动人口就业和流动趋势预测分析；其次，评估区域现有劳动力资源，并估算区域现有劳动力资源的增长量，掌握区域劳动力资源现在的和未来的变动趋势。这一方面可与人口总量预测子系统进行结合，以户籍和常住两种口径对区域劳动力资源进行分别预测，在科学评估区域人口承载力的基础上，确定区域劳动力流量的阈值，合理调控流动人口数量。

③劳动力就业需求预警子系统

区域劳动力迁移流量的调控主要取决于劳动力市场的需求量，劳动力市场的就业需求量主要靠经济发展创造。社会劳动力需求总量是一定时期内社会经济发展对劳动力需求的数量。劳动力的需求是一种派生需求，因为劳动力需求产生的直接基础是人们对产品和服务的需求。社会各企事业单位之所以需要雇佣劳动力，是因为劳动力与其他生产要素的结合能够为市场提供产品或服务。[①] 因此，劳动力需求总量取决于经济增长和发展对就业岗位的需求数量，而这个数量又取决

---

① 钱国明、刘敏：《基于计量模型的劳动力需求量影响因素分析》，《商场现代化》2008年第24期。

于经济增长规模、结构及其发展的质量,即地区劳动力就业需求量主要取决于地区经济增长速度,以及影响经济发展的宏观经济政策、产业结构、就业结构、城镇化水平等因素。

第一,经济增长、资本有机构成与劳动力就业需求。从宏观上来说,经济增长产生的直接结果是资本增加,新增资本追加投入到生产领域创造更多的就业机会,从而增加劳动力需求。同时,还取决于地区资本有机构成,与资本密集型相比,劳动密集型为主的地区对劳动力需求较高。因此,可以根据区域经济增长速度和资本有机构成预测劳动力就业需求量。

第二,产业结构与劳动力就业需求。按照三次产业构成,第一产业就业基本饱和,随着农业技术的进步和推广,从事农业生产的劳动力也会逐渐减少;第二产业吸纳就业的能力增长缓慢,一些劳动密集型产业如制造业、建筑业吸纳就业仍有一定的潜力;第三产业是创造就业岗位的主要力量,也是吸纳农村劳动力就业的主要行业。因此,区域劳动力就业需求也主要取决于三次产业增加值创造的就业岗位。同时,产业发展的周期性(季节性)也会引起劳动力需求的变动,季节性变化、节日假期对产业劳动力需求会产生影响。

第三,城镇化进程与劳动力就业需求。城镇化是未来社会发展进程中的重要内容,它对就业具有两方面的影响:一是城镇化发展模式的选择将会影响就业需求的变动,以工业化推动的城镇化更能够促进劳动力就业增长;二是由城镇化进程中产生的聚集、扩散、规模经济递增效应,会创造更多的就业机会,从而增强就业吸纳力。

第四,经济政策与劳动力就业需求。工资由劳动力市场价格决定,同时也成为政府调节劳动力供求关系的重要手段。在实行最低工资制度的劳动力市场中,初级市场劳动力的工资很大程度上受最低工资率的影响。如果雇主面临成本压力,可能减少招募新员工甚至裁员。有研究表明,最低工资增加10%,会减少年轻人就业率1%~

3%。① 通过调节产业结构改变整个劳动力市场的用人结构也是政策调整的手段之一，比如鼓励劳动密集型产业的发展等。

在分析劳动力就业需求影响因素的基础上，充分利用历年经济数据、城镇化水平数据、人口数据，参照政府出台的经济发展规划，建立相应的预测指标和模型，做好区域劳动力就业需求预测，从宏观上把握区域劳动力市场的需求变动，及时发布预警信息。

（3）劳动力迁移调控预警的导向机制与实施路径

①劳动力迁移调控的导向原则

农村劳动力迁移调控机制，就是从社会经济整体利益出发，采取经济的、行政的、法律的手段对农村劳动力的流量、流向、结构和素质进行宏观引导和管理的机制。根据农村劳动力流动的现状和存在的问题，应遵循"规模适度、流动有序、结构合理"的原则，建立劳动力迁移调控预警机制。

"规模适度"，是指劳动力的迁移流动，必须立足区域经济发展的实际，以保持农业的稳定发展为前提，在保障区域劳动力有效供给的基础上的迁移。

"流动有序"，是指劳动力的迁移流动一要有相关的工作管理人员和机构进行组织，同时辅以相应的计划、经济、法律、信息等调控手段作保证，避免不可测因素（如金融危机）造成劳动力市场供求起伏变动及其对社会经济发展的冲击和影响，确保劳动力流动的持续稳定。

"结构合理"，首先是指迁移流动的劳动力年龄、性别结构、迁移流向要合理，迁移流动中青壮年劳动力占流出地劳动力人口比重不宜过高，否则对地区劳动力资源结构会产生负面影响。其次是劳动力流向要合理，既可以在农业内部转移，也可以向非农产业转移；既可以在本地转移，又可实现异地转移，需要结合本地区经济发展和产业结构合理引导劳动力的迁移流动。通过调控区域农村劳动力的迁移行为，既保障农业劳动

---

① 钱国明、刘敏：《基于计量模型的劳动力需求量影响因素分析》，《商场现代化》2008 年第 24 期。

力资源充分就业,又能有效控制城镇失业率,从整体上实现稳定就业,达到城乡劳动力资源供求总量平衡和结构优化的目的。

②建立分级式劳动力迁移调控导向机制

分级式导向机制是按照区域行政规划建立省、市、县三级的调控导向机制,对分城乡劳动力迁移总量实行分级调控。省级层面的管理机构应根据各级地区社会经济发展状况,城乡劳动力资源供给和就业需求形势,制定省级农村劳动力迁移流动的中长期规划和分地区年度计划,并负责不同地区城乡劳动力供求总量的平衡与协调。各级管理部门应实行统一的流动就业管理制度,做好本地区农村劳动力可输出量和城镇就业可容量的调查预测分析。

同时,需加强部门之间的沟通合作,及时发布区域间劳动力供求信息,实现区域劳动力资源一体化管理模式。流出地的劳动部门可根据流入地劳动部门提供的有关劳动力需求信息,确定流出地劳动力资源的可输出量,并对流出劳动力资源的人口特征、流向及其就业等相关信息进行统计造册,以达到有序流动、及时预警的目的。

第三节 研究展望

本书从禀赋、有限理性视角对农村劳动力迁移行为进行了系统深入的研究,提出了一些新的概念和研究方法。但由于时间和能力有限,不能够对农村劳动力迁移行为的各个方面分别展开详细论述。在未来科研道路上,笔者将会带着对这些问题的思考对上述问题进行扩展性研究。

首先,农村劳动力迁移选择决策理论模型的扩展构建。本书所建立的模糊多目标农村劳动力迁移选择决策模型是基于劳动力个体层面而构建的,在未来的研究中,还应立足于农村劳动力迁移的群体性特征,尝试构建模糊多目标农村劳动力迁移选择的群决策模型,以此来模拟农村劳动力群体迁移选择决策的过程。

其次,人口迁移圈的扩展性应用研究。本书主要是从人口迁移角度,以单区域为中心,结合区域人口迁移距离对人口迁移圈进行界定的。由于获取数据的局限，书中只分析了区域对外部人口吸引力形成的人口迁移圈，未来的研究中尚需补充迁入、迁出两大逆流状态下的区域人口迁移圈模式，增强其实际应用性。

此外，本书提到的区域劳动力迁移调控预警机制，只是从理论层面进行了构建，还需建立相关预警指标体系，对区域尤其是一些劳动力巨量迁入的大城市，如北京、上海、广州等地进行相关的应用分析，对协调这些地区人口与社会经济、资源环境可持续发展有着更为现实的指导意义。

科研的道路是漫长的、枯燥的，同时又是创新的、激人奋进的。在未来的科研道路上，笔者将带着对这些问题的深入思考继续探索、突破，使一个个思想和灵感的火花逐渐变成闪烁的明星。

附 录

农村劳动力迁移行为调查问卷

问卷编码：

您好，我们是在校大学生，现正在进行假期社会调查，目的是研究农村劳动力迁移行为影响因素，以期给政府有关部门决策提供建议和咨询，从而改善农村劳动力迁移的制度环境。希望能够得到您的配合。谢谢！您提供的所有信息对于我们的分析研究非常重要，请根据您的实际作答，所有问卷我们将会作匿名处理，并遵循法律约束严格保密，不会对您的工作和生活造成任何影响，感谢您的配合与支持。

2009 年 7 月 10 日

一 基本信息

Q01. 家庭所在地：

_____省（直辖市）_____县（区、市）

Q02. 性别：

_____ 1）男 2）女

Q03. 出生年月：

_____年_____月（您的周岁年龄_____）

Q04. 您的户口类型：

_____ 1）农业 2）非农业 3）户口待定

Q05. 您的婚姻状况：

_____ 1）未婚 2）已婚 3）其他

Q06. 如果已婚，您配偶的职业类型：

1）建筑业　　　　2）运输业　　　　3）机械制造业

4）批发零售业　　5）纺织加工业　　6）餐饮服务业

7）家政服务业　　8）个体经营　　　9）其他

Q07. 您的健康状况：

_____ 1）良好　2）长期慢性病　3）残疾

Q08. 您的受教育程度：

1）文盲/半文盲　2）小学　3）初中　4）高中/中专

5）大专及以上

Q09. 您有何手艺：

1）没有　　2）驾驶技术　　3）缝纫　　4）烹调

5）工匠技术（电工、瓦工、修理等）　　6）栽培繁育

7）其他

Q10. 您家庭居住地类型：

1）平原农村　2）山区农村　3）平原城镇　4）山区城镇

Q11. 您的家乡交通设施条件如何：

1）非常便利　2）条件一般　3）交通不方便

Q12. 家庭居住地距最近车站或码头的距离有多远：

_____公里

二　家庭基本情况

Q13. 家庭人口数_____人。劳动力人口（15—64 岁之间）_____人；孩子（0—14 岁）_____人；老年人（65 岁及以上）_____人。

Q14. 2008 年您家里从事非农工作的人数：_____人，其中，男_____人，女_____人。

2008 年您的家庭中有几人外出务工：_____人，其中，男_____人，女_____人。

Q15. 他们外出务工的地点：

1）本县内　　2）省内县外　　3）省外

Q16. 您的家庭 2008 年全年总收入_____元。其中农（牧）业收

入＿＿＿＿元，务工收入＿＿＿＿元，其他收入＿＿＿＿元（有，请注明＿＿＿＿）

Q17. 您的家庭 2008 年全年总支出＿＿＿＿元。其中农业生产支出＿＿＿＿元，食品消费支出＿＿＿＿元，子女教育支出＿＿＿＿元，医疗保健支出＿＿＿＿元，其他支出（包括人情礼节、婚嫁等）＿＿＿＿元。

Q18. 您所在村或邻村有小型企业或工厂的数量：＿＿＿＿家。

Q19. 您认为您所在村的经济水平在当地而言属于哪个等级：
1）非常高　2）较高　3）一般水平　4）比较差　5）非常差

Q20. 您家里的经济条件在村里属于哪个等级：
1）非常高　2）较高　3）一般水平　4）比较差　5）非常差

Q21. 您家有＿＿＿＿处住宅；按现在市场估价，您家房屋大约值＿＿＿＿万元。

Q22. 家里耕地总数＿＿＿＿亩。其中向村集体承包土地＿＿＿＿亩，人均耕地＿＿＿＿亩；转入土地＿＿＿＿亩，转出土地＿＿＿＿亩。

Q23. 家庭经营形式：
1）纯农业　　　　　2）以农业为主兼营他业
3）畜牧养殖业　　　4）非农业

Q24. 农作物播种和收割的主要方式：
1）人力、畜力为主　2）半机械化　　3）全部机械化

Q25. 您家有没有土地转承包（转让土地承包权）的意愿？
1）愿意承包　　2）愿意转包　　3）没有

Q26. 如果外出务工影响土地耕种时，村集体采取的措施：
1）收回全部土地　2）只收回责任田　3）强制转让土地
4）强制继续种植　5）不采取任何措施

Q27. 村集体对获得城镇户口的人或家庭的土地的处理规定是什么：
1）收回全部土地　　2）只收回责任田
3）同意送给别人耕种　4）没有规定

三　外出务工情况

Q28. 您是否有外出打工的经历？

1）有（回答"有"，请跳答至 Q33 题）　　2）没有

Q29. 没有外出务工的原因

1）文化程度低　　　　2）没有技术　　　3）没有资金

4）没有务工信息　　5）担心外出务工不稳定或受到城里人的歧视

6）要种责任田　　　7）外出务工太辛苦　　　8）务工收入太低

9）年龄太大或者身体不好　　10）其他，请注明

Q30. 假如您外出务工，您会选择在哪就业：

1）本地所在乡镇　　　2）本地县城　　　3）本省大城市

4）省内中小城市　　　5）其他省（市）大城市

6）其他省市中小城市　　7）其他，请注明

Q31. 假如您外出务工，您会选择从事什么样的职业：

1）建筑业　　　2）运输业　　　3）机械制造业

4）批发零售业　　5）纺织加工业　　6）餐饮服务业

7）家政服务业　　8）个体经营　　9）其他

Q32. 假如您外出务工，您的期望工资是多少：_____元/月。

Q33. 您有过几次外出务工的经历：_____次。

从第一次外出务工到现在有多长时间？_____年。

Q34. 您选择外出务工的主要原因是：_____（限选两项）

1）农村收入太低，城镇收入相对较高

2）家里人多，土地却减少，没有啥活干

3）到外面见见世面

4）农村没有太多发展或致富机会

5）为子女或兄弟姐妹筹集学费

6）向往、喜欢城镇的生活方式

7）到外面学点技术，再回家乡创业

8）挣钱盖房子

9）城镇生活条件好，不愿意干农活

10）受其他人外出的影响

11）城镇务工有社会保障

12）其他，请注明

Q35. 您务工的方式：_____

1）全年专职打工　2）边从事家庭农业生产边打工

3）打零工　　　4）其他

Q36. 第一次外出务工时您父亲主要从事什么工作？

1）务农　　　　2）外出务工　　3）教师

4）政府办事员　5）技术工人　　6）其他

Q37. 您有没有带家人一起外出务工的经历？

1）有　　2）没有（如回答"没有"，请跳答至 Q39 题）

Q38. 您携家人外出属于哪种类型：_____

1）举家外出　　　2）夫妻外出　　　3）夫妻携子女外出

4）兄弟姐妹同行　5）与亲朋好友同行　6）其他

Q39. 在您第一次外出务工之后，家里第二个人外出务工与您外出时间间隔为 _____ 月，第三个人外出与您外出时间间隔有多长？_____ 月。

Q40. 您外出务工的主要途径是：_____

1）自己进城　　　　2）企业直接来农村招工

3）跟随亲戚朋友　　4）跟随工头进城

5）政府机构组织进城　6）由民间中介机构组织进城

7）其他途径

Q41. 您现在务工的地点：

1）本地所在乡镇　　　　2）本地县城

3）本省（直辖市）大城市　4）省内中小城市

5）其他省（直辖市）大城市　6）其他省（直辖市）中小城市

7）其他，请注明

Q42. 您选择在本地（即 Q41 选择 1 或 2 选项）的原因：（限选 2 项）

1）离家近，家里有事可以随时帮忙　2）饮食习惯比较合适

3）家中有年老的父母需要照顾　　4）家中有子女需要照顾

5）工资水平比较满意　　　　　　6）其他

Q43. 您选择在外地（即 Q41 选择 3、4、5 或 6 选项）就业的原因：

_____（限选 2 项）

1）工资水平比本地高　　2）本地经济条件差，没有合适的工作
3）为子女上学考虑　　　4）有亲戚朋友在外地工作，能够相互照顾
5）开眼界，去外面闯闯　6）其他

Q44. 如果本地收入与外出务工收入相当，请问您选择外出务工吗？_____

1）外出务工　　2）本地务工　　3）不确定

Q45. 在外出务工收入_____倍于本地收入时，您会毫不犹豫地选择外出务工？

1）1—1.5 倍　　2）1.5—2 倍　　3）2—3 倍　　4）3 倍及以上

Q46. 从您家到现在务工地点的距离：_____公里

Q47. 从您家到现在务工地点的主要交通工具：_____

1）自行车　　2）汽车　　3）火车　　4）其他

Q48. 您每一次外出务工的成本（包括交通费、获取信息的费用、中介费、办理各种证件、企业押金等）大约是_____元。其中您外出务工返家来回的车费是多少元？_____元。

Q49. 您在外务工每月大概收入多少元？_____元。

您在外务工每月大概支出多少元？_____元；其中房租_____元，日常消费支出_____元；医疗保健_____元，技术培训_____元，交友娱乐支出_____元。

Q50. 您务工从事的职业类型：_____

1）建筑业　　　　2）运输业　　　　3）机械制造业
4）批发零售业　　5）纺织加工业　　6）餐饮服务业
7）家政服务业　　8）个体经营　　　9）其他，请注明

Q51. 您务工平均每天工作的时间：_____小时/天。

您一年中有几个月外出务工？_____月。

Q52. 您对目前这份工作的满意程度如何？_____

1）非常满意　2）满意　3）不满意　4）非常不满意

Q53. 您对在城镇找工作难易程度的评价是：_____

1）很难　　2）较难　　3）一般　　4）较易　　5）很容易

Q54. 如果您变换工作，是通过什么途径找到工作的？_____

1）劳动力市场就业信息　　2）亲戚、朋友、老乡介绍

3）自己找　　　　　　　　4）职业介绍机构

5）新闻媒体或广告　　　　6）其他，请注明

Q55. 您变换工作的可能原因：

1）工资较低　　　　　　　2）工作强度太大　　3）工作环境差

4）农忙季节需回乡收种　　5）居住环境差　　　6）缺乏劳动保障

7）其他，请注明

Q56. 您对自己将来工作的打算：_____

1）城里有活干就出来打工，干到年纪大了再回乡务农

2）等农村条件好了再回乡务农

3）通过打工，争取留在城镇生活

4）不愿意回乡干农活，想过城里人的日子

5）其他

Q57. 如果条件或政策许可，您或您的家庭更愿意在哪里生活和工作？

1）本地农村　　　　　　　2）本地所在城镇

3）本地县城　　　　　　　4）本省（市）大城市

5）本省中小城市　　　　　6）其他省（市）大城市

7）其他省份中小城市

Q58. 影响您在城镇（城市）定居的主要因素是：_____（限选2项）

1）没有稳定的收入　　2）农村户口受限制　　3）子女入学费用较高

4）受到歧视　　　　　5）住房费用较高　　　6）文化教育水平较低

7）医疗、养老等社会保障欠缺　　　　　　　　8）其他

Q59. 您觉得户籍制度影响您外出务工了吗？

1）有影响　　　　2）没有影响

四　相关制度保障情况

Q60. 您在务工之前参加过培训吗？

1）参加过　　　　　　2）没有（如回答"没有"，请跳答至 Q63）
Q61. 您参加过哪种培训？
1）当地政府组织　　2）当地社会机构培训　　3）职高培训
4）跟师傅学手艺　　5）其他，请注明
Q62. 您参加培训的时间大概有多长？_____日
Q63. 您务工之后参加过培训吗？
1）参加过　　　　　　2）没有（如回答"没有"，请跳答至 Q66）
Q64. 您务工之后参加过哪种形式的培训？
1）家乡政府部门组织　　　2）工作地政府部门组织
3）用工单位组织　　　　　4）个人自费学习　　　　5）其他
Q65. 您所参加的培训是免费的吗？
1）是免费，并且有工资　　2）是免费，但没有工资　3）收费
Q66. 您对参加培训有什么看法？_____（限选 2 项）
1）愿意接受培训　　　　　2）花费太高
3）培训之后，工资收入提高　4）对找工作没有太大帮助
5）培训效果不好　　　　　6）没有必要
Q67. 您最希望获得哪些方面的培训？
1）岗位技能培训　　　　　2）特殊工种技能培训
3）人际交往培训　　　　　4）计算机技能培训
5）基本文化素质培训　　　6）一般管理知识培训
7）法律知识培训　　　　　8）其他，请注明
Q68. 您在农村老家时参加过哪种社会保障？
1）养老保险　　2）农村合作医疗保险　　3）集体福利保障
4）其他商业保险　　5）没有
Q69. 用人单位是否为您缴纳"三险"（失业保险金、医疗保险金、养老保险金）：
1）全额缴纳三险　　2）只缴纳了部分三险　　3）没有缴纳三险
4）不知道
Q70. 您认为现在外出务工最需要的保险有哪些？_____（限选 3 项，请将所选答案按从主到次顺序排列）

1）养老保险　　　　2）医疗保险　　　　3）交通工具保险
4）家庭财产保险　　5）人身意外伤害保险　6）失业保险
7）其他，请注明

Q71. 您最希望加入哪种保险？
1）工伤保险　　2）医疗保险　　3）养老保险
4）失业保险　　5）最低生活保障　6）不需要，不如多给我钱
7）其他，请注明

参考文献

一 著作

1. 查瑞传：《数理人口学》，中国人民大学出版社2004年版。
2. 凯菲茨：《应用数理人口学》，郑真真译，华夏出版社2000年版。
3. 蔡昉主编：《中国人口流动方式与途径（1991～1999年）》，社会科学文献出版社2001年版。
4. 蔡昉主编：《中国人口与劳动问题报告No.4：转轨中的城市贫困问题（2003）》，社会科学文献出版社2003年版。
5. 蔡昉、都阳：《中国人口与劳动问题报告No.8：刘易斯转折点及其政策挑战（2007）》，社会科学文献出版社2007年版。
6. 蔡昉主编：《中国人口与劳动问题报告：刘易斯转折点如何与库兹涅茨转折点会合》，社会科学文献出版社2008年版。
7. 蔡昉主编：《中国人口与劳动问题报告：提升人力资本的教育改革》，社会科学文献出版社2009年版。
8. 蔡昉等著：《中国劳动力市场转型与发育》，商务印书馆2005年版。
9. 杜鹰、白南升：《走出乡村：中国农村劳动力流动实证研究》，经济科学出版社1997年版。
10. 董志勇：《行为经济学》，北京大学出版社2005年版。
11. 郭庆：《现代化中的农村剩余劳动力转移》，中国社会科学出版社1993年版。
12. 郝伯特·西蒙：《西蒙选集》，黄涛译，首都经贸大学出版社2000年版。
13. 赫伯特·西蒙：《管理行为》，詹正茂译，机械工业出版社2007

年版。

14. 何大安：《选择行为的理性与非理性融合》，上海人民出版社 2006 年版。
15. 郝寿义：《区域经济学原理》，上海人民出版社 2007 年版。
16. 赫广义：《城市化进程中的农民工问题》，中国社会科学出版社 2007 年版。
17. 韩俊：《中国农民工战略问题研究》，上海远东出版社 2009 年版。
18. 韩长赋：《中国农民工的发展与终结》，中国人民大学出版社 2007 年版。
19. 侯福均、吴祈宗：《模糊偏好关系与决策》，北京理工大学出版社 2009 年版。
20. 加里·贝克尔：《人力资本理论——关于教育的理论和实证分析》，中信出版社 2007 年版。
21. 加里·S. 贝克尔：《人类行为的经济分析》，王业宇、陈琪译，上海三联书店、上海人民出版社 2008 年版。
22. 蒋正华、米红：《人口安全》，浙江大学出版社 2008 年版。
23. 孔祥智：《中国三农前景报告 2005》，中国时代经济出版社 2005 年版。
24. 科林·F. 凯莫勒、乔治·拉文斯坦、马修·拉宾：《行为经济学新进展》，周业安、江艇译，中国人民大学出版社 2010 年版。
25. 孔峰：《模糊多属性决策理论方法及其应用》，中国农业科学技术出版社 2008 年版。
26. 刘家强：《人口经济学新论》，西南财经大学出版社 2004 年版。
27. 刘渝琳、刘渝妍：《中国农民工生活质量评价与保障制度研究》，科学出版社 2010 年版。
28. 刘铮：《人口理论教程》，中国人民大学出版社 1985 年版。
29. 李竞能：《现代西方人口理论》，复旦大学出版社 2004 年版。
30. 李竞能：《人口理论新编》，中国人口出版社 2001 年版。
31. 李建民：《人力资本通论》，上海三联书店 1999 年版。
32. 李培林主编：《农民工：中国进城农民工的社会经济分析》，社会科学文献出版社 2003 年版。

33. 李树茁、伍海霞等：《农民工的社会网络与生育》，社会科学文献出版社 2008 年版。

34. 刘凤良、周业安等：《行为经济学理论与扩展》，中国经济出版社 2008 年版。

35. 李登峰：《模糊多目标多人决策与对策》，国防工业大学出版社 2003 年版。

36. 盛来运：《流动还是迁移——中国农村劳动力流动过程的经济学分析》，上海远东出版社 2008 年版。

37. 孙绍荣、宗利永等主编：《理性行为与非理性行为——从诺贝尔经济学奖获奖理论看行为管理研究的进展》，上海财经大学出版社 2007 年版。

38. 萨缪·鲍尔斯：《微观经济学：行为、制度和演化》，江艇等译，中国人民大学出版社 2006 年版。

39. 舒尔茨：《人力资本：教育和研究的作用》，华夏出版社 1990 年版。

40. 吴忠观：《人口学》（修订本），重庆大学出版社 2005 年版。

41. 王学义：《人口现代化研究》，中国人口出版社 2006 年版。

42. 谢晋宇：《当代中国乡村：城市迁移与经济发展》，中国人口出版社 2000 年版。

43. 薛求知等：《行为经济学：理论与应用》，复旦大学出版社 2003 年版。

44. 徐玖平、吴巍编：《多属性决策的理论与方法》，清华大学出版社 2007 年版。

45. 岳超源：《决策理论与方法》，科学出版社 2008 年版。

46. 岳晓东：《决策中的心理学》，机械工业出版社 2010 年版。

47. 易红郡、谭建平：《新型农民与农民工的教育培训》，湖南人民出版社 2009 年版。

48. 杨河清、胡建林：《劳动经济学》，武汉大学出版社 2009 年版。

49. 曾湘泉：《劳动经济学》，复旦大学出版社 2008 年版。

50. 张善余：《世界人口地理》，华东师范大学出版社 2002 年版。
51. 钟水映：《人口流动与社会经济发展》，武汉大学出版社 2000 年版。

二 学术论文

1. 王桂新：《国外大城市人口发展特征及其对上海市的启示》，《中国人口科学》2005 年第 1 期。
2. 王化波、C. Cindy Fan：《省际间人口迁移流动及原因探析》，《人口学刊》2009 年第 5 期。
3. 齐源等：《民工短缺及对我国社会经济发展的警示》，《人口与经济》2005 年第 3 期。
4. 方少勇：《拉文斯坦移民七法则与我国人口的梯级迁移》，《当代经济》2009 年第 2 期（上）。
5. 何大安：《行为经济人有限理性的实现程度》，《中国社会科学》2004 年第 4 期。
6. 陈吉元、胡必亮：《中国的三元经济结构与农业剩余劳动力转移》，《经济研究》1994 年第 4 期。
7. 徐庆：《中国二元经济演进与工业化战略反思》，《清华大学学报（哲学社会科学版）》1997 年第 2 期。
8. 周天勇：《托达罗模型的缺陷及其相反的政策含义——中国剩余劳动力转移和就业容量扩张的思路》，《经济研究》2001 年第 3 期。
9. 蔡昉：《迁移的双重动因及政策含义——检验相对贫困假说》，《中国人口科学》2002 年第 4 期。
10. 刘根荣：《风险、能力、成本二重约束下中国农村剩余劳动力的流动机制》，《当代财经》2006 年第 11 期。
11. 钱永坤：《农村劳动力异地转移行为研究》，《中国人口科学》2006 年第 5 期。
12. 杨云彦：《中国人口迁移的规模测算与强度分析》，《中国社会科学》2003 年第 1 期。
13. 王金营、原新：《分城乡人口预测中乡—城人口转移技术处理及人口转移预测》，《河北大学学报》（哲学社会科学版）2007 年第

3 期。

14. 赵耀辉：《中国城乡迁移的历史研究：1949~1985》，《中国人口科学》1997 年第 2 期。

15. 史清华：《都市农户经济发展不平衡性及根源的分析》，《农业经济问题》2004 年第 6 期。

16. 盛来运：《农村劳动力流动的经济影响和效果》，《统计研究》2007 年第 10 期。

17. 杨云彦、石智雷：《家庭禀赋对农民外出务工行为的影响》，《中国人口科学》2008 年第 4 期。

18. 王志刚：《小城镇建设：甘肃农村剩余劳动力转移的现实选择》，《西北人口》2003 年第 3 期。

19. 李培：《中国城乡人口迁移的时空特征及其影响因素》，《经济学家》2009 年第 1 期。

20. 罗霞、王春光：《新生代农村流动人口的外出动因与行动选择》，《浙江社会科学》2003 年第 1 期。

21. 杨云彦：《中国人口迁移：多区域模型及实证分析》，《中国人口科学》1999 年第 4 期。

22. 李培林：《中国流动民工的社会网络（英文）》，*Social Sciences in China* 2003 年第 4 期。

23. 王美艳、蔡昉：《户籍制度改革的历程与展望》，《广东社会科学》2008 年第 6 期。

24. 唐家龙、马忠东：《中国人口迁移的选择性：基于五普数据的分析》，《人口研究》2007 年第 5 期。

25. 王化波：《迁入地类型的选择——基于五普资料的分析》，《人口学刊》2008 年第 6 期。

26. 刘家强等：《灾后重建中的人口迁移问题研究》，《人口研究》2008 年第 5 期。

27. 丁金宏：《中国人口迁移的区域差异与流场特征》，《地理学报》2005 年第 1 期。

28. 王桂新等：《中国经济体制改革以来省际人口迁移区域模式及其

变化》，《人口与经济》2000 年第 3 期。
29. 武国定：《中国农村劳动力转移的效应分析》，《中国农村经济》2006 年第 4 期。
30. 毕先萍：《劳动力流动对中国地区经济增长的影响研究》，《经济评论》2009 年第 1 期。
31. 赵耀辉：《中国农村劳动力流动及教育在其中的作用——以四川省为基础的研究》，《经济研究》1997 年第 2 期。
32. 李实：《中国居民收入分配再研究》，《经济研究》1997 年第 4 期。
33. 李实、张平：《个人收入差距的有序扩大与经济转型的内在联系》，《经济研究参考》1998 年第 5 期。
34. 蔡昉、王德文：《经济增长成分变化与农民收入源泉》，《管理世界》2005 年第 5 期。
35. 朱云章：《我国城乡劳动力流动与收入差距的关系检验》，《农业经济》2009 年第 1 期。
36. 王国辉、穆怀中：《中国乡城迁移过程分析及发展趋势预测》，《中国人口科学》2007 年第 3 期。
37. 李晓杰：《农村劳动力转移政策研究》，《社会科学战线》2007 年第 3 期。
38. 徐平：《禀赋优势论研究文献综述》，《现代商贸工业》2009 年第 16 期。
39. 国家人口计生委流动人口服务管理司：《提前返乡流动人口调查报告》，《人口研究》2009 年第 2 期。
40. 王金营：《中国改革开放以来人力资本在经济增长中作用的实证研究》，南开大学，博士学位论文，2000 年 6 月。
41. 钟超、周玲：《多学科视角下的社会资本概念》，《前沿》2008 年第 8 期。
42. 王小明：《社会资本的经济分析》，复旦大学，博士学位论文，2008 年。
43. 陈健：《社会资本结构分析》，《经济研究》2007 年第 11 期。

44. 刘少杰：《以行动与结构互动为基础的社会资本研究——评林南社会资本理论的方法原则和理论视野》，《国外社会科学》2004年第2期。

45. 周文斌：《论人力资源能力的区域异质性》，《中国工业经济》2007年第10期。

46. 李永鑫、周广亚：《从经济学家到心理学家——西蒙主要心理学思想述评》，《华东师范大学学报》（教育科学版）2007年第3期。

47. 段平忠：《我国流动人口行为的影响因素分析》，《中国地质大学学报》（社会科学版）2008年第1期。

48. 范红忠、李国平：《资本与人口流动及其外部性与地区经济差异》，《世界经济》2003年第10期。

49. 吉云：《行为经济学和行为决策分析：一个综述》，《经济问题探索》2008年第1期。

50. 杨海东：《不确定因素下项目投资决策行为分析》，武汉理工大学，硕士学位论文，2005年1月。

51. 张胜荣：《冯·诺依曼效用理论述评》，《贵州财经学院学报》2006年第1期。

52. 胡伟广、林泽楠等：《模糊理论在多目标决策中的应用》，《市场周刊》2007年第9期。

53. 侯佳伟：《人口流动家庭化过程和个体影响因素研究》，《人口研究》2009年第1期。

54. 林玲、彭连清：《我国东、中、西三地区人口迁移特征分析》，《北方经济》2008年第6期。

55. 许抄军、罗能生：《中国的城市化与人口迁移——2000年以来的实证研究》，《统计研究》2008年第2期。

56. 陆晓芳、王川等：《人才要素区域竞争力评价模型》，《吉林大学学报》（工学版）2003年第3期。

57. 陈明立、谭远发：《我国东中西部三大区域人口竞争力实证比较研究》，《经济学家》2007年第2期。

58. 周皓：《中国的返迁人口：基于五普数据的分析》，《人口研究》2006年第3期。
59. 韦复生：《劳动力迁移的行为区位分析》，《广西民族学院学报》1997年第3期。
60. 王桂新：《中国省际人口迁移地域结构探析》，《中国人口科学》1996年第1期。
61. 2005年全国1‰人口抽样调查课题组：《农村劳动力迁移空间距离的变化与特征》，《中国统计》2008年第5期。
62. 李实：《中国农村劳动力流动与收入增长和分配》，《中国社会科学》1999年第2期。
63. 王新：《中国农村劳动力转移的非城市化模式研究》，《经济学动态》2009年第7期。
64. 王莉亚、邱均平：《论企业知识产权保护中的预警机制》，《图书情报知识》2004年第2期。
65. 童玉芬：《人口安全预警系统的初步研究》，《人口研究》2005年第3期。
66. 杨光辉：《论深圳人口安全预警机制及其构建》，《特区经济》2005年第10期。
67. 程连元：《直面人口承载难题 朝阳研发预警机制》，《前线》2008年第10期。
68. 钱国明、刘敏：《基于计量模型的劳动力需求量影响因素分析》《商场现代化》2008年第24期。
69. 工春蕊、李耀龙：《基于生态位理论农村发展问题研究》，《生态经济》2007年第2期。
70. 王蓉：《农村义务教育经费保障机制改革述评》，《中国财政》2006年第3期。
71. 刘伟：《关于农村职业教育改革的理性思考》，《职业教育研究》2009年第12期。
72. 王文利、王金营等：《论农村劳动力转移中的人力资本投资——兼论劳务经济的作用》，《河北学刊》2008年第3期。

73. 刘洪银、文魁：《中国农村劳动力非农就业机制的经济学分析》，《首都经贸大学学报》2010 年第 12 期。
74. 徐薇、张鸣鸣：《构建农村劳动力培训长效机制的政策思考》，《经济体制改革》2006 年第 4 期。
75. 何德旭、姚战琪：《中国产业结构调整的效应、优化升级目标和政策措施》，《中国农村经济》2008 年第 5 期。
76. 赵显洲：《中国农业剩余劳动力转移研究》，华中科技大学，博士学位论文，2008 年 5 月。
77. 占俊英：《农业产业化与农业剩余劳动力转移》，《中南财经政法大学学报》2004 年第 1 期。
78. 李德元：《论中部地区产业结构调整与农村剩余劳动力转移》，《理论界》2006 年第 12 期。
79. 李广海、陈通：《基于有限理性行为决策机理与评价研究》，《中国地质大学学报》2007 年第 6 期。
80. 方正松：《农村土地制度创新与农业人口流动》，《统计与决策》2009 年第 24 期。
81. 王竞佼、隋文香：《农村土地托管制度探讨》，《经济师》2010 年第 1 期。
82. 叶琪：《论农村劳动力转移与产业结构调整互动》，《财经科学》2006 年第 3 期。
83. 褚志远：《论产业结构优化升级与农村剩余劳动力转移》，《商业时代》2007 年第 12 期。
84. 彭晖、郭晖：《论我国农村劳动力转移与产业结构调整》，《当代经济》2007 年第 1 期下。
85. 杨川丹：《农民转移就业与劳动力市场建设》，《农村金融研究》2009 年第 6 期。
86. 黄红华：《统筹城乡就业中的政策工具选择与优化》，浙江大学，博士学位论文，2009 年 3 月。
87. 董亚男：《政府主导下的劳动就业制度争论——基于非正规就业群体劳动权的制度化保障之考量》，吉林大学，博士学位论文，

2009 年 6 月。
88. 李永杰、杨本建：《中国特色的刘易斯转折点与城乡劳动力市场一体化的路径选择》，《华南师范大学学报》（社会科学版）2008 年第 2 期。
89. 人口研究编辑部：《户籍制度 50 年》，《人口研究》2008 年第 1 期。
90. 姚秀兰：《论中国户籍制度的演变与改革》，《法学》2004 年第 5 期。
91. 蔡昉、王美艳：《户籍制度改革的历程与展望》，《广东社会科学》2008 年第 6 期。
92. 鲁桂华：《户籍改革：为何举步维艰》，《中国社会导刊》2006 年第 4 期。
93. 宋洪远、黄华波等：《关于农村劳动力流动的政策问题分析》，《管理世界》2002 年第 5 期。
94. 陆铭、陈钊：《为什么土地和户籍制度需要联动改革——基于中国城市和区域发展的理论和实证研究》，《学术月刊》2009 年第 9 期。
95. 杨传林：《市场经济进程中的中国人口流动问题研究》，青岛大学，博士学位论文，2008 年 3 月。
96. 白积洋：《人口迁移空间选择机制的经济学分析》，《中国地质大学学报》2009 年第 5 期。
97. 黄宁阳、龚梦：《迁入省经济人口特征对跨省迁移行为的影响分析》，《统计与决策》2010 年第 7 期。
98. 黄国华：《成本与市场双重约束下农村劳动力转移影响因素研究》，《中国农村观察》2010 年第 1 期。
99. 侯麟科：《农村劳动力大规模转移背景下的中国农村社会分层分析》，《中国农村观察》2010 年第 1 期。
100. 蒋贤锋：《基于实物期权视角的中国农村劳动力转移分析：1949~2005 年》，《数量经济技术经济研究》2010 年第 2 期。

三 英文期刊

1. Lewis, W. A., 1954, "Economics Development with Unlimited Supplies of Labor", *The Manchester School of Economics and Social Studies*, 22 (May): 139 – 192.

2. Todaro M. P., A Model of Migration and Urban Unemployment in less Developed Countries. *The American Economic Review*, 1969: 138 – 148.

3. Harris, Todaro M. P. Migration, Unemployment and Development: A Two – Sectors Analysis. *The American Economic Review*, 1970, 70.

4. Theodore W. Schultz, Investment in Human Capital Author (s): *The American Economic Review*, Vol. 51, No. 1 (Mar, 1961), pp. 1 – 17.

5. Becker, Gary S. & Murphy, Kevin M. & Tamura, Robert, 1990. "Human Capital, Fertility, and Economic Growth," *Journal of Political Economy*, University of Chicago Press, Vol. 98 (5), pages S12 – 37, October.

6. Stark, Levhari D., On Migration and Risk in Less Development Countries. *Economic Development and Cultural Change*, 1982, 31 (1).

7. Edward E. Leamer, The Leontief Paradox, Reconsidered. *The Journal of Political Economy*, Vol. 88, No. 3 (Jun., 1980), pp. 495 – 503.

8. Simon H. A., Behavioral Model of Rational Choice. *Quarterly Journal of Economics*, 1955, 69: 99 – 118.

9. Busemeyer, J. R., Choice Behavior in a Sequential Decision Making Task. *Organizational Behavior & Human Performance*, 1982, (29).

10. Kahneman D., Tversky A., Prospect Theory: Analysis of Decision under Risk. *Econometrica*, 1979, 47 (2): 263 – 291.

11. Keeney R. L., Raiffa H., Decision – making with Multiple Objectives: Preference and Value Tradeoffs. New York: Wiley, 1976.

12. Kamenetzky R. D., The Relationship Between the Analysis Hierarchy Process and the Additive Value Function. *Decision Science*, 1982, 13 (4): 702 – 713.

13. Simon, H. A. (1990), Invariants of Human Behavior. *Annual Review*

of Psychology, 41.

14. Saaty, T. L., The Analytic Hierarchy Process: Planning, Priority Setting, Resource Allocation, New York: MC Graw – Hill, 1980.

15. Jeffrey M. Wooldridge, *Econometric Analysis of Cross Section and Panel Data*. The MIT Press, Cambridge, Massachusetts London, England. 2001: 497 – 498.

16. Elaine Mosakowski, Strategy Making under Causal Ambiguity: Conceptual Issues and Empirical Evidence. *Organization Science*, Vol. 8, No. 4 (Jul. – Aug., 1997), pp. 414 – 442.

17. Fabio Maccheroni, Massimo Marinacci, Aldo Rustichini. Ambiguity Aversion, Robustness, and the Variational Representation of Preferences. *Econometrica*, Vol. 74, No. 6 (Nov., 2006), 1447 – 1498.

18. Marinccl, M.: "Probabilistic Sophistication and Multiple Priors", *Econometrica*, 70, (2002) pp. 755 – 764.

19. Jeffrey E., Kottemann and William E. Remus. A Study of the Relationship Between Decision Model Naturalness and Performance. *MIS Quarterly*, Vol. 13, No. 2 (Jun., 1989), pp. 171 – 181.

20. Einhorn, H. J. and Hogarth, R., "Behavioral Deci – sion Theory: Processes of Judgement and Choice", *Annual Review of Psychology* (32), 1981, pp. 53 – 88.

21. Einhorn, H. J., Kleinmuntz, D. N. and Kleinmuntz, B., "Linear Regression and Process – Tracing Models of Judgement", *Psychological Review* (86: 5), June 1979, pp. 465 – 485.

22. Pitz, G. F. and Sachs, N., Judgement and Deci – sion: Theory and Application, *Annual Review of Psychology* (35), 1984, pp. 139 – 163.

23. John T. Buchanan, An Experimental Evaluation of Interactive MCDM Methods and the Decision Making Process. *The Journal of the Operational Research Society*, Vol. 45, No. 9 (Sep., 1994), pp. 1050 – 1059.

24. Robin M. Hogarth and Spyros Makridakis, The Value of Decision Making in a Complex Environment: An Experimental Approach. *Management Science*,

Vol. 27, No. 1 (Jan., 1981), pp. 93 – 107.
25. Yates, J. F. And Kulick, R. M., EffortControl and Judgments, *Organizational Behavior and Human Performance*, Vol. 20 (1977), pp. 54 – 65.
26. Simon, H. A., "Rationality as Process and as Product of Thought", *The American Economic Review.*, Vol. 68 (1978), pp. 1 – 16.
27. Patricia Doyle Corner, Angelo J. Kinicki, Barbara W. Keats. Integrating Organizational and Individual Information Processing Perspectives on Choice. *Organization Science*, Vol. 5, No. 3 (Aug., 1994), pp. 294 – 308.

致 谢

时光匆匆飞逝，转眼回眸，博士毕业已近六载。在书稿落笔之际，心中充满感恩之情！

首先，感谢我的博士生导师刘家强教授，从论文的选题、构思、论证、定稿，导师给予了悉心的指导和不懈的支持，倾注了大量的心血和智慧。在论文写作过程中，每当我遇到学术难题，刘老师入木三分的学术洞见，使我对问题的认识又有了新的感悟。导师渊博的专业知识，严谨的治学态度，精益求精的工作作风，诲人不倦的高尚师德，严以律己、宽以待人的崇高风范，朴实无华、平易近人的人格魅力对我影响深远。不仅开阔了我的研究视野，掌握了很多研究方法，还使我明白了许多待人接物与为人处世之道。在此，谨向导师表示崇高的敬意和衷心的感谢！同时，我要感谢西南财经大学人口研究所的各位老师。攻博的三年中，非常感谢吴忠观教授、陈明立教授、杨成刚教授、王学义教授、姜玉梅教授、周君玉教授、张俊良副教授在论文的写作过程中给予的无私帮助和细心指导，虽历时三载，却给以终生受益无穷之道。衷心感谢我的硕士生导师王金营教授，从硕士生阶段开始，王老师在科研道路上为我指点迷津，引领方向，不仅毫无保留地传授数理统计研究方法，还帮助我开拓研究思路，精心点拨、热忱鼓励。

在书稿写作过程中，感谢申鹏博士、王恒博士、蒋若凡博士、陈藻博士、苏建明博士、范志权博士、张清朗博士给予思路上的指引；感谢谷安平博士、安康博士、杨建利博士、杨江澜博士、门垚博士对论文写作帮助收集研究素材，尤其是对问卷调查的发放、模型的构建方面给予了我很大的帮助和启发；感谢唐丙元、耿卫新、魏宣利、赵然芬、段小平、张波等各位同事的共同参与，帮我及时解决研究过程中遇到的困难和问题。正是因为他们的无私关心和帮助，使书稿思想更加闪光、脉络更加清晰、内容更加丰富，在此表示感谢！

在论文写作过程中，参阅了很多位专家学者的研究资料和相关成果，尤其是在模型构建方面，直接引用了一些专家学者的理论方法，诸位专家学者的思想和研究成果为本文提供了新的思想和研究志趣，在此深表感谢！

王春蕊
2016 年 11 月 22 日